KB202086

마음속의 마법

The Magic in Your Mind
by
U.S. Andersen

상상할 수 있는 것이 무엇이든 현실로 만드는 방법

마음속의 마법

율 스탠리 앤더슨 지음

최기원 옮김

The *Magic* in your *Mind*

케이미라클모닝

L. S 바크스데일Barksdale에게 이 책을 바친다.

나는 그대에게 황금색 실의 끝부분을 내어준다.

다만 그 실을 감아서 둥글게 했을 뿐이다.

그것은 그대를 예루살렘의 벽에 세워져 있는

천국의 문에서 그 안으로 인도할 것이다.

– 윌리엄 블레이크William Blake

차례

추천사

'세월이 지나도 변함없는 탁월함을 지닌 작품.' '고전'의 주요 사전적 정의 중 하나다. 실화non-fiction나 소설 부문에서는 '베스트셀러'와 '고전'은 엄연히 다른 의미다. 베스트셀러 대부분은 수명이 제한적이기 때문이다. 특히 그 인기가 주로 '과대광고'라고 불리는 교묘한 홍보 덕분일 경우에는 더욱 그렇다. 이러한 베스트셀러는 짧게는 몇 달, 길게는 몇 년 만에 독자층을 잃는 경우가 많다.

그러나 처음 출간된 지 수십 년 또는 수백 년이 지났는데도 여전히 인기 있고 널리 읽히는 책들이 있다. 이런 책들은 고전이 된다.

그렇다면 고전의 특징은 무엇일까?

모든 책은 저자가 살았던 시대와 문화적 환경을 어느 정도 반영하지만, 고전은 역사적 시간과 문화적 공간을 초월하여 인간의 조건

마음속의 마법

에 대해 심오한 통찰력을 품고 있다. 이러한 책은 세대를 거쳐 독자들의 삶에 가치와 깊이를 더한다. 특히 소설 작품이 이에 해당하는 경우가 많지만, 위대한 문학 작품보다도 독자에게 더 큰 변화의 파급력을 미치는 '영적 고전spiritual classics'에는 더 큰 의미가 있다고 생각한다. 영적 고전에는 개념적으로 정의하거나 이해하기 힘든 내재적 힘이 깃들어 있다. 책을 읽는 이의 내면에서 몽글몽글 변화가 피어오르기 때문이다. 내면의 무언가가 책에 적힌 단어들이 의미하는 진리를 인식하고 그에 반응하며 그것에서 힘을 얻는다. 이렇게 독서 행위는 영적인 경험이 되고, 의식에 미묘한 변화를 일으킨다.

독자의 내면에 이렇게 변화의 파급력을 주는 영적 도서는 드문 편이다. 따라서 파급력을 전달하는 데 성공한 영적 도서도 어느새 고전이 된다.

그런 의미에서 《마음속의 마법》은 귀하디귀한 책이다. 아무 페이지나 무작위로 펼쳐서 읽기 시작해도 좋다. 내려놓고 싶지 않을 것이다. 모든 영적 고전처럼, 이 책은 읽고 또 읽을 만한 가치를 지닌다. 오래전 몇 번 읽어도 매번 신선하고 새로운 감동을 주기 때문이다.

외부 환경에 영향을 받지 않고 오로지 자기 생각으로만 글을 쓰는 저자는 없다. 그리고 영적 지도자는 예외 없이 자신의 문화적·시대적 배경에 부합하고 이를 반영하는 용어를 사용한다. 랠프 월도 에머슨Ralph Waldo Emerson(1803–1882, 미국 사상가 겸 시인. 정신을 물질보다도 중시하고 직관으로 진리를 알고, 자아의 소리와 진리를 깨달으며, 논리적인 모순을 관대히 보는 신비적 이상주의자 – 옮긴이)이나 어니스트 홈즈Earnest Holmes와 같은 미국적 영성의 위대한 스승처럼 이 책의 저자 율 스탠리 앤더슨도 뚜렷한 파급력을 보여준다. 그가 '크리스천 사이언스Christian Science(약품을 쓰지 않고 신앙 요법을 특색으로 하는 기독교 887–1960), 정신과학과 종교 철학을 연구하고 가르친 20세기 미국의 신정신주의자 및 정신 과학자의 한 파 – 옮긴이)'의 창립자 메리 베이커 에디Mary Baker Eddy(1821–1910)의 저술을 연구한 흔적도 보인다.

그러나 이 책에 담긴 힘은 이차적인 출처에서 나온 것이 아니라 저자 자신의 영적 깨달음과 통찰력에서 비롯되었다. 그는 아무도 모르는 나만의 자아를 '비밀 자아Secret Self'라고 칭한다. 이 용어는 일반적인 자아의식의 '표면적 나surface I'와는 대조적으로 – 내가 종종 사용하는 용어이기도 한 – '심층적 나Deep I'와 비슷한 개념이다. 앤더슨의 말을 빌리자면, "비밀 자아와 내가 같아질 때, 힘의 씨앗을 뿌릴 수 있다."

인생을 살아가는 방식은 다양하다. 우선, 생각하고 상상하는 것을 현실로 만드는 기술을 통해 창의적으로 인생을 살아가는 방식이 있다. 또한 순수한 의식 – '모든 사람과 만물 안에 존재하는 살아 움직이는 상태' – 의 형태로 자신의 본질적인 정체성을 실현하는 방식이 있다. 이 두 가지에서 균형을 찾기가 쉽지 않은데, 이 책을 집중해서 읽다 보면, 그 균형점이 보이게 될 것이다. 나는 이를 '존재Being'와 '행동Doing' 사이의 균형, 또는 인간 존재의 수직적 차원과 수평적 차원 사이의 균형이라고 부른다.

이 책은 1961년에 처음 출판되었다. 초창기에는 꽤 많은 독자에게 읽힌 것 같지만, 그 후로는 이상하게도 소위 신사고New Thought 철학에 특별한 관심을 가진 비교적 소수의 사람 사이에서만 읽히는 비주류 도서로 명맥을 이어오며 거의 잊혀가는 듯했다. 내가 이 책을 발견한 것은 1977년 런던의 왓킨스 서점 지하에서였다. 당시 나는 이 책의 중고 본을 우연히 발견하고 그 가치를 바로 알아봤다.

나는 궁금했다. 이 책이 지닌 파급력이 어마어마한데도, 왜 널리 읽히는 '영적 고전'의 지위를 얻지 못했을까? 책이 유기적으로 성장할 수 있는 충분한 시간이 주어지지 않아 초기 판매량이 예상보다 낮으면 – 아마도 이 책의 경우처럼 – 출판사가 조기 절판시키기 때문이다. 우연히 틈새를 통과하여 살아남는 책도 있지만, 거의 드물다. 그렇지만 뒤늦게 유명한 고전이 된 이 책이 세대를 막론한 독자들의 삶을 변화시킬 잠재력을 발하고 있다는 점에는 의심의 여지가 없다.

이 책의 저자 율 스탠리 앤더슨의 생애에 대한 자세한 정보는 많지 않다. 그는 1917년 오리건주에서 태어나 1986년에 세상을 떠났다. 그는 생애 동안 세 번의 전성기를 맞이한 듯하다.

스탠퍼드 대학교 재학 시절, 그는 1939년 풋볼팀의 주장으로 활동하다가 이후 미식축구 프로리그NFL에서 프로 축구 선수로 명성을 얻었다. 그것이 그의 첫 번째 전성기였다. 그 후 그는 성공적인 사업가가 되었다. 그러던 중 영성에 심취하게 되었고, 그의 관심은 의식을 깊은 내면으로부터 일깨우는 '의식의 각성'으로 이어졌다. 그리하여 그는 생애 세 번째이자 마지막 전성기에서 영적 지도자이자 작가로 활동했던 듯하다. 그는《세 가지 마법의 단어》라는 주목할 만한 또 한 권의 강력한 책을 저술했다.

이번 개정판에서는 시대에 맞게 이 책의 접근성과 관련성을 높이기 위해 어느 정도 편집 작업을 거쳤다. 예를 들어, 이 책이 쓰인 당시의 관습에 따라 저자는 모든 인간을 지칭하기 위해 '남자(man 혹은 men)' 및 대명사 '그he'를 사용했다. 대부분의 현대 독자가 받아들이기 어려운 호칭이기에 성 중립성, 포용성 및 접근성 향상을 고려하여 편집되었다.

이 보석 같은 책을 우리에게 남겨준 앤더슨에게 고개 숙여 감사의 마음을 전한다. 이 책이 시급한 이들에게 이 책이 인류 의식을 일깨우길 바란다!

— 에크하르트 톨레

서론

이 책은 당신의 분야와 상관없이 – 예술, 경영, 과학, 영업, 스포츠, 정치 등 – 하는 일에서 성공을 보장하고 절대적으로 결실을 얻을 수 있는 정신적 마법을 소개한다. 온갖 종류의 힘이 과연 어디에서 비롯되는지, 그 원천을 설명하고, 그 원천과 마음을 연결하는 방법, 그리고 상상하는 이미지를 현실로 만드는 방법을 선사한다.

모든 사람의 의식은 끊임없이 변화한다. 그 의식은 칼날처럼 날카롭게 중첩되는 과거와 미래 사이에 갇혀 있다. 또한 적극적으로 행동하기보다는 반응하고, 불완전하고 어설프다. 그런데도, 의식이 지닌 본연의 모습을 영원히 추구한다. 다소 위축된 의식에 불을 켜려면 어떻게 해야 할까? 지금까지 그래왔듯, 단순히 숨 쉬고 살아가는 – 수동적으로 살아지는 – 상태로는 의식에 불을 켤 수 없다. 의식은 외적인 자극에 대한 반응을 통해 자기 자신을 알아간다. 자신이 실패한 삶을 산다고 믿는 사람들은 그렇다는 '인상'을 받았기 때문이다. 한번 이런 인상을 받아들이면 바꾸기가 어렵다. 자신에 대한 고정 관념이 굳어진다. 자신이 믿는 대로 자기를 틀에 집어넣어 스스로 만든 감옥에 가두어 버리는 것이다.

그렇다면 자유를 찾아 감옥에서 탈출하려면 어떻게 해야 할까? 해답은 상상력에 있다. 감각적 자극에 저항하고 심지어 감각으로 느껴지는 것의 정반대를 상상함으로써, 우리가 원하는 것을 마음속으로 그리는 훈련을 할 수 있다. 그러면, 이전에 우리를 움직였던 감각적 자극이 아니라, 상상하는 것이 사실적 경험이 될 수 있다. 이처럼 의식은 항상 자신이 알고 있는 지식에 가장 잘 부합하는 형태로 작용한다. 그러나 감각적 경험으로 생겨난 한계를 지식이 뛰어넘는 순간, 우리는 비밀 자아의 이미지 안에서 성장하기 시작한다.

모든 피조물에는 오직 하나의 마음이 있다. 마음은 누구에게나 있고, 신체에 갇히지 않은, 본연의 상태 그대로 존재한다. 마음은 앎에 대한 인식이다. 마음 안에는 삼라만상이 있고, 또한 삼라만상 안에 마음이 있다. 혹시라도 마음이 신체에 갇히면 감각을 통해 받아들이는 자기 인식에 제약이 생긴다. 그러나 그 감각에 대한 속박을 자각하고 이를 알아가는 내면의 힘이 강해지면, 몸의 속박에서 풀려나 자유로워진다.

완벽한 행동과 완벽한 작품은 삼라만상의 정신적 원인에 대한 내적 확신에서 비롯된다. 우리는 먼저 내면의 상태를 변화시킴으로써 외부 세계의 상태를 변화시킨다. 외부에서 우리에게 다가오는 만물은 우리 자신이 의식하는 것의 결과다. 의식을 바꾸면 지각이 바뀌고 따라서 세상이 달라 보인다. 우리는 정신적 이미지의 과정과 효과를 명확하게 이해함으로써 길을 잃지 않고 목표를 향한 올바른 길로 나아갈 수 있다. 우리가 무슨 일을 하건, 만물의 원인인 우리 자신의 의식과 함께한다면, 잘못될 일이 없다. 우리가 정신적인 이미지대로 행동하는 한 그 행동은 항상 우리 마음속의 이미지에 걸맞게 나타나고, 원하는 결과물을 가져다줄 것이다.

이 책에는 마음의 이미지를 떠올리는 훈련 프로그램이 포함되어 있어 의식에 떠오르는 장면이나 상황을 실제처럼 생생한 색상과 소리로 현실화하는 경험을 할 수 있다. 때때로 잠을 자는 동안 정신적, 영적 세계가 너무 견고하고 입체적으로 나타나는 경험을 해본 적이 없는가? 그런 꿈을 꿀 때, 꿈이 현실이고 물질적 세계는 망상이라고 확신할 정도로 몰입하진 않았는가?

정신적 이미지가 우리의 태도와 지각에 영향을 미치는 압도적인 힘을 알고 있다면, 이미지의 힘이 우리에게 순종하도록 훈련해야 우리가 진정한 자유와 행복, 즉 현실의 굴레에서 해방할 수 있음을 알 수 있을 것이다. 그렇게 된다면, 자연스럽게 다가오는 자극과 충동, 죽음과 질병과 파괴, 비효율과 좌절로부터 자유로워질 수 있다. 끊임없이 산만하게 만드는 외부 세계의 자극을 초월하는 내면 시야의 힘을 가진 사람이야말로, 자기 삶에 대한 주도권을 지니고, 자신의 운명을 조정하는 진정한 마스터가 될 수 있기 때문이다.

1.
만사에는 숨은 의도가 있다

셰익스피어의 《햄릿》에서 주인공 햄릿은 유명한 독백 "사느냐 죽느냐 그것이 문제로다"를 외치며, '삶과 죽음'이라는 인생의 가장 기본적인 문제에 정면으로 맞섰다. 우리 주변에는 숨이 붙어 있으니까 억지로 살아가는 사람들이 많다. 엄밀한 의미에서 능동적으로 '살지' 못하고 있다. 세상이 살라는 대로 살고, 하지 말라는 건 대충 피하며, 삶에서 다가오는 자극과 충격에 반응하며 감정을 발산할 뿐이다. 로봇과 같은 삶을 사는 사람들이 "나같이 자유롭게 사는 사람 있으면 나와보라 해!"라고 으스대는 아이러니한 광경에 조물주도 박장대소할 것이다. 그러나 그들의 의식이 불쾌를 피하고 쾌락을 구하려는 '쾌·불쾌 원칙'을 초월하는 순간, 마침내 진정한 의미의 자유가 탑재되었다고 인정할 수밖에 없을 것이다.

행동 vs 반응

나한테 유리한 상황이나 '행운'이 다가올 것이라고 막연히 기다리지 않고, 내면의 의식을 깊이 탐구했을 때, '살아지는' 인생이 아닌, 내가 '이끌어가는' 인생을 산다고 할 수 있다. 죽지 못해 사는 게 아닌, 제대로 '사는 것', 로봇이 아닌 진정한 '사람'이 되는 것은 영적으로 진화하는 삶을 사는 원칙이다. 내가 지닌 한계를 뛰어넘어 높은 곳을 열망하며 살아가는 것이다. 이 정도의 열정이면, 잠들던 내면의 영혼도 눈을 비비고 일어나 나의 외침에 응대해 주고, 나와 함께 미래를 찾아 나서고, 함께 성장하며, 확대해 나갈 수 있다. 그런데 이 정도의 열정도 없으면, 자아의 모든 고통, 괴로움, 모방, 부패, 죽음이 난무하는 자아의 '사후적reactive(반응형)' 감옥으로 가라앉는다. 세상의 자극에 '행동' 없이 평생 '반응'만 하는 사람들이 있다. 이들은 그들의 환경에서 일어나는 모든 변화의 희생자일 뿐이다. 세상이 나에 가한 자극에 대해 나는 현재 행복하거나, 슬프거나, 승리감이 들거나, 패배감이 드는 식이다. 세상에 영향을 가하는 법은 없다. 그저 영향을 받기에 급급하다. 그런데 평생 이렇게 사는 사람들도 많다. 오감을 자극하면서, 표면적 자아의 기복에 일희일비하면서 말이다. 이게 정상인 줄 알며 평생 살다가, 언제가 '불쾌'가 '쾌'를 압도하는 순간이 되면, 갑자기 이러한 자각이 생겨난다. '나한테 무슨 자아 같은 게 있어. 이런저런 상황을 겪다가 생겨난 허상 아닌가?' 그런 다음 이들은 두 가지 갈림길에 서게 된다. 자아 따윈 신경 안 쓴 채 완전한 동물적인 무기력에 빠질 것인가, 아니면 감각적인 것을 내려놓고 내면 인식과 자기 암시를 추구할 것인가? 후자의 길을 택한 사람들은 제대로 '사는 것', 로봇이 아닌 진정한 '사람'이 되는 것을 선택한 것이다. 이 길에 들어선 사람들은 진정한 잠재력을 드러내기 시작한다. 그리고 어느덧 의식의 기적, 마음속의 마법을 발견한다.

깨인 의식으로 주체적인 삶을 사는 것은 물질적 욕구의 충족으로는 불가능하다. 애초에 물질적인 욕구를 갖게 된 원인이 무엇인지, 그 욕구가 어떻게 나타나는지를 정신적으로 인지해야 주체적인 삶이 가능하다. 현명한 사람은 세상을 그들의 방식에 맞게 휘두르거나 사건과 현상을 그들 욕망의 복제품으로 애써 만들려 하지 않는다. 그들은 삼라만상에 숨겨진 원인을 인식할 수 있는 강력한 의식을 갖기 위해 노력한다. 그래서 어떠한 일이 닥쳐도 능동적으로 우위를 점한다. 강력한 의식은 주어진 상황과 가장 잘 어우러지는 방향으로 이끌기 때문에, 상황을 쥐락펴락할 수 있는 경지에 도달한 것처럼 보이기도 한다. 세상이 가하는 가장 잔인한 행동이나 충격에도, 시기적으로 가장 힘들 때도, 큰 노력을 들이지 않고 그 험난한 파고를 지혜롭게 헤쳐 나간다. 그 비결은 무엇일까? 만물, 즉 우주를 지배하는 '정신 전력mental force(부여된 임무를 완수할 수 있는 조직화한 전투 의지로서 의지와 자신감에 중점을 두는 개념 – 옮긴이)'과 조화를 이루면서 주어진 환경에서 임무를 잘 처리할 수 있기 때문이다.

전자기적 의식 Electromagnetic Mind

우주를 지배하는 이 '정신 전력'을 어떻게 칭하건 상관없다. 각자가 편한 방식으로 상상해도 좋다. 단 중요한 것은 그러한 힘이 존재한다는 것을 이해하고, 그것이 어떻게 작동하는지, 그 힘과 당신의 관계가 어떠한지를 아는 것이다. 정신 전력은 거대한 전자기장에 비유될 수 있다. 모든 의식적인 형태의 생명체는 우주와 같은 거대한 전자기장 안의 미세한 전자기장이고, 각 전자기장의 종류와 특징에 따라 생명체는 자신의 위치를 찾을 것이다. 개별 전자기장이 거대한 전자기장에서 어느 위치에 자리 잡는지는 불가항력의 규칙을 따르기 때문에 개별 전자기장에는 선택권이 없어 보인다. 수백만 명의 사람들이 마치 어떠한 관행ritual을 따르기라도 하는 듯, 같은 업무를 반복하며 절대적으로 같은 결과를 도출하는 것도 같은 논리다. 항상 아프고, 일이 항상 안 풀리며, 뭘 하든 '아슬아슬하게 간신히' 문제를 피하며, 빈털터리이거나 실직인 경우가 허다하다. 자, 이제 우리의 삶을 되짚어 보자. 우리도 허구한 날, 무엇을 하던 매년, 매번 같은 문제로 씨름하게 된다. 도통 피해 갈 수 없는 문제가 항상 속을 썩인다. 이 치명적인 무한 반복이야말로 대부분의 좌절과 정신 질환의 근원이며, 모든 실패의 근본이다.

그러나 그 악순환을 피해 갈 수 있다. 그리고 피해 가는 방법은 마음과 정신의 완전한 해방을 가져온다. 미세한 전자기장은 각자의 종류의 특징을 바꿀 수 있는 능력을 갖추고 있기 때문이다. 새로운 의식에서 요구하는 위치에 도달할 때까지 거대한 주요 전자기장의 힘과 지지를 받아 움직일 수 있는 엄청난 내재적 능력이다.

전자기장의 비유에서 기억해야 할 것은 미세한 전자기장은 스스로 움직이지 못한다는 점이다. 거대한 전자기장에 의해 움직일 수 있다. 그리고 미세한 전자기장의 움직임을 떠받치면서 힘을 실어주는 것은 바로 거대한 전자기장이다. 미세한 전자기장이 아무리 몸부림치고 아등바등해도, 그것보다 무한하게 큰 힘을 가진 전자기장의 안에 갇힐 뿐이다. 그리고 그 위치는 미세한 전자기장의 특징에 따라 애초에 정해진 것이기 때문에 그저 그곳에 자리할 뿐이다. 단 내면에서 어떠한 변화가 일어나는 순간, 그것을 에워싸는 외부의 힘으로 거대한 전자기장 안의 새로운 위치로 이동하게 된다. 이때 새로운 '전위electric potential(시간에 따라 변하지 않는 전기장에서 단위 전하가 가지게 되는 전기적 위치 에너지 – 옮긴이)'를 띠며 이동한다.

정신세계

앞서 소개한 전자기장은 하나의 비유이긴 하지만, 네덜란드의 과학자 S. W. 트롬프S. W. Tromp는 그의 주목할 만한 저서《심적 물리학Psychical Physics》에서 인간이 특정 전자기장을 발산하고 있고, 지구 자체도 전자기장을 방출하고 있다고 주장했다. 그의 논리는 완벽한 기승전결의 형태로 되어 있어서, 과학적으로 의문을 제기할 여지가 없을 정도다. 그렇다. 지금까지 철학자, 예언자, 수도자들의 영역으로, 눈에 보이지 않는 '인간의 소망'의 영역을 과학적으로 증명할 수 있는 문턱에 도달했다. 인간 정신의 초자연적 능력을 연구하는 학과들이 설립된 일류 대학들도 생겨나고 있다. 무엇이든 마음먹기에 달려 있다는 의미의 '직관적 지각'을 확실한 증거를 이용해 입증하는 것은 시간문제다.

단, 이 개념은 우리가 사는 정신세계에 작용한다. 물리적인 세상과는 무관한 일이다. 육체란 단지 정신의 연장일 뿐, 육체도 불완전한 선상에 있다. 우리가 보고 듣고 느끼는 모든 것은 확실하지도 피할 수 없지도 않다. 단 마음속에 품은 관념을 우리의 감각에 불완전하게 알려주는 것에 불과하다. 우리는 감각적 경험에 집착한 나머지, 원인 대신 결과에 혈안이 된 채 살아간다. 만물이 무한대로 작아지거나 커지면서, 삶의 심오한 신비와 의미로부터 차단하는 '막다른 골목'에도 시선이 쏠려 있다. 그런데 우리가 관심을 두어야 하는 대상은 행성과 별, 원소와 바람, 심지어 생명의 존재 자체도 아니다. 바로 '의식'이다. 의식은 우리가 존재함을 증명하는 사실이고, 내가 나를 '나'라고 말할 수 있는 능력이다. 의식은 논쟁의 여지가 없는 사실이고, 인간이 받은 가장 큰 기적이다. 세상의 모든 광경과 소리는 단지 의식에서 나온 파편 덩어리에 불과하다.

숨겨진 '나'

그렇다면, 나에게 의식이 있다는 것은 무슨 의미일까? 말 그대로 의식이 잠들지 않고 깨어 있다는 뜻일 뿐, 그 이상도 이하도 아니다. 이

옷의 의식 속에 있는 '나'는 내 안의 '나'와 같은 존재이다. 다양한 감각적 경험에 집착하다 보면, 다른 나인 것 같다. 그러나 결국 그러한 경험을 하기로 한 주체는 바로 '나'이다. 실제로 의식은 결코 경험의 결과가 아니라 원인이고, 의식을 발견하는 순간이나 장소가 무엇이건, '나'라는 존재를 인식하는 상태다. 모든 피조물에는 단 하나의 기본 의식이 있고, 그 의식은 삼라만상에 자리 잡고 있다. 의식이 어디로 들어가는지에 따라 의식이 달라지는 듯하지만, 의식은 본질에서 전혀 변하지 않는다. 그것은 지성, 인식, 에너지, 힘, 창조성이며 만물이 만들어지는 재료이다. 의식은 존재의 알파이자 오메가이며, 삶의 원동력이다. 의식은 바로 당신이다.

"자연계의 모든 것에는 자연이 지닌 모든 힘이 깃들여 있다. 그 모든 것은 하나의 숨겨진 것으로 이루어져 있다"라고 랄프 왈도 에머슨은 기록했다. 그는 자연계에서 무수한 형태로 감각을 매혹하는 현란한 춤 뒤에서 숨겨진, 모든 생명과 열망이 샘솟는 하나의 마음, 그리고 하나의 지성이 보여주는 작용을 감지하고, 그 베일Veil을 뚫었다. 이러한 기본적인 영적 지식 없이는 내면의 평화나 행동의 확신이 있을 수 없다. 자기 존재의 뿌리로부터 고립되어 사는 사람들은 모든 힘의 원천으로부터 자신을 단절시키고, 적대적이고 위협적인 세상에서 기댈 곳 없이 고독하게 살아간다. 반대로, 삶의 진정한 본질을 인식하고, 본인이 그 본질과 어떠한 관계를 맺는지 인식하게 된다면, 세상이 항상 본인의 생각을 반영한다는 사실을 곧 알게 될 것이다.

가면

표면적 마음, 감각 – 자아 또는 자아는 현재 인간 무대에서 펼쳐진 연극에서 악역을 맡았다. 인간은 생명의 한 형태로 살아가면서, 세속으로부터 분리된 고유한 존재라는 점, 우리 각자의 고유함을 지닌다는 점을 이해할 수 있을 만큼 충분히 진화했다. 우리는 거울을 보고 거울에 비친 동물이 바로 우리 자신이라는 사실을 이해한다. 우리는 이 동물의 외모와 심신의 건강에 관심이 많고, 세상과 다른 사람들과의 관계에 대해 고민한다. 우리는 우리가 진정으로 어떠한 존재인지 이해하지 못한다. 단지 우리가 의식이 있고 특정 신체 안에 갇혀 있으며, 우리가 얻은 경험과 지식, 그리고 그것들의 사용에 대한 우리의 성향에 '나'라는 이름을 붙일 뿐이다. 따라서 우리는 허상인 이 '유령'을 우리 자신의 이름으로 부르며 착각에 빠져 있다.

그런데 투쟁과 공상에 가려진 이 유령 뒤에 숨어 있는 정체가 바로 '비밀 자아'다. 비밀 자아는 이렇게 숨어 있거나, 무시 되거나, 오해 받기도 하지만, 인생이라는 체스판에서 본성과 열망에 따라 움직인다. 우리는 결코 자아나 감각 자아가 아니다. 이것은 우리가 인생에서 발견한 역할을 할 때 쓰는 가면일 뿐이다. 우리의 진정한 모습은 변화하는 모습이 아니라 온전하고 완전하며 강력하고 고요하며 무한하고 영원하다. 그것은 생명의 무궁무진한 원천에서 솟아난다. 자신을 그 진정한 모습과 동일시하는 법을 배울 때 우리는 작은 현세적 자아를 훨씬 뛰어넘는 힘에 올라타게 된다. 그 순간부터 우리의 삶은 가장 놀라운 방식으로 변화하게 된다.

1. 만사에는 숨은 의도가 있다

갇힌 자아

"자기 본연의 상태에서 주어진 능력을 발휘하는 것이야말로 인생의 유일한 목적이다." 로버트 루이스 스티븐슨Robert Louis Stevenson(1850~1894, 《보물섬》, 《지킬 박사와 하이드》 등을 집필한 스코틀랜드 출신의 소설가 – 옮긴이)의 말이다. 그러나 우리가 정신적·영적 제한의 굴레에 갇혀 신성한 천부적 권리를 억누른다면, 침체와 고통 외에는 내면을 파고들 대안이 없다. 감각을 자극하는 외부 세계의 자극에만 반응하는 한, 모든 상황에서 희생자가 될 수밖에 없다. 감각에 갇힌 우리는 매번 온갖 자극에 휘둘리느라 정신을 못 차린다. 때로는 공격적인 야수가 되기도 하고, 때로는 두려움에 벌벌 떠는 겁쟁이가 된다. 때로는 기뻐 날뛰지만, 우울함과 슬픔에 허덕일 때도 많다. 죽음을 택하고 싶은 순간이 찾아오다가도, 이내 생명의 끈을 잡고 싶어진다. 평정심을 잡고 가기란 쉽지 않다. 이처럼 내면의 평온과 균형은 우리가 이해하지도 통제하지도 못하는 무언가의 손에 달려 있다. 그래서 우리는 보이지 않는 알 수 없는 끈에 이끌려 바람에 날리는 종잇조각처럼 삶의 소용돌이를 겪는다. 이리 흔들 저리 흔들 꼭두각시가 된다. 그러다가 자신의 무력함을 인식할 만큼 자각이 생기면, 깊은 슬픔에 휩싸여 꼭두각시를 조종하는 '주인'을 거스르는 것은 엄두도 못 낸다.

하지만 숨 가쁜 삶 속에서 잠시 멈춰 우리가 자신의 결정에 따라 움직이는 것이 아니라 주변 세상에 반응하여 수동적인 삶을 산다고 자각하는 순간, 이미 자유를 향한 첫걸음을 내디딘 것이다. 진정한

마음속의 마법

자유가 사슬을 경험한 사람에게만 찾아오는 것처럼, 노예 상태에 처한 현실을 아는 사람만이 자유를 열망할 수 있다. 미움, 사랑, 두려움, 시기, 열망, 속임수는 대부분 자신이 처한 상황의 산물이다. 잘못되거나 제한적인 규범과 관습의 산물이기도 하다. 알고 보면 별것 아니지만, 압도할 만한 공포로 인한 것일 때도 있다. 그런데 이 모든 상황에 대한 해결책이 있다. 우선 최대한 대담하게 상황을 정면으로 맞선채, 있는 그대로 자신을 드러내면 된다. 자아는 있는 그대로 나를 기만해 오지 않았던가. 그런 자아에 대한 충성심을 내려놓는다. 그동안 '넌 남들보다 훌륭해' 혹은 '넌 남들보다 부족해'라고 우리를 들들 볶아 온 그 갑질의 주체인 자아 말이다.

해방의 힘

영매나 철학자와 같은 전문가들만 존재의 영적 측면을 이해하는 건아니다. 하물며, 상황을 통제할 수 있는 정신적 인과 관계를 짚어 내는 것도 그들만의 재능이 아니다. 깊은 생각에 잠긴 형이상학자일 필요는 더욱 없다. 영적 측면은 기성 종교의 영역이라 무신론자와는 무관하다고 생각할 필요도 없다. 기독교, 힌두교, 이슬람교, 불교, 도교道教, 신도神道(일본 신화, 가미, 자연 신앙과 애니미즘, 조상 숭배가 혼합된 일본의 민족종교 – 옮긴이)를 믿건 상관없다. 다만, 특정 종교의 신자라는 사실만으로 세속, 삶과 죽음, 그리고 개인의 존재에 관련된 모든 문제를 생각해야 하는 개인의 책임만 증가시킬 뿐이다. 자신의 정신적 본질을 파악할 때만, '나'의 덧없고 끊임없이 변화하는 본질을 깨달을 때만, 끊임없는 성장과 발전과 열망의 상태에 있을 수 있다. 한계나 끝도 없고, 패배도 없다. 처음 마음속에 이미지를 잉태하는 사람에게는 무엇이든 가능하다는 사실이 확실해질 것이다.

우리 안에는 감옥에서 완전히 해방하게 하는 힘이 있다. 인간을 창조한 조물주의 마음이나 생각에서 비롯된 힘이다. 이 힘만 있으면, 우리는 무엇이든 될 수 있고 상상할 수 있는 모든 일을 할 수 있다. 우리의 정신에는 그 어떤 것도 흉내 낼 수 없는 고유의 특징이 있다. 감각으로 식별할 수 있는 대상을 떠올릴 때 정신은 반응한다. 마음속에서 꾸준히 시각화하고 집중하는 생각, 아이디어, 이미지는 물질세계에서 현실로 나타나게 되어 있다. 우리가 어떠한 의지를 지녔든지 상관없이 말이다. 우리가 살면서 생각하는 한, 마음속에 이미지를 품게 될 것이고, 그 이미지는 삶에서 가시화된다. 특정 방식으로 생각하는 한, 우리는 그 방식으로 살아가게 되어 있다. 내면의 의지나 바람이 아무리 강해도 그 방식을 바꾸기 어렵다. 내면 시야만 그 삶의 방식을 바꿀 수 있다.

삶의 법칙

정신 기제에 의해 계속 원하지 않는 결과를 경험하는 사람들이 많다. 놀랍기도 하고 마음이 아프기도 하다. 그들은 자신이 가난하다는 사실을 한탄하지만 그렇다고 해서 더 부유해지지는 않는다. 그들은 자신의 통증과 고통에 대해 불평하지만, 정작 상황은 나아질 기미가 안 보인다. 그들은 아무도 자신을 좋아하지 않는다고 말하는데, 이는 곧 그들이 정작 아무도 좋아하지 않는다는 뜻이다. 그들은 대담하거나 패기 넘치지도 않고, 상상력이 풍부하지도 않다. 사시나무 떨듯 떠는 정신은 부정적인 망상에 사로잡혀 있다. 단 마음속에 어떠한 이미지를 그리건, 가난이나 질병, 두려움이나 실패의 이미지라도 부나 건강, 용기나 성공의 이미지를 그릴 때와 똑같은 강도와 속도로 현실에서 가시화될 것이다. 바로 이것이 삶의 법칙이다. 모든 선과 악은 마음속에 품은 이미지에서 만들어진다.

아찔한 고공 줄타기를 하는 곡예사를 떠올려 보라. 그는 탄력 있고 미세한 장대에 의지해 재빠르게 움직인다. 가느다란 검은 줄에 매달린 채 공중에 높이 떠서 흔들거리는 그는 모든 정상적인 행동 법칙을 거스르는 듯하다. 그가 외줄 타기를 잘 해내서 놀랍기도 하지만, 애초에 이 어려운 일을 시도했다는 점이 놀랍다. 그러나 '정신의 법칙'을 떠올려 보라. 그가 하는 일이야말로 이 법칙을 피해 갈 수 없다. 아슬아슬한 줄에 첫발을 내딛기 훨씬 전부터 그는 머릿속으로 곡예사 자신의 그림을 그렸을 것이다. 초기의 실패를 거듭하는 동안에도 그 그림은 계속 이어졌을 것이다. 민첩하고 균형 잡힌 모습으로 흔들리는 줄을 민첩하게 건너는 자기 모습을 그렸을 것이고, 이 상상은 초기의 모든 실패를 견뎌낼 힘이 되었을 것이다. 이제 그는 숨죽이며 지켜보는 관중 앞에서 아무렇지 않게 죽음의 문턱을 오가며 기술과 용기를 과시한다. 확신에 차 있고, 침착하고, 자신감이 넘친 모습이다. 내면에 자리 잡은 확고한 그림 덕분에 모든 두려움과 재난에서 벗어날 수 있다.

이미지 파워 Image Power

(머릿속에서 순식간에 일어나는 현상의 집합체인 이미지가 지닌 힘 - 옮긴이)

마음은 그림을 그릴 수 있는 '이미지 파워'가 있다. 즉 상상력을 일컫는다. 그런데 상상력이 무엇이고 어디에서 오는지는 아무도 모르는 것 같다. 한 유명한 외과 의사가 사람의 뇌를 여러 차례 절개했지만, 그림을 보거나 생각을 발견한 적이 없다는 말을 남긴 것으로 유명하다. 상상력은 팔이나 다리, 위처럼 뇌의 전유물이 아닌 것은 분명하다. 생각은 신체 일부도, 몸 전체도 아니다. 생각의 주체는 몸에 있는 '존재'다. 생각은 의식이 주변 환경을 알고 자신을 알 수 있게 해주는 기능이다. '나'라고 말할 수 있는 유일한 존재다. '나'라고 말할 수 있는 유일한 이 존재는 다른 사람에게 알려지지 않은 자신의 존재 안에 그림을 그릴 수 있다.

사람들은 삶에서 가장 눈에 띄는 두 가지 가치인 지식과 능력을 얻기 위해 끊임없이 노력한다. 이렇게 지식과 능력을 얻기 위해 필사적으로 노력할 때, 그 해답은 '알고자 하는 자'와 '알고자 하는 대상'에서 찾을 수 있다. 언뜻 보면, 이 두 개의 개념은 별개인 것 같고, 사람들은 대개 주변 세계와 어떻게 상호 작용하는지를 감각에 따라 정하는 듯하다. 예를 들어, 어떤 사물은 매우 길고 넓으며 무게가 매우 무겁고 단단하며 특정 색을 띠고 있다. 그 사물에 이름을 붙이고, 그 사물을 마주칠 때마다 – 원래의 특성을 대부분 유지하는 한 – 무엇인지 인식하고 어떠한 사물인지 바로 안다. 근처에 있다면 바로 인식할 수도 있다. 그 존재가 두려움이나 분노, 사랑이나 긴장과 같은 특정 효과를 유발한다면, 이 대상의 존재 여부가 그들의 삶에 실질적으로 영향을 미친다고 할 수 있다. 그들의 마음 상태는 자신의 결심에 좌우되는 것이 아니다. 마음 상태는 외부 세계에서 그 대상을 만나거나 피할 때 그 대상에 의해 직접 영향을 받는다.

내면 시야

동물과 식물 형태의 생명은 반응에 기반을 둔다. 먼저 유기체가 있고, 그 유기체를 방해하는 요소들이 존재한다. 이렇게 발생한 갈등은 각 유기체가 직면한 장애물을 극복하려고 시도하면서 진화하는 과정에서 저절로 해결된다. 그러나 진화의 낮은 단계에서 이러한 영향은 분명히 외부에서 온 것으로, 유기체가 통제할 수 없는 과정과 힘의 결과다. 자연은 세상과 생명을 철옹성처럼 붙잡고 있고, 하등 동물과 식물체들은 이해하지도 피할 수도 없는 길을 따라 자연에 의해 냉혹하게 이끌려 간다. 사물은 외부에 있는 것처럼 보이는 창조적 과정을 통해 존재하며, 존재 자체는 어떤 형태나 형태로든 개별 존재의 힘과 범위를 넘어서는 것처럼 보인다. 우리는 태어나고 죽으며, 우리가 알고 있는 어떤 힘이나 지식으로도 이러한 섭리를 돕거나 막을 수 없다. 그리고 감각에 반응하여 살아가는 한, 우리는 단지 자동화 기계일 뿐이고, 삶의 형태는 상황에 좌우된다.

상상력은 이러한 구속과 속박에서 벗어날 수 있는 수단이다. 인간은 스스로 무엇을 생각할지 결정할 수 있다. 우리는 외부 자극에 반응만 하지 않고, 내면의 어떤 비밀스러운 샘에서 무슨 생각부터 시작할지 결정할 수 있다. 마음속의 이미지가 더는 우리가 마주하는 조건의 산물이 아니라, 시각화를 통해 목표와 욕망에 부합하는 내면의 자원과 힘의 결과가 될 것이라고 결심할 수 있다. 따라서 얼마만큼 진정한 동기를 지니는지에 따라, 의식을 영롱하게 혹은 혼탁하게 만들 수 있다. 마주하는 모든 어려움이나 도전에 너무 큰 의미를 두지 말라. 다만, 목표에 집중하고 장애물이 일을 방해하지 못하도록 하라. 이러한 마음가짐을 가질 때, 우리의 목적을 무너트리는 함정에서 즉시 해방될 수 있다. 변하지 않는 법칙은 "마음에 뿌리를 내리는 것만이 세상에서 사실이 될 수 있다"라는 것이다. 따라서 자신이 설정한 목표와 목적에 의해서만 의식에 영향을 받는 사람은 모든 패배와 실패에서 벗어날 수 있다. 장애물은 일시적일 뿐이며 내면의 존재에 영향을 미치지 않기 때문이다. 내면 시아에 부합하는 것, 즉 개인적인 가치와 신념과 일치하는 아이디어, 신념 또는 개념만이 그들의 내면 세계에서 환영받고 품어 들여진다. 또한 개인의 내면세계 중 가장 깊숙한 곳에 있고, 개인의 참된 모습이 존재하며, 개인 성장과 정체성이 형성되는 '비밀 자아'에서 뿌리를 내릴 수 있다.

비밀 자아

상상력을 올바르게 사용하기 위한 열쇠는 어디에 있을까? 바로 비밀 자아에 대한 지식과 믿음에 있다. 빛이 어디에 있는지 알게 되면 아무도 어둠 속에서 살지 않아도 된다. 비밀 자아를 이해한다는 것은 상황의 속박에서 벗어나는 것이고, 기존 능력을 쌓아 올릴수록 강해지는 능력 안에서 조여왔던 긴장을 푼 상태에서 마음이 완벽하게 평온한 상태로 작용한다는 의미다. 내면에 있는 상상력의 실체는 자아도 아니고, 경험도 아니고, 시간이나 상황이나 장소나 위치도 아니고, 오직 의식, 즉 순수한 존재감을 제외한 모든 부속물에서 벗어난 '나'이다. 이것은 모든 힘을 포함하는 자아이며, 그 본질은 개인보다 더 크고 10,000명의 개인보다 더 크며, 만물을 지탱하는 구조이며 우주의 진화하는 자아이기 때문이다. 비밀 자아는 신체, 시간이나 장소 또는 조건에 국한되지 않고 모든 시간과 장소 및 조건에 존재한다. 또한 무한하고 영원하며 오직 하나이지만, 그와 반대되는 유한하고 현세적이며 여러 개로 존재하는 것만큼 쉽게 모습을 드러낸다. 모든 것이 비밀 자아 안에 담겨 있지만, 각 비밀 자아는 모든 것을 담고 있기도 하다. 비밀 자아의 특성상 비밀 자아의 모든 것이 같은 순간에 모든 곳에 존재하기 때문이다.

　　비밀 자아는 시간을 초월하여 영원히 존재한다. 비밀 자아는 우주의universal(보편적) 자아이기도 하지만, 우리 각자의 자아, 당신의 자아이기도 하다. 그 자아는 결코 태어난 적도 없고, 죽지도 않는다. 비밀 자아는 각각의 창조물 속으로 들어가서 그 창조물이 된다. 삶과

33
1. 만사에는 숨은 의도가 있다

세상과 우주에서 일어나는 일은 전적으로 비밀 자아의 작용이고, 비밀 자아가 지닌 은밀한 목적과 분명한 목표의 결과이다. 비밀 자아의 본질은 정신적인 영역에 있다. 따라서 그 본질은 역동적이고 창조적이다. 비밀 자아는 모든 공간과 시간을 지배하는 영원불멸의 존재이자, 어떠한 제약을 받지 않는 만유萬有이고 초월적인 힘이다. 시작부터 끝이고, 중간부터 극단까지이며, 그리고 반대편까지 모든 것을 아우른다. 그리고 무한한 창조성의 원천이다. 다양한 형태의 생명체들은 비밀 자아의 본질적인 합일에서 비롯된 엄청난 창조적 잠재력의 작은 표현일 뿐이다.

정신력 상승

그러한 비밀 자아가 바로 당신 안에 있다. 운 좋은 소수에게만 찾아오고 다른 사람들에게는 숨겨져 있는 것이 아니다. 비밀 자아는 우리 각자의 마음속에 온전히 존재한다. 세상과 자아 및 감각적 자극으로부터 자신을 분리할 수 있는 한, 점점 더 비밀 자아가 내면에 존재한다는 사실을 인식하게 될 것이다. 그러고는 그 비밀 자아와 자신을 동일시하기 위해 노력하게 될 것이다. 자신과 비밀 자아가 같아지는 과정에서 힘의 씨앗이 뿌려진다. 이때 상상력을 자유자재로 사용하면서 자아의 한계를 버리고 의식의 질을 향상할 수 있는 사람이라면, 비밀 자아와 하나가 되어 자기 통달의 경지에 도달할 수 있다. 이 놀라운 목표를 달성할 수 있는 잠재력은 우리 각자에게 있다. 내면의 정신력을 끌어올리고 마음에서 이미지를 그려낼 수 있는 사람이라면, 비밀 자아의 목적과 하나가 될 수 있고, 따라서 우리의 일과 목표에서 오류를 범하지 않을 수 있다.

그렇다. 쉽게 이해하기에는 복잡한 이론일 수 있다. 과학의 산물을 숭배하는 물질주의 사회는 우리 정신의 4분의 3을 절제해 버렸다. 우리의 마음은 세상의 성공에 붙잡혀 있고, 세상의 부귀영화에 얽매여 있다. 우리가 사는 세상이 어떤 세상인지, 그 안에 무엇이 있는지, 그것을 어떻게 사용할 수 있는지에 혈안이 되어 있다. 반면 오늘날 우리는 인간이 읽고 쓸 수 있기 전과 비교했을 때, 생명의 기원과 목적에 대해 거의 알지 못한다. 휘발유 엔진의 원리, 전기의 발전과 송배전, 철강의 정련 및 경화 처리 과정, 전자 및 무선 전송의 원리를 학습하다 보면, 과학의 관점과 근본적으로 반대되는 이론에는 근거가 없다고 생각하기 쉽다. 과학에서는 "자연의 법칙은 가장 우수한 법칙이고, 인간은 번영하기 위해 그 법칙에 따라 사는 법을 배워야 한다."라고 주장한다. 그런데 정반대의 이론이 등장한다. "자연은 우리가 알고 있는 인간의 마음이 아니라 생명의 배후에 있는 '최상위 지성Supreme Mind' 또는 비밀 자아에 종속되어 있고, 이 비밀 자아는 우리 각자의 내면에 있다. 우리는 그것을 알고 그것을 사용함으로써 자연의 법칙을 초월하고 감각과 물질세계에 대한 속박에서 벗어날 수 있다."

생각의 현실화

삶에서 일어나는 일들은 개인이 비밀 자아와 하나 됨을 완성하기 위해 영적으로 진화하는 과정이다. 창조의 배후에 있는 보편적universal('우주적'으로도 번역됨 – 옮긴이) 존재가 무한하고 영원한 본성의 다양한 측면을 발휘하기 위해, 말하자면 유한한 형태로 분화하여 변장하고는 비밀 자아의 형태로 살아 숨 쉬고 있다. 따라서 자신의 의식 세계를 계속해서 확장하면, 인생에서 가장 바라는 소원을 성취해 가는 셈이다. 굳이 지혜와 덕이 뛰어난 성인聖人이 아니더라도, 비밀 자아의 힘을 사용하는 데 필요한 만큼 비밀 자아를 이해할 수 있다. 비밀 자아의 법칙을 아는 것만으로도 충분하기 때문이다. "우리가 의식에서 영구적인 정신적 이미지로 받아들이는 것이 무엇이든, 그 이미지는 현실에서 일어날 수 있다. 의식에 있는 그대로 삶에서 펼쳐진다. 그 어떤 것도 이 사실을 바꿀 수 없다."

살다 보면, 아프거나, 두렵거나, 좌절하거나, 패배할 때가 있다. 그런데 '내 탓이오'를 외치며, 이러한 상태를 스스로 초래했고, 자신 외에는 누구도 이러한 상태를 없애지 못한다는 사실을 인정하는 데는 큰 용기가 필요하다. 아무리 괴롭다고 울부짖는 사람이라도 마음의 힘으로 나아 보겠다며 피상적인 시도만 하는 경우가 더러 있다. 예를 들어, 몸이 아파서 고통스러워하는 사람들이 "내가 행복하고 잘사는 모습을 상상해 봤지만, 변화는 없고 똑같이 아파요"라고 한다. 그런데 막상 그들은 자신이 건강하고 행복한 모습을 상상하지 않고, 아프고 고통스러운 자신을 시각화했을 것이다. 건강하고 행복한 자신을 상상하기 시작한 순간, 말 그대로 건강하고 행복해질 수 있기 때문이다. 이 법칙은 확률에 따라 작용 여부가 달라지는 법칙이 아니다. 운이 좋은 시점에만 작용하는 법칙도 아니다. 이 법칙은 항상 작용하고, 이미지와 정확히 같은 방식으로 현실화한다. 당신이 마음속에서 계속해서 붙잡고 있는 그 이미지를 지금, 이 순간 현실에서 경험하게 해준다. 당신은 마음속 이미지들을 벗어날 수 없을 것이다. 그 이미지들은 당신을 둘러싸고, 지탱하기도 하지만, 괴롭히기도 한다. 어떠한 내면 시야로 이미지들을 자극하는지에 따라, 그 이미지들은 선하거나 악할 수 있고, 정신을 끌어올리거나 내릴 수 있으며, 고통을 앗아가거나 더할 수 있다. 당신이 살아 있는 한, 생각하고 상상하는 한, 의식을 지배하는 이미지가 당신을 밤낮으로 둘러싸고 있다.

사고의 통제

비밀 자아에는 놀라운 힘이 있다. 항상 자신이 바라보는 이미지를 현실로 만들어 낸다. 최면 실험이 이 사실을 가장 잘 나타낼 것이다. 마약성 진통제로도 완화가 안 되는 극심한 고통을 겪는 경우가 있다. 그런데 그들에게 깊은 최면을 걸었을 때, 아무런 고통을 느끼지 않는다고 얘기한다. 왜 그럴까? 실제로 고통이 안 느껴지기 때문이다. 평소에는 사람들이 많은 데 가는 것이 숨 막힐 정도로 두렵다는 경우도 있다. 그런데 이들도 최면 상태에서는 군중을 좋아한다고 고백하기도 하고, 실제로 군중 속에서 즐기는 사람인 것으로 드러나기도 한다.

사람들은 최면을 통해 더욱 강해지고, 질병이 치유되고, 더 똑똑해지고, 더 적극적이고, 인내심과 불굴의 의지를 갖게 된다. 최면에서 보여준 이 모든 속성이 사실상 정신에 각인되어 있고 마음속의 이미지가 그러한 정신에서부터 자라나기 때문이다.

그러면 이런 반응을 보일 수도 있다. "오! 그럼 좋은 최면술사를 찾아주세요. 저는 똑똑하고 강하고 성공하고 모든 좋은 것들을 얻고 싶고 약점과 고통과 실패를 없애고 싶어요." 자신 삶의 책임자 직위를 기꺼이 내놓고 싶다면, 그렇게 최면에 의존할 수 있을 것이다. 자신이 아닌 누군가가 매일, 매시간 최면을 걸어주길 바란다면, 최면술사에게 삶의 주도권을 넘겨주면 그만이다. 그가 당신이 윤곽을 그린 이미지 그대로 삶을 설계해줄 수 있을 것이다. 그러나 정작 삶의 변화는 크지 않을 것이다. 차를 타고는 있지만, 운전대는 이제 잡을 수 없는 상황이랄까. 노력과 투쟁, 장애물 극복이 비밀 자아가 의도한 성장의 원동력이라면, 분명 당신은 삶 자체에서 물러나 있는 셈이다.

비밀 자아의 힘을 이용하여 인생을 건설적으로 살아가고 싶지 않은가? 그러한 삶을 바란다면, 최면술사가 필요하지 않다. 최면술사가 하루 24시간 함께하지 않는 한, 마음속에서 만들어지는 부정적인 이미지를 극복할 길은 없다. 자신과 끊임없이 교감하는 사람은 자신뿐이다. 따라서 자신이 떠올리는 생각과 이미지를 재단할 수 있는 사람은 자신뿐이다. 외부의 어떤 것에 의해 이미지가 자극되도록 내버려 두면, 삶에 대한 통제권을 상실하게 된다. 자신의 원하는 바에 맞는 이미지를 받아들이면, 삶은 내면의 목표를 달성한다. 어떠한 경우에라도 비밀 자아가 약속하는 내용을 기억하라. "마음속 이미지를 변화하라. 삶이 바뀔 것이다. 당신에게 다가오는 것은 당신이 의식으로 받아들이는 것뿐이기 때문이다."

이제, 이 전제에 동의하는 독자들이 많이 있을 것 같다. 한편으로는 의식에 있는 이미지가 잠재의식에서 투영된 것일 뿐, 자신이 선택한 것이 아니라는 점을 이내 지적할 수도 있다. 대부분의 심리 치료 시설에서도 이렇게 잠재의식에 대한 이론을 펼칠 수 있다. 그곳에서는 고통스럽고 쓰라린 기억을 잠재의식 속에서 없애는 데 집중하여 마음속에 불쾌한 이미지를 불러일으키는 방식을 제안하기 때문이다. 그런데 이 과정을 7~8년 동안 진행해도 환자 잠재의식에서 고통스러운 기억이 사라지지 않는 경우가 허다하다. 게다가 치료가 진정으로 효과적이라면, 어떠한 경우에라도 그렇게 장기간 이어져서는 안 된다. 현대 정신분석학은 증세에 대한 원인을 다른 곳에서 찾는 '책임 전가'의 경향이 나타나는 듯하다. 특히 정신분석을 받는 사람이 자신의 의식을 제대로 관리 감독하지 못해서 그러한 결과가 빚어졌다며, '주변에서 범죄자를 제거'하면, 의식도 정상화된다는 식으로 해법을 제시하니 안타깝다. 환자는 자신의 의식이 변화한 것처럼 느끼지만, 이것을 가능하게 한 주체가 정신과 의사라고 생각하기 때문에, 얼마 지나지 않아 부정적인 생각과 관념으로 가득 찬 현실을 마주해도 이전처럼 어찌할 바를 모른다. 자신이 자신의 마음을 주도적으로 관리 감독하지 않기 때문에, 현실 속에서 마음이 안주할 곳을 찾기에 급급하다. 우리는 별의 위치를 바꾸거나 지구의 자전을 멈출 수는 없다. 바람을 일으키거나 파도가 잔잔해지도록 할 수도 없다. 그러나 우리 각자는 무슨 생각을 할지 주체적으로 선택할 수는 있다. 당신도 예외가 아니다. 본인이 생각하고 싶은 것을 생각할 수 있다. 내면 시야와 비밀 자아의 은밀한 목표에만 집중하며, 그 두 가지가 원하는 방향에서만 생각할 수 있다. 그렇게 방향을 잡고, 확고한 마음과 결의로 한 걸음씩 나아가다 보면, 어느새 성공에 가까워질 것이다. 당신은 결코 주눅 들지 않고 자신의 내면 이미지를 명확하고 진실하게 투사할 것이다. 그리고 현실에서는 그에 상응하는 열매가 당신에게 돌아올 것이다.

'드라이 홀, 케이시(마른 유정만 파는 케이시)'

미국 콜로라도주 로키산맥에 있는 그레이트 디바이드Great Divide 능선의 서쪽 경사면에 작은 마을이 있었다. 그 마을에는 한 남자가 살았는데, 그는 평생 자신이 하는 일에서 한 번도 빛을 보지 못해, 헛물만 켜는 사람이라는 꼬리표가 붙기도 했다. 그는 35년 동안 유정 시추공으로 일하며 미국 전역에서 석유 탐사의 최전선을 따라다녔다. 그간 44개의 시범 유정을 뚫었지만, 단 한 곳에서도 기름이 나오지 않았다. 텍사스, 오클라호마, 캔자스, 루이지애나, 캘리포니아, 뉴멕시코, 애리조나, 콜로라도, 와이오밍에서 시추했지만, 단 한 번도 성공하지 못했다. 석유 사업자들은 더는 그를 고용하지 않았다. 그는 '드라이 홀, 케이시'라는 별명마저 얻었다. 평생 착하게 살아왔지만, 운이 따라온 적이 없던 그였다. 결국, 그는 콜로라도 광산에 취직하여 희망 없이 하루하루를 보냈다. 하지만 그는 시추 장비를 계속 사용했다. 이 일에 처음으로 매력을 느끼게 해준 장비였으니 그에겐 소중할 따름이었다. 주말이면 뒷마당에서 굴착기 부품에 윤활유를 바르고 청소하며, 정성스럽게 굴착기를 다루곤 했다.

늦봄의 어느 날, 산비탈의 넓고 반짝이는 들판에 눈이 쌓여 있고 강과 시냇물이 높고 거칠게 흐르던 날, 그는 숲속으로 들어가 계곡을 바라보며 앉아 있었다. 계곡은 삼면이 화강암으로 깎아지른 분지 형태의 산이었다. 납, 아연, 은, 텅스텐, 망간 등 많은 광물을 채굴된 산이기도 했다. 그는 분지가 경사져서 고원을 형성한 서쪽을 바라보았다. 갑자기 그는 머릿속에 해저 기름 덫의 주요 유형인 단층 배사(背斜, 땅이 지구 내부의 강력한 힘으로 인해 위로 볼록하게 구부러진 상태 – 옮긴이) 구조를 보여주는 완벽한 그림을 떠 올렸다. 그 이미지는 눈앞에 펼쳐진 장면과 겹쳤고, 지표면 아래 기름이 보이는 듯했다. 그는 그 광경 앞에서 아연실색했고 쉽게 흥분이 가라앉지 않았다. 마치 하늘에서 갑자기 누군가가 내려와 기적을 일으킨 것 같았다. 그는 작은 계곡 안에 거대한 유전이 있다는 것을 확신하고 산비탈을 떠났다.

다음 날 그는 광산 일을 그만두고, 모아 둔 돈을 투자하여 시추에 가장 유리하다고 생각한 토지에 대한 석유 임대 계약권을 매입했다. 또한 임대 계약을 완료하고 초기 유정을 시추하기 위한 자금을 마련하기 위해 자금을 조달해야 했다. 그런데 그를 아는 사람들은 모두 그의 실패 이력도 알고 있었기에, 그가 자금을 끌어모으기란 쉽지 않았다. 하지만 그의 마음속에는 확고한 이미지, 즉 자신이 두 눈으로 본 이미지가 있었다. 그 시야를 따라 버스를 타고 자금을 찾아 동부 도시로 향했다. 첫 일주일 동안 낙담하던 그는 공원에 갔다. 벤치로

1. 만사에는 숨은 의도가 있다

다가가, 조용히 인내심을 갖고 다람쥐에게 먹이를 주는 한 노인의 옆자리에 앉게 되었다.

화창하고 따뜻한 날이어서 다람쥐들은 활발하게 움직이며 그들에게 던져진 먹이를 가지고 놀고 장난을 쳤고, 두 사람은 다람쥐들의 장난에 함께 미소 지었다. 두 사람은 다른 다람쥐들, 다른 시절에 관해서도 이야기를 나누었다. 동물들에게서 인간의 결점이 보이지 않는다는 주제도 다루었다. 급속도로 친해진 두 사람은 근처 식당에서 함께 점심을 먹기로 했다. 식사하는 동안 석유 시추공은 노인에게 자신의 비전과 고민을 털어놓았다. 노인은 관심을 보이며 산비탈에서 본 장면과 내면 시야에 대해 자세히 질문했고, 깊은 인상을 받은 듯했다.

"돈이 얼마나 필요한가요?" 그가 물었다.

"5만 달러요." 유정 시추공이 대답했다.

"제가 드리죠." 노인이 황급히 말했다. "우리 둘이 지분을 반반 가져갑시다."

믿을 수 없을 것 같았지만, 이렇듯 공원 벤치에서 우연히 만난 노인이 자금을 대 주었다. 그 후 그 유정에서 풍부한 유전이 발견되었다는 놀라운 소식이 들렸다. 어쩌면 당연한 결과였다. 그 노인 투자자도 예상한 결과였다. 그는 내면 시야가 세상에 드러나는 힘을 충분히 경험했기에 투자 수익을 확신할 수 있었다. 그는 시추공의 실패 이력에 잠시도 연연하지 않고 오직 지금 그를 사로잡은 '내면 시야'에만 집중했다.

허영의 가면 녹이기

어떤 기묘한 연금술이 이 석유 시추공의 머릿속에 이토록 선명한 시각을 불러일으켰을까? 내면 시야가 어떠했길래, 그를 부자로 만들었을까? 그가 이전에 시추했던 유정들도 분명 내면 시야에 따라 시추한 것이었을 텐데, 그동안에는 왜 실패했을까?

당시 그의 내면 시야는 실패를 떠올리고 있었기 때문이다. 그는 아니라고 하겠지만, 분명 그는 실패한 이미지를 떠올렸을 것이다. 아마도 잠재의식 속에는 석유 탐사와 관련된 큰 위험에 대한 감각이 자리 잡고 있었을 것이다. 아니면, 확률적으로 자신이 불리한 상황에 있다고 느꼈을 것이다. 어쩌면 석유가 매장되지 않은 수백만 에이커의 땅이 있다는 사실을 의식하고 있었을지도 모른다. 원인이 무엇이든 내면 시야는 실패를 그리고 있었고, 실패를 예상했을 것이다. 게다가 척박한 토양에 시추 장비를 내려놓을 수밖에 없는 상황으로 이어졌을 것이다. 실제로 석유가 매장된 땅에서 시추했던 두 번의 경우, 한 번은 산유층産油層에서 불과 8미터 떨어진 위치에서 시추를 중단했고, 또 한 번은 나중에 수백만 배럴을 생산한 모래층에 대해 시추 시도를 하지 않았기에 실패했다. 그러나 이것이 그의 한계였다. 내면 시야의 지시를 따랐을 뿐이었다.

그런데 유전 분지를 발견했을 때 그의 행동은 360도 바뀌었다. 그렇다. 그는 석유를 보았다. 석유가 그곳에 매장되어 있다는 사실을 확신했다. 마음속에는 조금의 의심도 없었고, 그 믿음에 따라 행동했다. 이번엔 어떠한 것도 그의 발목을 잡지 않았다. 내면 시야는 석유 생산을 향해 있었고, 시야에 들어온 장면이 현실로 펼쳐졌다.

어떻게 된 일일까? 오랜 세월 부정적인 시야를 품고 있던 그가 마침내 긍정적인 시야를 갖게 된 이유가 무엇일까? 그 사람에 대해 집중적으로 파헤치기 전까진 확답을 알 수 없겠지만, 아마도 그동안 그를 위축시킨 것은 두려움이었을 것이다. 두려움은 무엇보다도 우리의 시야에 안개를 드리우거나 시야를 왜곡한다. 석유 시추공은 그전까지 실패를 두려워했을 것이다. 그래서 그 두려움은 내면 시야를 성공에서 패배를 향하도록 뒤틀렸을 것이다. 두려움이 계속되는 한 성공은 내게 다가올 수 없다. 그런데 어느 순간 그는 가장 밑바닥까지 갔다는 생각이 들었다. 평생 애정을 담았던 시추 업무에서도 낙오자가 되었다는 생각, 시추 사업자들도 이제는 그를 고용할 마음이 없을 것이라는 생각이 들자, 두려움은 사라지게 되었다. 산전수전을 다 겪은 마당에, 두려워할 것이 뭐가 있겠는가? 모든 것을 내려놓은 상태에서 심리적으로 안도감을 느낀 비밀 자아는 허영의 가면을 뚫고 나갈 수 있었고, 그에 따른 내면 시야는 필연적으로 성공의 열매를 안겨 주었다.

물질보다 마음

조너선 스위프트Jonathan Swift(1667–1745, 고전《걸리버 여행기》를 쓴 영국의 소설가이자 성직자)는 이런 글귀를 적었다. "반란 때마다, 달걀의 얇은 쪽을 깨느니 차라리 죽음을 선택하겠다고 하는 사람의 수가

1만 1천 명을 넘는다고 집계되어 있소." (달걀을 깰 때 얇은 쪽으로 깨라는 왕의 명령보다 두꺼운 쪽으로 깨는 전통을 지키기 위해 반란을 일으키고 죽음을 불사한 이들을 암시한다 – 옮긴이) 이처럼 인간에게는 변화를 거부하는 저항력이 매우 강하다. 특히 삶 자체가 변화의 연속인데 말이다. 그런데 많은 이들 – 특히 매우 똑똑한 사람들 – 이 모든 원인은 물리적 세계에 있으며 정신은 현실을 관찰할 뿐이라고 주장한다. 이처럼 무서운 정도로 잘못된 견해를 가진 채, 자신의 내면적인 생각이나 태도가 이 입장과 모순되더라도 이를 고수하는 듯하다. 더구나 내면에 귀 기울이면 정신의 힘이 물질적인 고민의 우위에 있다는 것을 알 수 있지만, 그들의 행동이나 결정은 다른, 잠재적으로 자체 파괴적인 시각을 반영하는 것으로 보인다.

라커룸 문과 회의실 벽면에는 다음과 같은 글귀가 붙어 있다. "포기하는 자는 결코 이기지 못한다. 승자는 절대 포기하지 않는다." "패배를 염두에 두지 않는 팀을 이길 수 없다." "온 마음을 담아라. 다른 모든 것이 따라올 것이다." "현재의 선택이 미래를 좌우한다." 그런데 사람들이 이러한 문구들을 해석할 때, 협동 작업을 토대로 그룹의 목적을 달성하는데 염두에 두어야 하는 것으로 생각하는 경향이 있다. 각자가 지닌 고유성과 창의성에 대한 중요도가 간과되는 듯하다. 각 개인의 내면 시야로 관점을 돌려야 한다. 내면 시야에서는 모든 게 가능하다. 다리를 건설하고, 탑을 세우고, 유정을 뚫고, 영화를 만들고, 책을 쓰고, 그림을 그리고, 음악을 작곡하고, 우주를 탐사하고, 원자의 비밀을 밝히는 등 불가능이 없다.

내면 시야에 목표를 달성한다는 목표가 전제되지 않으면, 목표 달성은 불가능하다. 마음속에 형성된 정신적 이미지를 그린 후에야 식탁에 손을 뻗어 접시를 집어 들 수 있다. 모든 것은 마음속에 형성된 이미지에 따라 다가온다. 게다가 거스를 수 없는 운명을 피하기 위해서는 태양에 닿을 정도의 높은 탑을 쌓을 만큼의 오랜 노력이 필요하다. 그런데 아무리 몸부림쳐도, 아무리 육체적 에너지를 써도 잘못된 정신적 이미지를 이길 수 없다. 마찬가지로 올바른 정신적 이미지를 지닌 사람들은 해야 할 일을 큰 노력을 들이지 않고도 물 흐르듯 수행할 수 있다. 세상에서 고군분투하며 고생하는 사람들 대부분은 잘못된 정신적 시각화를 통해 원치 않는 상황에 갇혀 있다. 사람들은 자신들이 혐오하며 몸서리치는 상황이나 대상에 대한 이미지를 마음속에서 떨쳐 내지 못하고 있다. 그런데 싫은 것을 마음속 이미지에 각인하면서 괴로워하는 이들이 그 괴로운 이미지를 다시 상기하기 위해 정신과를 찾고 있으니, 얼마나 모순적인가.

운명에 대한 숙달

네덜란드 철학자 바뤼흐 스피노자Benedict de Spinoza는 말했다. "이도 저도 할 수 없다고 생각하는 한, 그것을 하지 않기로 마음먹는 한, 결과적으로 그것을 하기란 불가능해진다." 마음속에 그려진 그림은 좋은 것이든 나쁜 것이든 피할 수 없는 결과를 가져온다. 이때, 중요한 것은 정신적 시각화를 실천한다는 정신적 또는 영적 사실이 아니다. 각자가 자유 의지가 이끄는 대로 정신적 이미지를 떠올리는 것, 그 이미지가 실현될 때까지 놓치지 않고 붙잡고 있는 것, 그리고 의식의 소망에 반하는 난폭한 잠재의식으로 인해 다른 이미지가 침입하지 않도록 하는 열쇠를 찾는 것이 중요하다. 각자의 정신적 심연으로 들어가 보자. 평생 자신에게 동기를 부여하는 씨앗이 형성되어 있고, 우리는 이러한 보이지 않는 자극에 순응하거나 이를 통제하기도 한다. 그 자극에 순응하면 우리의 삶은 의식적으로 통제할 수 없는 운명의 손아귀에 놀아나게 된다. 그러나 우리가 그 자극의 통제권을 갖게 되면, 운명을 통제하는 주체도 우리 자신이 된다.

　　보이지 않는 자극을 주체적으로 지휘하고 통제하는 것은 말처럼 간단하지 않다. 확고한 의지, 호기와 패기, 그리고 쉼 없는 노력이 필요하다. 소수의 사람만이 선천적으로 가지고 있는 자질이기도 하다. 대다수는 반응의 노예이자, 잠재의식의 명령에 대한 절대적인 희생양으로 살아간다. 감정을 극복하고 상황이 요구하는 것과는 완전히 다른 방식으로 반응할 수 있다는 생각조차 거의 하지 않는다. 예를 들어, 시험을 볼 때 무조건 망했다는 생각이 드는 순간, 그 생각에 승복함으로써 패배를 확신하게 된다. 반면 시험을 잘 봤다는 이미지를 계속해서 떠올리면 어떨까? 시험을 완전히 망치고 최악의 점수를 받을 가능성을 절대적으로 저항하는 정신을 유지한다면, 기적이 일어날 수도 있을 것이다. 만약 정신적인 상상이나 비전이 외부 감각적 영향에 견디거나 저항할 정도로 강력하다면, 결국 그것은 자체적인 독립체가 되고, 상상은 현실이 된다. 상상은 강력한 목소리를 낼 줄 알며, 억압되는 일이 없다. 자연의 광대한 창의성은 비밀 자아의 무한한 잠재력에서 비롯된다. 상상할 수 있는 모든 것은 결국 온 세상이 목격할 수 있는 확고한 사실로 펼쳐진다. 비밀 자아는 위대한 유연성을 지니기에, 그 안에 담긴 모든 생각을 자유롭게 형성할 수 있다. 따라서 모든 생각에는 내면 시야로 볼 수 있는 해결책이 존재하게 마련이다. 정신적 이미지의 명확성과 지속성은 그 생각을 소유하는 요인으로 작용한다.

창의성

창의성은 어디에서 샘솟는 것일까? 표면적 자아surface self, 내면적 자아ego, 의식, 육체, 감각에서 나오는 것일까? 그렇지 않다. 창의성의 원천은 비밀 자아다. 비밀 자아에서 비롯되는 여러 층의 의식을 뚫고 솟아나는 창의성은 미미한 인간에 불과한 '나'보다 훨씬 더 크고 무한히 강력한 힘을 통해 모양과 형태를 취한다. 인간 지닌 능력과 자질 중에 가장 위대한 창의력은 눈에 보이지 않고, 의식과는 분리되어 있으며, 존재의 가장 깊은 곳에 숨겨져 있고, 이름을 불러 소환할 수 있는 성격이 아니며, 육체적 감각을 통해 인식할 수 없으며, 어떠한 것도 강요할 수 없다. 그러나 상상력은 선천적으로, 완전히 이미지에 반응한다. 이것이 만물의 근원인 위대하고 유연한 비밀 자아이며, 우주의 창조적 자아이며, 모든 분화 속에서 동일성을 유지하고, 다양성 속에서 영원히 하나이며, 당신과 다르지 않은 당신 안에 있는 비밀 자아다. 결국, 당신 그 자체다. 당신은 의식적 마음이나 자아, 기억이나 감각적인 존재가 아니라 우주 만물을 창조한 존재, 즉 그 존재의 마음으로부터 빚어져 태어났다. 당신은 만물을 창조한 존재의 마음과 하나로 연결되어 있다. 당신과 우주 만물을 이어주는 것은 정신적, 영적 토대이다.

표면적 자아를 버리고, 더 깊은 의식의 영역에서 자기 균형을 추구할 때, 최고의 힘과 능률을 발휘할 수 있다. 우리에게 의식을 부여하고 우리 안에 생명을 불어넣는 생명력과 정신적 실체의 소리에 맞춰 의식을 조율할 때, 우리에게 생명을 부여한 무한하고 영원한 실체로부터 놀라운 능력과 능률을 부여받기 때문이다. 능력의 지평이 확장되고 의식은 넓어지며, 그동안 의식이 닿지 않았던 아주 깊은 곳에서 솟아나는 샘에서 완벽함과 완전한 이해를 가능케 하는 무한한 힘이 끊임없이 솟아나리라. 이렇게 되면, 비밀 자아의 내재한 힘 ─ 내면에 품고 있는 정신적 이미지를 현실로 만드는 힘 ─ 을 아무런 의심 없이 단순하게 신뢰하리라. 이처럼 신뢰가 형성되면 모든 일이 일사천리로 척척 진행된다. 애써 이 기본 법칙을 효과적으로 활용하기 위해 만물의 해답을 찾는 열쇠를 찾지 않아도 된다. 비밀 자아의 힘을 믿는 순간, 지금까지 정신적·영적 영역의 문을 열지 못했다는 사실도 그다지 아쉽지 않다. 살면서 지금까지 발견한 모든 진리를 활용하기 위해 모든 것을 알거나 이해할 필요가 없다. 우린 그저 삶이 육체적 여정이 아니라 정신적 모험이라는 의식 속에서 살아가면 된다.

지식 - 위대한 지렛대

인생을 살다 보면, 우리 주변에 큰 노력을 들이지 않고도 목표를 달성하는 사람들이 눈에 들어온다. 반대로, 어떤 목표를 향해 미친 듯이 노력하지만, 끊임없이 고개를 떨구며 고배를 마시는 사람들도 있다. 근면 성실함이 성공을 향한 디딤돌이라는 전제는 진리이지만, 열심히 노력해도 때때로 성취에 실패하는 반면, 전혀 노력하지 않는 것처럼 보이는 사람들에게는 행운의 여신이 찾아오는 경우도 더러 있다. 셰익스피어는 "사람의 일에는 밀물과 썰물이 있다"라고 했다. 모든 일에는 때가 있는 법이라는 말이다. 어느 날 한 남자가 보일러 작동이 안 돼서 수리 기사를 불렀다고 한다. 수리 기사가 망치로 용광로를 두드리자, 용광로는 언제 고장 났냐는 듯, 다시 작동하기 시작했다. 그는 처음 약속한 100달러짜리 지폐를 내밀며, "음…. 하신 일에 비해 제가 과한 금액을 드리는 것 같네요. 기사님이 이 금액에 대한 용역 명세를 항목별로 정리해 주세요"라고 말했다. "알겠습니다"라고 말한 수리 기사는 "망치로 한 번 치면 1달러. 어디를 쳐야 할지 아는데 99달러"라고 적었다.

그렇다. 무엇을 얼마나 '열심히' 하는지가 아니라 '무엇'을 하는지가 관건이다. 패기 넘치게 하는 것 자체가 중요한 게 아니라, 노력을 통해 '무엇'을 쌓아가고 달성해 나가는지가 중요하다. 6천 년 전, 간단한 지렛대에 대한 지식이 있었다면, 사람들이 백만 시간 고되게 노동하지 않아도 되었을 것이다. 그리스도 시대에 텔레비전이 존재했다면 기독교 교회는 실제로 다른 모습을 갖추었을지 모른다. 수리 기사가 적절하게 설명한 것처럼, 언제 어느 부위를 망치로 칠 것인지 아는 것이 핵심이다. 한 번도 돌지 않아도 될 운동장을 백만 바퀴나 돌면서 기력을 뺏기는 것은 의미가 없다. 올바른 지식이 중요한 것이고, 전력 질주하는 듯한 육체적 노력은 지식 추구를 거들 뿐이다. 모든 현상은 정신적 원인으로 인해 존재하고, 마음속에 품은 생각에 반응하여 물리적 세계에서 생겨난 것일 뿐이다. 모든 현상의 첫 번째 원인은 마음이고, 모든 이치가 마음먹기에 달려 있다고 생각하는 자는 무한한 능력의 샘을 발견한 것이다.

비밀 자아는 표면적 마음과 자아를 무의미하게 하는 거대한 자아다. 비밀 자아는 공간과 시간에 제한이 없는 자아다. 비밀 자아의 사전에 불가능은 없다. 이 자아가 인간에게 나타나는 모습은 때때로 초자연적으로 보이기도 한다. 육감이라고 하는 '제2의 눈'을 지닌 천재들에게서 두드러지고, 특히 예술가, 탐험가, 개척자, 모험가들에게서 드러난다. 초超 심리학parapsychology(정신 감응·천리안 따위의 초자연적 심리 현상 – 옮긴이), 초감각 지각, 예지력, 투시력, 텔레파시와 같은 사고 전이 등의 분야에서도 비밀 자아는 빛을 발한다. 비밀 자아는 인간의 진화를 이끄는 지능으로, 인간의 모든 노력과 열망의 배후에 우뚝하니 서 있다. 비밀 자아가 인도하는 인생은 높고 고매하며 가치 있는 곳을 향하고 있고, 그 높은 경지로 향하는 길은 안전하고, 편안한 잘 알려진 길이다. 그런데 비밀 자아와 손잡지 않은 삶, 비밀 자아에 대해 잘 모르는 삶에는 혼란이 가득하다. 표면적 자아가 비밀 자아와 분리되어 있을 때, 그래서 불완전한 시야만 보일 때, 우리는 현실 세계에서 무능감과 두려움을 느낀다. 우리 눈 바로 뒤에 있는

1. 만사에는 숨은 의도가 있다

표면적 자아는 갇힌 좁은 시야를 지닌다. 비밀 자아처럼 더 멀리 보지 못할 뿐 아니라, 삶에서 더 가치 있고 위대한 목표도 보지 못한다. 모든 개인의 고통, 좌절 및 실패는 표면적 자아가 신성Divine, 神性의 존재를 찾지 못하고, 신성과 같은 마음을 품지 못하는 데서 – 즉, 신성과 일치하지 못하는 데서 – 비롯된다. 존재를 살아 숨 쉬게 만든 진정한 뿌리로부터 우리 자신을 고립시킬 때, 우리는 최상위Supreme 상태의 힘과 확신에서 멀어져 부조화 속에서 살아가게 된다. 세상에 제공하는 감각적인 것에 취해, 감각적인 만족이 최고라고 착각하는 삶이란 뱀의 잘려 나간 꼬리와도 같다. 몸통에서 잘려 나갔지만, 여전히 꿈틀대는 꼬리말이다. 그러한 삶이란 목적 없는 삶, 혼돈의 삶이다. 어느 순간에는 세상의 자극에도 둔해지게 된다. 뿌연 먼지 속에서 허둥지둥 헤매며 제자리걸음만 한다.

내면인 거인

우리는 오직 하나의 몸, 오직 하나의 마음, 오직 하나의 깊고 지속적인 지성이다. 우리는 무한하고 이해할 수 없는 전체의 작은 부분이 아니라 바로 그 전체, 그 전체 마음이다. 바로 이 마음에서 비롯된 삼라만상의 우주는 진화를 거듭해 왔고, 우주에 있는 삼라만상이 우리 마음속에 들어와 있다. 따라서 우리 자신을 진정으로 이해한다면 세상과 그 안의 모든 것을 이해할 수 있다.

당신은 무엇이든 될 수 있고, 원하는 모든 걸 할 수 있다. 가고자 하는 길을 갈 수 있다. 당신 운명의 주인이 되며, 미래를 주체적으로 정할 수 있다. 그러나, 단순히 자신이 정해 놓은 계획과 일치하지 않는다고 해서 상황과 사람에게 대항하여 미친 듯이 원하는 대로 밀어붙일 수는 없는 노릇이다. 어떠한 상황에 직면하건, 그 상황 이면에 자리한 목적을 인식하고, 사람들을 움직이는 진정한 동기를 인식해야만, 당신 앞에 다가오는 거대한 밀물에 가뿐히 올라타서 삶의 변화에 조응할 수 있을 것이다. 그러한 능력을 갖추고자 한다면, 비밀 자아의 존재를 받아들이고, 지금까지 당신을 움직여 온 것이 표면적 자아 대신, 비밀 자아에 맞춰 살기 위해 노력하면 된다.

우리는 모두 삶의 목표에 대한 열망을 안고 산다. 인생을 더 잘 살기 위한 이해와 능력을 개선하려는 갈망도 크다. 인간이 각자의 방식으로 성숙하고 성장하고 싶다는 욕망이 없다면, 아마 살아갈 의지도 사라질 것이다. 그러나 성장의 본질이 이기심과 자만심으로 변질될 때가 있다. 이러한 이기심은 단순히 소유욕에 그치는 것이 아니라 압도적 관대함으로 드러나기도 한다. 그것은 단순히 자아에 대한 주된 관심에서 비롯된 자기만족이고, 평범한 인간으로서의 자아 인식을 구성하는 작은 '나'와 일치하는 삶에 불과하다. 자기만족은 자부심으로 이어지는데, 이때 내가 알고 있는 나 자신, 스스로에 대해 얼마나 알고 있는지를 끊임없이 생각하고 판단하며 다른 사람과의 비교를 통해 쉽게 만족하거나 좌절한다. 자아에 대해 팔랑귀가 된 셈이다. 이런 상태에서는 주변 사람들의 허울만 좋은 칭찬에 실실 웃으며 좋아하고, 만족할 만한 성과로부터 주로 힘을 얻지만, 반대로 비난의 화살과 패배의 경험으로부터 쉽게 무너져 버린다. 엄밀한 의미에서 작은 '나'는 진정한 실체가 없고, 주어진 상황 및 그 상황에서 비롯된 반응에 전적으로 휘둘린다. 그 결과, 일희일비가 일상이 되어 버린다. 자신과 마주하는 모든 상황이 나를 우월하게 혹은 초라하게 만든다는 느낌을 받기 때문이다. 마음의 평정에 대해서는 전혀 알지 못하는 상태이다.

궁극의 자원

인간의 진화에서 추구하는 궁극의 목표이자 삶의 목표란 무엇일까? 그것은 자아의 제한적인 경계를 박차고 나선 다음, 비밀 자아가 지닌 본연의 시야, 지식, 기쁨의 경지로 한 걸음씩 다가가는 여정일 것이다. 마음과 정신의 진정한 변화를 일컫는 이 변화는 절대적인 것이 아니라 정도의 문제이며, 지금, 이 순간에도 수천 명의 사람이 부분적으로나마 변화를 경험하고 있을 것이다. 한편, 자아에 매몰되어 존재한다는 것은 제한된 삶을 사는 것이며, 잠재력의 극히 일부만 실현하는 것이다. 이러한 상태에서 자연의 명령dictates of nature에 종속되는 주체적이지 않은 삶을 사는 사람은 고통과 괴로움, 죽음과 부패에 복종하는 것이다. 물질적인 것, 세속적인 것에서 비밀 자아를 찾으려고 발버둥 칠 수도 있다. 그러나 어느 순간 "내가 물질에 갇혀 살고 있었구나"를 인식하는 순간, 상황과 쾌락과 고통에 종속되는 자신을 발견할 때가 오기도 한다. 그럴 때면 의식은 반드시 그 족쇄로부터 자유로워지기 위해 노력해야 하고, 의식은 자신의 발전을 위해 진정한 질서를 확립해야 한다. 그런 다음 인식의 장벽을 뚫고 나와야 한다. 이 제는 자아에 갇혀 있지 않고, 비밀 자아의 더 넓은 지평과 힘을 얻어야 한다. 그렇지 않으면 감각적 본성의 관성에 빠지고 성장과 발전의 능력을 잃고 비밀 자아를 발현하지 못할 것이다. 자아에 갇혀 체념한 사람의 종착지는 고통과 괴로움뿐이다. 오직 신성Divine에만 모든 장애물을 극복하는 궁극적인 자원이 있으며, 비밀 자아를 발견하려고 노력할 때만 성공, 평온, 기쁨으로 이끄는 유일한 길에 확고하게 발을 들였다고 할 수 있다.

투쟁과 희생

무언가를 얻기 위해서는 – 정도의 차이는 있겠지만 – 투쟁이 필요하다. 삶 자체는 투쟁이고, 우리 각자는 매일 투쟁에 뛰어든다. 투쟁은 단순히 노력을 어디에 쓸 것인가가 문제다. 선택지는 두 가지다. 끊임없이 잡힐 듯 잡히지 않는 물리적 세계의 물질적 망령을 맹목적으로 쫓으며 사는 것, 그리고 내가 사는 외부 세계를 통제하는 마음의 내적 자원inner resource에 집중하며 사는 것이다. 현명한 사람은 자신의 의식을 발전시키는 데 에너지를 소비한다. 세상만사에는 생각지도 못했던 나름의 질서와 선함이 있다고 쉽게 자각할 수 있는 이들이다. 그들을 둘러싼 모든 것이 그들의 명령과 지시로 움직이는 것 같지만, 그들이 진정으로 명령을 내리기 때문이 아니라 그들이 그 모든 것을 이해하고 있기 때문이다. 세상만사 – 모든 사물과 상황 – 의 잠재력에 대해 내면의 지각을 통해 깨닫고 나면, 어느새 내면으로부터 유익한 힘beneficient power이 생겨난다. 이 힘은 가장 격렬한 갈등을 평온하고 확실하게 헤쳐 나갈 수 있게 해준다. 반드시 성취해야 할 내용을 알기 때문에 해야 할 일들이 눈에 들어온다. 삶과 자연의 법칙에 대한 이러한 내재적 인식 때문에 각 상황과 사건을 주도적·주체적으로 만들어 간다고 생각할 것이다. 그런데 이렇게 할 수 있는 것은 그들 스스로가 아니라 그들 안에 있는 비밀 자아이다. 그들이 자신을 온전히 맡긴 대상이기도 하다. 그런 비밀 자아가 전능한 확신으로 그들의 발걸음과 행동을 인도한다.

당신도 비밀 자아의 힘과 확신, 평온함을 누릴 것인가? 그렇다면 반드시 포기해야 할 것이 있다. 항상 당신 자신이라고 생각했던 내면의 자아를 포기하라. 표면적 마음의 산물이기도 한, 비밀 자아와의 분리 감sense of separateness을 떨쳐버리고 의식의 깊은 곳에서 만물의 자아인 순수한 존재의 핵심을 찾으려 해야 한다. 쉽지 않은 과정이다. 감각적인 본성은 끊임없이 외부 세계로부터 매일 산만하고 시끄러운 자극을 보낸다. 그러나 삶에서 이러한 유혹과 속임수를 쫓는 데서 오는 고통과 좌절을 충분히 경험했다면, 더는 그런 유혹과 속임수를 추구하지 않겠다는 저항과 결심으로 맞서게 될 것이다. 그 저력에 닿는 길은 당신 안에 있다. 모든 해답은 당신 내면에 있다. 투쟁이 일어난다면, 그것은 세상과 당신 사이의 투쟁이 아니라, 당신의 자아와 진정한 자아 사이의 투쟁이다. 진정한 자아를 찾아 나서라. 패배 따윈 없을 것이다.

자기 자신의 마음속에서 싸움을 시작한 사람만이
가치 있는 사람이다.

- 로버트 브라우닝Robert Browning

2.
비밀 자아 발견하기

인간의 성격은 복잡다단하다. 인간은 각자를 구분 짓는 이름과 신체적, 정신적, 정서적 특성 그 이상이다. 자신의 정신을 조금만 성찰해 봐도 자신에 대해 아는 바가 거의 없다고 바로 인정할 것이다. 하물며 타인에 대해 잘 안다고 말할 수 있을까? 심지어 자신 몸에서도 완전히 혼자만 사는 것이 아니다. 우리 몸은 본성의 상반된 실체들이 싸우는 전쟁터다. 상반된 실체들은 돌아가며 전쟁을 지휘하기도 한다. 그러니 우리가 카멜레온처럼 끊임없이 변화하는 모습을 보여주게 되는 것이다.

우리의 다양한 자아

우리는 무언가에 집중하며 노력할 때, 혼잣말할 때가 있다. 내면에서 우리의 한 자아가 다른 자아를 판단하며, "XX 이 자식, 너 이것보다는 잘 하지 않니?" 혹은 "어이구, 겁쟁이 같으니라고. 너 충분히 해낼 수 있어!"와 같은 작은 분노의 감탄사를 내뱉는다. 이렇게 자아가 명백하게 분열된 상태에서, 한쪽은 비난받을 만한 성격을 지녔지만, 다른 한쪽은 장난스럽고 반항적인 아이의 성격을 지닌 것으로 보인다. 헨리에게 둘 중 어느 쪽이냐고 물으면, "나는 그냥 XX인데요"라고 대답할 것이다. XX에게 누구와 대화하고 있냐고 물으면, 그는 완전히 멍한 표정을 짓다가 그저 혼잣말하는 것이라고 대답할 것이다.

비단 XX만 이러한 생각을 하진 않을 것이다. 우리도 그저 혼잣말하는 정도로 생각할 것이다. 내면에는 하나가 아닌 여러 개의 본성이 있다. 거울을 볼 때마다 끝없이 다양한 모습이 비치는 것처럼, 내면에는 무수히 많은 자아가 서로 겹쳐 있다. 그런데 이 자아 중 어느 것도 우리의 진정한 자아가 아니다. 모두 합쳐진 자아들도 진정한 우리의 자아라고 할 수 없다. 그 안에 숨겨져 있는, 영원하고 변하지 않는 또 다른 진실한 존재가 있다.

인간 본성의 여러 측면은 끊임없이 갈등과 충돌을 마주하고 있다. 정신 장애의 일종인 '조현병'이 생기는 직접적인 원인이 되기도 한다. 조현병 환자는 서로 다른 여러 본성이 격렬한 내적 갈등을 겪으면서 세상과 자신에 대한 방향 감각을 잃게 된다. 극단적일 때 한 가지 성격이 다른 성격에 영향을 미쳐 낮과 밤이 다른 것처럼 서로 다른 여러 인격에 사로잡히기도 한다. 이러한 성격의 임상 사례 연구가 광범위하다. 이 주제를 다룬 책이 베스트셀러가 되기도 했다. 이제는 내면의 흔들리는 신비로운 존재에 대한 인식이 보편화되었다.

한편 심리적으로 건강한 사람들이 있다. 자신이 지닌 다양한 성격들을 책임감 있게 통제할 줄 아는 사람들이다. 외부 자극에 쉽게 흔들리는 것을 거부하고, 달성하려는 목표에 따라 자신을 절제할 줄 안다. 그러나 이러한 '책임감'을 지녔어도, 표면적 성격과 스스로 부과한 절제 의식이 있어도, 정신적·심리적으로 건강한 사람은 자신 존재의 숨겨진 부분, 즉 자신을 지탱하고 생명을 주는 불멸의 밝은 핵심 자아에 복종해야 한다. 그렇지 않으면, 심신의 여러 부분이 아프게 되고, 자아가 비대해지며, 현실과 분리되어 편집증이라는 심리적 기능 장애를 겪게 된다. 그런 다음, 비대해진 자아는 자아를 지지하고 지탱해 주는 비밀 자아로부터 거리를 둔 채, 파괴를 향해 직진한다. 현대 정치 체제의 독재자들은 대부분 이런 유형의 사람들이었다. 그들은 맹목적이고 앞만 보고 달려가면서 국가와 자신을 파멸로 이끌었다.

유한 속의 무한

가만히 생각해 보면, 우리는 외적인 요소 – 각종 상황과 인간관계 등 – 에 맞서서만 전쟁을 벌이고 있는 것이 아니다. 실제로는 지금, 이 순간에도 우리 자신과의 피비린내 나는 전쟁이 이어지고 있다. 내면의 전쟁터에는 분투를 억제할 수 없는 순간이 많고, 정신계 전체가 지치고 병들어 바깥세상에, 혹은 자신에게 아무런 도움이 되지 않는 경우도 많다. 인간은 육체 그 이상이며, 보이지 않는 안개 같은 아우라는 경계나 틀에 들어갈 수도, 무게를 측정하거나, 몇 개인지 셀 수도 없다. 현재 우리의 존재, 자신이 바라는 모습은 모두 정신적인 것이고, 그 정신은 거대한 지성의 본질이다. 마치 지하 샘물에서 물을 길어 올리듯, 자양분을 주며 우리를 애지중지 키워주는 지성이다. 이 거대한 지성은 우주의 비밀 자아이며, 역설적으로는 우리 각자의 비밀 자아이기도 하다.

논리적이거나 설득력 있는 주장을 제시하는 것이 이미 회의적이거나 신념이 없는 사람을 설득하는 데 효과적이지 않을 수 있다. 마찬가지로 종교적 신념을 가진 이들도 반대 주장이나 이견에 쉽게 흔들릴 수 없을 것이다. 그런데도, 여전히 완벽하게 설명하거나 이해할 수 없는 부분이 있다. 우주적 정신universal mind(혹은 '우주 의식'은 우주의 모든 존재와 존재의 근본적인 본질을 암시하는 형이상학적 개념 – 옮긴이)처럼 크기와 범위가 무한한 것이 어떻게 개인의 작고 유한한 몸 안에 들어올 수 있을까? 무한하다는 것은 유한인 것과 하나가 된다는 의미다. 무한한 것은 모든 공간을 차지하므로 다른 것을 위한 공간을 남겨두지 않는다. 따라서 무한함은 자연스럽게 하나임을 뜻한다. 따라서 무한한 것은 그 안에 있는 모든 것과 정확히 같다. 모든 무한한 것은 각 특정 시간에 각 특정 장소에 있어야 하기 때문이다. 쉽게 이해하기 어려울 수 있겠지만, 물리학의 양자 이론만큼이나 과학적으로 타당하다. 그 본질적 의미를 설명하겠다. 생명의 이면에 '지능intelligence'이 있고, 그 존재를 믿을 만한 모든 이유가 있다면, 그 모든 지능은 그 지능의 각 창조물에 내재해 있다는 이론이다. 따라서 우주적 정신 또는 비밀 자아는 우리 각자의 내면을 완전하게 채우고 있다. 그 힘과 완전함을 우리 것으로 만들기 위해서는 그 존재를 발견하기만 하면 된다.

그러나 그 존재를 찾거나 발견하기가 쉽지 않다. 우리는 이기주의에 너무 깊이 빠져 있어서, 무수히 많은 표면적 자아에 갇혀 있다. 그래서 환상을 꿰뚫어 보는 내면 시야, 즉 통찰을 얻기 어렵다. 그러한 내면 시야는 고된 정신적 노력과 영적 훈련을 통해서만 발전할 수 있다. 뒤숭숭하고 혼란스러운 마음, 그 이면에는 여러 표면적 자아의 경쟁 구도를 진정시키는 '정원garden'이 있다. 고유한 각자의 성격과 개성이 생겨나는 그 정원을 '비밀 자아'라고 한다. 각자의 내면에 있는 평온과 확신의 장소이다. 비밀 자아에는 투쟁이 없다. 비밀 자아에는 앎이 있다. 비밀 자아가 무언가를 인식하는 행위는 창조의 행위이다. 생각과 관념이 항상 물리적 사실보다 앞서는 가장 정신적인 영역에서 '존재한다being'라는 개념에 앞서 무언가를 '보는seeing' 행위가 등장하기 때문이다.

벽 뒤에 숨어 있기

칼 융Carl Jung에 따르면, 사람들은 '자기 지식'을 의식적인 자아 인격에 대한 지식과 혼동하고, 그 결과 '내가 나를 제일 잘 알지'라고 생각한다. 사실, 그들이 알고 있다고 생각하는 것은 '자아'에 불과하다. '잠재의식'에 대해서는 아는 바가 전혀 없거나 극히 일부만 알고 있다. 삶에서 활력의 원천이 되는 모든 종류의 충동과 강박에서 비롯되는 것이 잠재의식인데 말이다. 자신 동기가 의식적 자아conscious ego에서 비롯된다고 느끼는 사람은 자유롭지 않다. 그들은 잠재의식에 이끌려 살아가는 꼭두각시 같다. 그들은 특정 생각과 행동을 하기로 마음 먹은 후에야 정교한 추론에 도달하고, '아, 내가 왜 그렇게 생각하고 행동했을까?'라며 뼈아픈 의식적 지각conscious perception에 도달한다. 추론과 의식적 지각을 한 후에 언행을 하는 법이 없다. 그들에게는 표면적 자아와 비밀 자아 사이에 불투명한 벽이 존재한다. 자아의 시선으로는 그 벽을 뚫을 수 없다. 의식의 한계를 넘어 의식을 확장한 사람에게만 의식이 품고 있는 비밀을 알려준다. 입증된 물리적 사실 외에는 아무것도 받아들이지 않는다고 자부하는 유물론자들의 경우, 내면 시야는 작동을 멈추었지만, 그들은 이러한 '실명 상태blindness'를 자신의 존재 조건으로 받아들였을 뿐이다. 그들이 생각하는 자유는 극한의 예속일 뿐이다. 잠재의식에 등을 돌린다고 해서 잠재의식이 사라지진 않는다. 우리 각자는 자아의 노력으로 생겨나는 것이 아니라, 의식이 마주하는 자아가 아닌, 다른 존재가 미리 형성해 놓은 존재들이다. 문제는 내면의 진정한 존재가 과연 무엇인가 하는 것이다. 경험을 통해 성장하는 자아인가? 아니면 태초부터 살아 숨 쉬는 생명력인가? 성찰을 통해 내면의 진정한 실체란 만물 속에 살아 있는 존재라는 점, 자아는 수수께끼 같은 연극에서 아무도 모르는 연출자(진정한 실체)의 의도와 지시에 따라 잠시 가면을 쓰고 연기하는 인물

2. 비밀 자아 발견하기

에 불과하다는 점을 알게 될 것이다.

인간의 정신이 자아와 표면적 본성에 국한되어 있는 한, 정신에 관한 끝없는 탐구는 허깨비에 불과하기에 계속 무익할 수밖에 없다. 인간의 진정한 본성, 기원, 목적, 운명 등 인간을 진정으로 알기 위해서는 의식의 더 깊은 영역을 탐구해야 한다. 이것들은 모두 잠재의식의 영역이고, 의식 이면의 광대하고 뒤죽박죽이며 엄청나게 강력하고 심지어 무서운 정신 영역을 구성한다. 우리 존재의 이 영역에 어떤 일이 가능할지 누가 알 수 있을까? 그 놀라운 힘을 폭로한 지그문트 프로이트Sigmund Freud(1856–1939, 19세기 말부터 20세기 초에 활동한 오스트리아의 정신분석학자. 현대 정신분석학의 창시자로 알려져 있으며, 인간의 심리적 구조와 기능, 성격 발달, 욕구 및 잠재의식 등에 대한 이론과 개념을 제시했다 – 옮긴이)는 잠재의식에서 솟아날 수 있는 신비주의occultism(과학적으로 해명할 수 없는. 신비적, 초자연적 현상 – 옮긴이)의 검은 홍수에 대항할 강력한 이성의 보루가 필요했기 때문에 인간 행동에 대한 성 이론에 관한 정설을 정립했다고 고백했다. 그러나 비밀 자아를 위해 가장 연구해야 할 것은 바로 신비주의, 바로 그 검은 홍수이다.

말하지 않는 삶의 일부

점괘 판과 점술 막대는 단순한 오락용 게임이나 사기꾼의 도구가 아니다. 우리 안에 표면적 자신과는 엄청나게 다른 존재가 있으며, 의식적 마음conscious mind(로렌스 크랩Lawrence Crabb이 설명한 인간의 성격 구조 중 하나로, 인간의 삶 속에서 발생하는 사건에 대한 평가에 따라 감정과 행동이 결정되는 영역 – 옮긴이)보다 훨씬 더 큰 지각과 지식의 힘을 가지고 있다는 것을 보여주는 최고의 예시다. 지표 아래에 물을 찾는데 개암나무 막대기를 들고 찾으면 쉽게 찾을 수 있다고 한다. 이 놀라운 능력은 물과 개암나무 막대기 사이에 어떤 친화력이 있기 때문이 아니라, 막대기를 든 사람의 잠재의식 속에 물이 특정 땅의 밑바닥에 있다는 것을 인식하는 수단이 존재하기 때문이다. 막대기가 아래로 향하고 물을 가리키는 것은 당사자의 잠재 의식적인 근육 반응 때문이지만, 막상 그는 자신의 의지로 그렇게 하는 것이라고 주장할 것이다. 그리고 아래로 향하게 하는 주체가 표면적 자아가 아니라 비밀 자아라는 점에서는 그의 주장이 사실이다. 어쨌든 막대기가 아래를 향하고 우물이 파여서 물이 그곳에 있다는 사실이 밝혀지기 때문이다. 당사자가 파기 전에 물을 볼 수 있었던 것도, 막대기 자체가 안에 물이 있다는 사실을 알았을 리 없다. 다른 무언가, 보이지 않는 힘이 작용한 것이다. 그 존재, 그 힘이 바로 비밀 자아다.

토머스 칼라일Thomas Carlyle은 "삶에서 말로 표현되는 부분은 무언의 잠재 의식적 측면과 비교할 때 존재의 극히 일부에 불과하다고 항상 기억하라. 숨겨진 차원을 본인이 인식하기도 어렵지만, 남들이 인식하기가 더 어렵다"라고 말했다. 우리가 알지 못하고, 존재하는지도 모르는 거대한 힘이 있는데, 우리는 이러한 힘의 포로가 되어 잠재 의식적으로 삶을 살아가며, 자유롭다는 착각에 사로잡혀 노동을 이어간다. 이렇게 제대로 보지 못하는 '실명 상태'는 살아가는 각자의 방식에 따라 우리에게 강요된 것도 아니고, 일부 심리학자들이 믿는 것처럼 우리의 정신이나 개성을 보존하고자 필요한 상태도 아니다. 물질적 존재에서 정신적 상태로 전환하는 것은 의식의 진화에 있어 자연스러운 과정이다. 충분히 발전한 일부 개인은 내면의 숨겨진 자아의 존재를 정확하게 인식함으로써 이미 이 단계를 뛰어넘고 있다. 마음은 지식을 갈망하고 끊임없는 인식의 확장을 위해 노력한다. 의식의 확장은 우리가 보는 곳 어디에서나 분명히 존재한다. 마치 우주의 중심에서 정신적 폭발이 일어나 모든 것을 아우르고 사방으로 뻗어 나가는 것처럼 확장된다.

속박에서 해방되기

표면적 마음은 진정한 마음이 아니고, 진정한 마음의 극히 일부분에 불과하다. 우리는 이 번거로운 거짓 자아에서 벗어나 우리 존재의 더 깊은 차원에서 생각과 행동을 시작하기 전까지는 우리의 힘과 그 효과를 결코 알 수 없다. 표면적 자아와 의식적 마음 아래에는 이 둘을 지탱하고 지원하지만, 둘보다 무한히 큰 보편적인 잠재의식, 즉 모든 생명체에서 솟아나는 광대한 마음이 있다. 이 잠재의식은 지성과 에너지의 거대하고 무한한 바다처럼 삶의 바탕을 이루고 있다. 이 잠재의식은 일부 심리학자들이 믿는 것처럼 본능, 충동, 오랫동안 잊힌 기억의 저장소나 고통과 쾌락에 대한 일종의 세포 기억이 아니라 공간과 시간, 지식과 목적 등 창조의 모든 범위를 무한히 포괄하는 개념이다. 그리고 이 모든 마음은 모든 사람에게 있고, 더 많이 혹은 더 적게 갖고 있지 않다. 이 모든 마음은 지금, 이 순간 우리 각자가 사용할 수 있고, 실제로 우리 모두의 삶을 이어가게 하는 자아다.

좌절과 고통은 우리가 우리 힘의 근본 원천에서 분리되어 있음을 알리는 적신호이다. 우리가 더 깊은 차원에서 생각과 행동을 하도록 유도하는 영적 진화의 여정에서 마주하는 경험들이기도 하다. 이처럼 힘의 근본 원천에서 멀어지게 된 이유는 '의식'이 '자의식'으로 서서히 변화했기 때문이다. 그 진화의 과정에서 의식은 자의식의 특정 단계에 도달하게 되는데, 이때 자의식은 태아embryonic 수준에 지나지 않아, 가장 좁은 의미의 자의식일 뿐이다. 그것은 육체적 감각의 경계로 자신을 구분하므로 무한히 크고 살아 있는 우주에서 자신을 작은 점으로 인식한다. 우리가 삶의 시작과 끝을 알지 못하는 것은 당연하다. 새로 얻은 존재 감각이 미미하기 때문이다. 그러나 지금도 더 큰 자아와의 동맹을 향해 희망의 손을 뻗고 있다. 이 동맹은 마침내 육체의 속박에서, 공간과 시간과 물질의 한계에서 우리를 해방할 것이다.

내 안의 또 다른 나

지금까지의 내용이 다소 모호한가? 아니면, 마음을 움직일 만큼 신비로운가? 현대인들은 지나치게 현실적인 삶 속에서 물질주의에 빠져 있다. 그래서 어쩌면, 지금까지의 내용을 읽고 나서는 이 시점에서 "증명해 보세요. 우주적 잠재의식Universal Subconscious Mind의 증거를 보여주세요"라고 말하는 독자들도 있을 것이다. 증거는 얼마든지 있다.

다양한 최면 기법은 마음에 켜켜이 쌓아 놓은 잠재의식을 들추어낸다. 이때, 잠재의식이란 최면에 걸린 당사자들이 소유하거나 통지하지 못하는 영역임을 알 수 있다. 예를 들어, 최면에 걸린 사람이 실제 자신 삶이 아닌, 다른 누군가의 삶에 대해 자세히 말하는 경우가 있다. 이때 최면술사들은 전생을 묘사하는 것으로 쉽게 치부해 버린다. 환생을 믿는 사람들이 근거로 삼는 증거이기도 하다. 그러나 회상하는 내용이 전생에 대한 묘사인 것에 대한 실제 증거는 나오지 않았다. 최면에 걸린 사람들은 의식적으로 이해하지도 못했고 들어본 적도 없는 언어를 말하고, 가본 적도 없고 의식적으로 알 수도 없는 장소와 시간을 자세히 묘사한다. 다양한 투시 감각 능력을 시연하여, 잠재 의식적 마음이 얼마나 놀라운 능력을 지니는지와 얼마나 방대하게 펼쳐지는지를 보여주었다. 이때, 모든 사람에게 존재하지만, 그 누구의 개인 소유도 아닌 단 하나의 실체가 있다는 사실이 '우주적 잠재의식'을 확실하게 증명한다.

당신은 오랫동안 '표면적 마음=나'라고 생각해 왔을 것이다. 그런데 표면적 마음과는 다른 존재가 당신 안에 있다. 당신이 상상했던 것보다 더 크고, 더 섬세하고, 더 역동적이고, 더 재능 있고, 더 강력한 존재가 당신의 몸 안에 살고 있다. 바로 이 존재가 당신의 진정한 자아, 진짜 당신이다. 그 존재의 행동과 힘은 당신이 생각하고 움직이는 모든 것의 배후에 있다. 만약 당신의 의식적 마음이 이 진정한 자아와 반대된다면, 당신은 우유부단함과 반대의 굴레에서 갈등하고 어디를 가든 좌절과 실망만을 마주할 것이다. 그러나 의식적 마음과 표면적 자아가 잠재 의식적 자아의 도구로 사용되는 순간, 당신은 온전히 빛나는 존재가 될 수 있다. 진정한 자아를 찾음으로써 얻는 든든함과 힘을 탑재한 인생이 펼쳐질 것이다.

당신의 상위 인격 senior partner

정신적 진화의 최종 목표는 무엇일까? 그것은 비밀 자아를 완전히 발견하는 것이다. 영적 본질이 물질적 세계에서 완전히 분리되면 궁극적인 신성한 존재Godhead가 드러나게 되어, 의식적 힘과 무한한 실현이 최대로 발현된다. 신성한 존재가 주는 에너지를 받아, 이 거부할 수 없는 흐름에 동참하는 사람들은 혼자 안간힘을 썼으면 이루지 못할 놀라운 결실을 얻는다. 그들은 우주의 힘에 올라타고, 그들의 에너지와 영감은 표면적 자아의 경계를 넘어 자신과 관계하는 모든 이들에게 영향을 미친다. 그들은 리더, 행동가, 창조자가 되고, 오류가 없고 저항할 수 없는 힘의 인도를 받아 일종의 전능함을 성취한다.

당신은 비밀 자아와 대화할 수 있다. 지혜롭고 인자한 아버지, 회사 사장의 조언을 받는 것처럼 비밀 자아와 대화할 수 있다. 일단 대화에 익숙해지고, 비밀 자아의 잠재력과 가능성을 의심의 여지 없이 완전히 깨닫는 순간, 일상의 대화는 숨을 쉬는 행위만큼 자연스럽고 일상에 자연스럽게 녹아들 것이다. 예수의 말씀 – "아버지께서 내 안에 계셔 그의 일을 하시는 것이라" – 이 깃든 대목이기도 하다. 이 논리를 당신에게 적용해 보라. 당신에겐 두 가지 인격, 즉 '상위 인격'과 '하위 인격'이 있다. 그중에서 '상위 인격'은 행동을 판단하고 그것에 영향을 받지 않는 분리된 인격이다. 상위 인격이란 심리학자들이 말하는 잠재의식, 즉 잠들지 않고 모든 것이 고요할 때 생각하며 가장 큰 혼란 속에서도 확실하고 침착하게 작동하는 마음이다. 행운을 가져다주는 '직감', 책, 그림 또는 작곡에 대한 아이디어, 내면 시야, 새로운 길을 안내하는 부적이기도 하다. 상위 인격은 명상과 기도를 할 때 사람들이 안식처로 삼는 존재의 깊은 중심이고, 그 안에서는 모든 것을 알고 진정으로 이해하기 때문에 기쁨, 평온, 행복으로 뒤덮여 있다.

상위 인격과 접촉한 적이 있는가? 당장 가까이 지내라. 비밀 자아가 있다는 것을 아는 순간, 강력한 애착 관계가 형성된다. 비밀 자아와 손을 잡으면, 고통과 괴로움, 좌절에서 벗어날 수 있기에, 한번 잡은 손을 놓지 않을 것이다. 구원의 근원을 외면하지 않을 것이다.

실험

자, 이제 반지를 하나 가져와 보라. 그 반지를 약 30센티 길이의 가는 실로 묶는다. 실의 느슨한 끝을 엄지와 집게손가락 사이로 잡는다. 반지가 대롱대롱 매달리게 실을 잡는다. 이제 비밀 자아에 몇 가지 질문을 해도 될지 묻는다. 반지가 작은 원을 그리며 움직이면 비밀 자아가 당신에게 '좋다'라고 대답한 것으로 이해하고, 앞뒤로 길게 흔들리면 '싫다'라고 대답한 것으로 이해한다. 큰 소리로 질문해 보라. 반지가 매달려 있는 실을 잡고 기다려 보라. 반지의 움직임을 멈추려 하지도, 유도하지도 말라. 결국, 움직이게 되어 있다. 처음에는 불규칙하게 움직이지만, 곧 앞뒤로 움직이거나 원을 그리는 동작으로 안정될 것이다. 결국에는 질문에 대한 답을 즉시 얻을 수 있다. 이 순간, 당신은 비밀 자아와 만난 것이다. 또한 무한히 자각하는 누군가가 당신 안에 머물고 있다는 사실을 경외심과 함께 깨닫게 될 것이다.

비밀 자아는 전지전능하다. 그 존재를 깨닫는 순간부터 비밀 자아를 알고 전지전능함을 탐구하며, 그 힘을 여는 열쇠를 발견하는 데 최선을 다해야 한다. 일단 비밀 자아의 인식과 뜻에 당신의 삶을 인도하기 시작하면, 모든 일과 관계에서 순조롭게 결실을 얻을 것이다. 항상 막연한 불안과 두려움, 무기력과 피로감에 갉아 먹히던 내면이 이제는 기쁨과 에너지와 행복으로 항상 채워진다는 것을 알게 될 것이다. 세상을 바라보는 시야도 달라진다. 하늘의 색마저 달리 보인다. 세상은 새롭고 의미 있고 흥미진진한 모습으로 다가올 것이다. 우주가 이끄는 길을 따라, 우주로부터 동기부여를 받으며 편안히 머물다 보면, 어느새 우주는 당신의 영혼이 천국을 향하도록 이끌어 줄 것이다. 이제 엄두가 나지 않아 못 할 일도 없고, 극복할 수 없는 장애물도 없다.

삼라만상의 후원자 겸 조력자

아서 쇼펜하우어Arthur Schopenhauer는 "모든 사람은 자기 시야의 한계를 세상의 한계로 받아들인다"라고 했다. 인간의 '표면적 심리surface psyche'는 각자에게 부과한 한계를 뛰어넘는 모습을 감히 상상하지 못한다. 또한 인간이 약함과 무능력을 극복할 수 없다며 자신 능력과 의지를 의심하게 한다. 그러나 자신에게 부과하는 한계는 사람마다 다르다. 맹목적으로 한계를 넘기 위해 애쓰고, 범접하기 어려운 곳에서 자연에 도전하며, 평생 정신적, 육체적 장벽을 끊임없이 공격하는 사람들도 있다. 반면 자신이 직면한 모든 한계를 받아들이고, 스스로 만든 두려움의 이미지 속에서 벌벌 떨며, 도전하거나 확장하거나 성장하지 못하는 사람들도 있다. 작은 표면적 자아의 노예로 사느라, 내면의 거인을 보거나 이해하지 못했기 때문이다. 열망하는 자에게는 희망이 있다. 신의 영역, 즉 영적 영역에서 확고하고 확실한 지위를 가질 수 있다. 그러나 망설이고 소극적이며 위험을 피하려는 사람들은 삶의 여정에서 침체에 빠진다. 행동을 주저하고 도전을 회피하는 태도는 생명의 나무가 시드는 모습과도 같다. 무언가를 간절히 원해도 두려움과 장벽을 극복할 힘이 부족하면, 의미 있는 변화를 이끌지 못할 것이다.

내면의 비밀 자아를 발견한 후에는 일과 목표, 열망을 점진적으로 비밀 자아에 맡기는 과정이 필요하다. 표면적 자아의 불완전한 토대 위에서는 완벽한 삶을 구축할 수는 없다. 작고 가벼운 구조물도 제대로 서 있지 못한 채, 서 있다 한들, 약간의 압력에도 무너질 것이다. 모든 것은 이미 세계와 우주를 지탱하고 있으며, 당신이 현인이든 성인이든, 조금의 흔들림도 없이 당신의 삶을 지탱할 비밀 자아를 토대로 세워져야 한다.

> 정신을 오도하는 모든 원인 가운데,
> 인간의 실수 많은 판단력을 눈멀게 하고,
> 나약한 머리를 가장 강한 편견으로 지배하는 것이
> 바보들의 변하지 않는 악덕인 자만심이다.
> — 알렉산더 포프Alexander Pope

두려움에 맞서기

비밀 자아의 진정한 적은 허영심, 즉 교만이다. 허영심은 표면적 자아에 집중된 의식과 자기 중심성에서 비롯된다. 이러한 허영심으로 인해 모든 영적 인식에 불투명한 베일Veil이 드리워지고, 우리는 우리 존재의 원천으로부터 고립된 채 살아간다. 우리는 수년 동안 인생의 난관을 헤쳐 나가는데, 문제에 직면해도 끈질긴 파리처럼 흔들리지 않는 의지로 열망을 쫓아가며 살아갈 수 있을 것이다. 그러나 어느 순간에 가면 지금까지의 노력이 헛되다는 깨달음이 온다. 새로운 사고방식과 접근 방식을 채택하거나, 그간의 헛된 노력을 완전히 포기해야 하는 중요한 선택의 갈림길에 선다. 개미 한 마리만으로는 고무나무를 쓰러뜨릴 수 없다. 개미 수천 마리가 서로 조율하며 협동하는 작업을 발휘해야만 가능한 일이다. 마찬가지로, 인간 한 사람의 개별 에너지와 노력은 그 자체로는 미미해 보일 수 있다. 그러나 그것이 모든 에너지의 근본적인 원천에서 비롯될 때, 특별한 의미를 지니게 된다. 이처럼 에너지의 원천과 연결된 상태에서는 우주의 흐름과 힘에 순응하여, 거스를 수 없는 힘과 무결점의 행동으로 나타난다.

성공 사례는 주어진 상황에서 우위를 점하려는 인간의 욕망이 만든 허구인 경우가 많다. 우위를 점하려는 일종의 방정식에 들어와 있는 사람들이 대부분이다. 그들은 주어진 방정식에 따라 특정 상황에 직면했을 때 특정 방식으로 반응한다. 다시 말해, 같은 상황에 직면했을 때 항상 특정 방식으로 행동해야 한다. 예를 들어, 일면식도 없는 사람들이 있는 모임에 있다고 생각해 보자. 내키진 않지만, 어색한 공기를 깨고 삼삼오오 모여 있는 사람들에게 다가가 대화를 나눠야 하는 상황이다. 이러한 두려움에 굴복하여 인생의 초기 단계에서 새로운 사람들과 교류하는 것을 자제한다면, 대인기피 행동은 결국 극복하기 어려운 일상이 될 것이다.

따라서 평생 낯선 이들과 어울려야 하는 상황에 직면했을 때 두려움에 굴복하여 얼음이 되는 습관이 몸에 배어 있게 되어, 최대한 이런저런 핑계를 대며 만남을 피하게 된다. 이러한 유형의 상황에서 우리가 어떠한 행동을 할 것인지는 확실히 예측할 수 있다. 우리의 행동이 뻔하고, 그렇기에 예측할 수 있는 이유는 우리가 자유롭지 않은 두려움의 노예이기 때문이다. 스스로 감정을 지배하지 못하기 때문에 철저히 감정에 지배당한다. 우리는 상황 자체를 해로운 악으로 간주하며 자신을 정당화하는 경향이 있다. "모임 사람들은 재미없어.

지루해 죽겠어." 엄밀히 말해 그들은 지루함의 대상이 아니라, 두려움의 대상이다. 그래서 어떻게든 그들을 피하려 한다. 이러한 회피는 우리의 정신에 상당한 공백을 만들어 개인적인 성장을 방해하고 삶의 특정 측면에서 엄청난 좌절감을 유발한다. 결국, 우리 자신이 초래한 잘못이다. 두려움에 직면하는 데 필요한 용기를 내지 못한 것이다.

약점 극복하기

"약점으로부터 마냥 도망칠 수는 없다. 언젠가는 그것과 싸워 이겨내지 않으면 멸망할 수밖에 없다. 그렇다면 지금, 이 순간, 당신이 처한 바로 그 환경에서 약점과 싸우는 게 어떨까?" 이 대사는 병마에 시달리던 한 작가가 쓴 글이지만, 그는 병마를 위대한 승리로 바꾸어 결국 건강을 회복하고 전 세계에 걸작을 남겼다. 그는 바로 소설가 로버트 루이스 스티븐슨Robert Louis Stevenson이다.

목표가 무엇이든, 어떤 위치에 있든, 자신을 지나치게 너그럽게 대하지 말라. 만물은 반대에 부딪혀 끊임없이 시험받을 때 가장 잘 성장한다. 콘크리트를 뚫고 자라야 하는 잔디가 가장 강인하다. 애지중지 키운 잔디는 햇빛이나 바람에 처음 노출되면 쉽게 시들해진다. 근육이 아프면 쉬지 않고 운동을 해 줘야 근육이 곧 유연해진다. 우리의 사고방식이 우리를 제한하고 경험으로부터 고립시키며 개인적 발전을 방해하고 있다면, 우리는 그 정신을 시험하고 사용하고 확장하는 법을 배워야 한다. 그렇지 않으면 정신은 위축되고 삶과의 모든 정상적인 관계가 완전히 단절될 것이다. 그런데도, 인간은 나약할 수밖에 없는 존재다. 죄와 고통과 실수에서 벗어나기 힘들다. 인생을 살면서, 죄, 고통, 실수를 진정 극복할 수는 없지만, 그래도 삶을 이어가는 한, 최대한 극복하기 위해 노력해야 한다. 우리가 노력할 때만 진정한 삶을 산다고 할 수 있기 때문이다. 우리가 마침내 배워야 할 것은 우리가 기대할 수 없다는 것이다. 약점을 마주할 때마다, 약점을 완벽히 없앨 수 있다는 기대는 버려야 한다. 다시 말해, 약점을 뿌리 뽑음으로써 진정한 승리를 누릴 것이라는 기대는 말라. 진정한 승리는 우리의 모든 약점을 공동의 전장으로 모아 결정적인 대결을 펼치는 방법을 찾아낼 때 찾아온다. 그 결과, 정신적 진화의 여정에서 진일보하게 된다. 용기를 내서 약점들에 맞서 싸우는 사람은 절대 패배하지 않기 때문이다.

누군가는 "어떻게 가능하죠?"라고 물을 수 있다. "어떻게 모든 약점을 한 곳에 모아 극복할 수 있을까요?"라고 질문할 것이다. 그 과정은 간단하지도 않고 명백하지도 않다. 특히 고립된 영역에서는 더욱 그렇다. 새로운 상황을 두려워하는 경향이 있다면 억지로라도 그 상황에 들어가서 자신감을 키울 수 있을 것이다. 조만간 새로운 상황이 익숙해지면 새로운 상황에 열광적이지는 않더라도 차분하게 대처할 수 있게 될 것이다. 이러한 의지력의 발휘는 단순히 한 영역에서 두려움을 만나고 그것을 물리쳤기 때문에 삶의 모든 측면에서 용기를 주는 경향이 있지만, 예를 들어 게으르거나 진실하지 않거나 불충실하거나 심지어 충동적 과식의 경향을 극복하지는 못할 것이다. 사실, 분열된 정신을 다루기 위한 그의 혼란스러운 접근 방식은 손가락으로 댐의 연속적인 누수를 막으려는 시도와 비슷하다. 열 손가락을 모두 사용했음에도 새로운 누수가 계속 발생하는 상황과 같다.

우주의 창조자 The Universal Author

정신에 대한 새로운 접근 방식이 필요하다. 정신을 일탈이나 불완전한 인식의 집합이 아니라 하나인 것으로 접근해야 한다. 그중에서도 완치율 100퍼센트의 접근 방식이 있다. 바로 자신의 비밀 자아를 알고 자각하는 접근 방식이다.

우리 각자는 미발달된 정신으로 삶을 마주한다. 이는 더 큰 실체의 일부분만을 나타내므로 불완전한 상태로 남아 있으며, 부분적으로 나타나기 때문에 전체성이 모자라기 때문이다. 한편, 완전한 자아를 인식하기 위해 노력하고 다가가려 할 때, 온전함이나 자족에 가까워질 수 있다. 일상에서 노력할 때 사용하는 자기 감sense of self(혹은 '자아 감각', 자신이 어떤 사람인지 스스로 판단하고 인지하는 자기 이해 감각 – 옮긴이)은 당면한 업무의 범위를 넘어설 때만 유용하다. 예를 들어 감자 껍질을 벗기는 데는 완벽하지만 더 큰 일을 요구하면 구석에서 움츠러들 수 있다. 다리 구조물은 인간의 표면적 자아가 아니라 비밀 자아가 건설하는 것이다. 타워와 고속도로, 비행기, 자동차, 텔레비전도 비밀 자아가 만드는 것이다. 모든 책은 비밀 자아라는 같은 작가가 썼고, 모든 그림은 같은 화가가 그렸으며, 모든 음악은 같은 작곡가가 작곡했다. 개인의 자아ego는 그러한 작업을 감당할 수 없다. 표면적 자아의 속박에 갇혀 사는 한, 우리의 노력은 우리의 자아에 맞는 보잘것없는 결과만 가져온다. 자신을 찢어내고 허영과 자만, 자아와 표면적 자아에서 벗어나야만 마침내 우리 안에 있는 존재의 진정한 차원을 인식할 수 있다. 그러면 진정한 자아true self를 알게 되고, 그 자아에 삶을 맡기게 된다. 그러면 우리의 노력은 고귀하고 활기찬 목적을 달성할 수 있는 웅장함과 목적의식을 갖게 될 것이다. 우리를 사로잡는 힘은 외부에서 비롯되며, 그 강력한 흐름을 타고 앞으로 나아가고 모든 면에서 우리를 능가한다.

창조적인 노력을 목표로 하는 삶을 사는 남성이나 여성은 어떻게든 비밀 자아를 발견하게 되어 있다. 정신적, 영적인 무형의 영역에 자신을 내맡기는 사람은 곧 광대하고 강력한 내면의 정신적 존재의 존재를 깨닫게 될 것이다. 그 존재와의 연결은 매 순간을 고양하고 밝게 비출 수 있는 잠재력을 뿜어낸다. 글을 쓰는 작가는 온 마음을 다해 글쓰기에 영감을 줄 내면의 뮤즈muse(그리스, 로마 신화에 나오는 9명의 학문과 예술의 여신)를 찾는다. 화가는 붓을 들고 멈춰 서서 영감을 기다린다. 우리는 표면적 자아의 한계보다 더 높은 열망을 향해 있을 때, 내면의 동요를 느낄 수 있다. 모든 열망은 표면적 자아의 감옥에 대항하는 노력일 뿐이고, 그러한 모든 노력은 우리 작은 자아의 평범한 진흙이 초월적이고 소중한 것으로 변모하는 연금술이다. 세상은 열망하고, 도전하고, 노력하는 자들이다.

수년 전 대도시의 한 가난한 지역에 예술을 완성하기 위해 젊음을 바친 한 남자가 살았다. 그는 바닷가 술집에서 목탄 스케치를 하며 몇 푼 안 되는 돈으로 궁핍하게 살았고, 틈나는 대로 화가畵架 앞에서 그림을 그렸다. 그는 잔잔한 바다, 폭풍우가 몰아치는 바다, 항구, 선적과 하역, 항해 중인 배, 증기를 뿜어내는 배, 매끈한 요트, 출렁이는 화물선, 영국 해군의 군함 등 상상할 수 있는 모든 종류와 종류의 배를 그렸다. 그는 바다를 사랑했고 그림 그리는 것을 좋아했다. 그런데 바다에서 보낸 시간만큼 대가의 경지에 올라야 할 것 같지만, 그렇지 못했다. 어찌 된 영문인지 작품성과 예술적 가치에 한계가 있었다. 그의 그림은 아마추어가 아닌 장인의 손길이 느껴졌지만, 마치 천 번도 더 본 듯한 진부함이 강렬했다. 사람들은 그의 그림을 보고 어디서 본 것 같다고 말하기도 했다. 물론 그들은 본 적은 없었다. 이미 그려진 다른 그림처럼 보이려고 애쓴 느낌이 강렬했을 뿐이다.

　화가는 이 사실을 너무 잘 알고 있었다. 본인도 자신 작품을 매우 못마땅하게 여겼다. 그는 새로운 주제에 대한 아이디어를 처음 떠올릴 때 신나서, 활기 넘치게 작업을 착수했다고 이야기하곤 했다. 그러다가 작업이 진행되면서 점차 작업이 영감의 산물이 아니라 전에 그렸던 그림의 재탕이라는 점을 깨닫게 되고, 심지어는 작업이 끝나기도 전에 너무 심한 우울증에 사로잡혀 끝내지 못할 지경에 이르렀다고 했다. 그런데도 그는 끊임없이 자신을 몰아붙였다. 자신의 재능을 믿었고, 그 재능을 어떻게든 끌어내기로 했다. 한번은 자신에 대한 분노로 화실에 있던 그림들을 모두 불태워 건물에 불이 날 뻔한 적도 있었다. 또 한 번은 자신의 서투른 손놀림에 너무 화가 나서 손가락을 자르려고 손가락에 심한 열상을 입히기도 했다. 이 모든 행동은 그가 심리적으로 안정되지 않았음을 나타내지만, 아마도 그의 도발이 너무 심각해서 그를 끊임없이 자극하는 창조적인 충동도 엄청났을 것이다.

인생에서 배우는 대부분의 위대한 교훈처럼 그의 깨달음도 소중하게 다가왔다. 당시 전쟁이 발발했을 때였다. 이때 자신의 그림에 대한 깊은 불만도 어느 정도 잠잠해졌다. 시간이 지나며 그림에 대한 오만 정이 다 떠났고, 결국 영원히 그림에 등을 돌리기로 했다. 그리고 정식 선원이 되어, 러시아의 서북단 무르만스크Murmansk로 향하는 화물선에 승선했다. 그러던 중 배의 호송대는 노르웨이 해안을 지날 때 독일 비행기와 잠수함의 공격을 받았다. 화가의 배는 침몰했고, 그는 춥고 폭풍우가 몰아치는 북극해에서 구명보트에 몸을 실었다. 며칠 밤낮을 표류하며 혹독한 추위와 싸우며 살아남기 위해 안간힘을 다했다. 어느 순간 하늘이 맑아져 독일 비행기의 시야에 그들이 들어왔고, 결국 그들은 폭격과 기습 공격을 받았다. 5명이 사망하고 3명이 중상을 입어 그날 밤 사망했다. 하루 뒤 두 명이 피폭으로 사망했다. 결국, 배에는 화가와 독일 군함의 사무장만 남게 되었다. 사무장은 목숨이 붙어 있다는 사실이 신기해 보이는 약골 노인이었다.

"우린 이제 끝이에요." 화가가 마침내 입을 열었다. "우리에겐 희망이 없으니 지금 당장 빠져 죽는 게 나아요."

"그건 우리가 결정할 일이 아니에요." 사무장이 말했다.

"그럼, 누가 결정합니까?" 화가가 물었다.

사무장은 친절한 눈빛으로 침착하게 앉아 있었다. "우리 마음대로 태어난 겁니까?" 그가 물었다. "우리에게 부여된 국적, 인종, 조상을 우리가 결정합니까? 제3의 존재가 있다고 생각하고, 조용히 귀를 기울여 보시오. 아마도 당신은 내면에서 말하는 목소리를 들을 수 있을 거요. 그러면 살 것인지 죽을 것인지 알게 될 거요."

화가에겐 끝이 가까워 보였다. 이제 고군분투하는 것은 소용이 없었다. 화가는 생애 처음으로 자신의 운명을 자신의 자아가 아닌 다른 것에 넘겨줄 수 있었다. 곧 다가올 밤의 매서운 추위가 살을 파고들었다. 그렇게 시간이 흘렀고, 해가 지기 직전에 영국 정부가 보낸 수상 비행기가 굉음과 함께 안개 속에서 급습하여 그들을 발견하고 바다에 착륙한 후 그들을 태웠다. 두 사람은 그날 밤 런던의 한 병원에 입원했다.

몇 주간의 회복기를 거친 후, 화가는 다시 한번 화가畵架에 손을 댔다. 캔버스에서 나온 그림은 그를 놀라게 했다. 마치 자신 손이 아닌 다른 손이 붓을 움직이고, 색을 선택하고, 자신의 마음이 아닌 다른 마음이 장면을 구상하는 것 같았기 때문이다. 완성된 그림을 보며 그는 기쁨이 솟구치는 것을 느꼈다. 그동안 억지로 끌어내려고 애썼던 재능이 이제야 빛을 발하고 있었으니. 그는 순식간에 여섯 점의 그림을 완성하여 런던의 한 미술상에게 가져갔고, 그곳에서 두 팔 벌려 환영을 받았다. 이 그림들은 순식간에 성공을 거두었고, 그의 경력은 탄탄대로를 걷기 시작했다.

몇 년 후, 그는 초기에 힘들었던 시기를 어떻게 극복했고, 그의 재능이 어떻게 성숙해졌는지에 대한 질문을 받았다.

"성숙해지지 않았어요." 그가 대답했다. "재능이 항상 그 자리에 있었죠. 다만 그것이 별 볼 일 없는 화가인 내게 머물러 있다는 걸 알고, 굳이 애써 끄집어내지 못했을 뿐입니다. 그런데 그 재능이 내가 아닌, 나보다 더 위대한 내면의 어떤 존재가 지닌 재능이라는 사실을 알게 된 순간, 그 재능이 스스로 드러났고 내 손을 이용해 표현되었을 뿐입니다. 그 위대한 존재의 재능을 내버려 둔 셈이죠."

신비로운 사례다. 그 화가는 내면의 예술적 잠재력 – 내면의 뮤즈muse – 에 대한 우주적 인식을 한 것으로 결론지었지만, 훨씬 더 심오한 비밀이 숨겨져 있다. 모든 사고와 행동이 우주적 지성universal intelligence이 전능한 힘과 맺고 있는 관계, 실패를 용납하지 않고 필연적으로 성공으로 이끄는 자아와 비밀 자아의 관계가 기적 같은 결과를 낳은 것이다.

신의 은총을 잃다

우리의 의식은 안타깝게도 표면적인 자아에 잘못 닻을 내리고 있다. 그 결과 망상 속에서 자신이 진정 누구인지 알지 못하고, 광활하고 압도적인 우주에서 고립된 작은 자아로 자신을 착각하고 있다. 이에 결과적으로 신의 은총을 잃은 채 살아간다. 우리가 추구하는 내면 진화의 목표는 신의 모습이 드러나는 지점까지 의식이 점진적으로 깨어 있게 하는 것이다. 시야가 열리면서, 생명과 지성, 존재가 물질세계에서 드러나서는 결국 물질보다 우위에서 물질을 통제하고 지배하는 광경이 펼쳐진다. 우리가 표면적 자아의 망상에 묶여 있는 한, 우리는 감각의 꼭두각시에 불과하다. 우리에게 직면하는 모든 상황에 대해 수동적으로 반응할 뿐이다. 기껏해야 자유롭고 사고력 있고 전지전능한 인간을 만들어 내기 위한 방정식의 예측 가능한 암호에 지나지 않는다. 그러나 이러한 자유와 전능의 조건에는 오직 인지per-ception만 있으면 된다. 비밀 자아를 인지하는 단순한 행위는 비밀 자아와 하나가 되는 것과 비슷하기 때문이다. 그러면 우리는 어떻게 볼 수 있을까? 우리의 눈은 트일까?

아마도 비밀 자아를 분별하기 위한 가장 중요한 단계는 표면적 자아의 부질 없음을 인식하는 단계다. 내면 시야가 실명인 상태에서도 마냥 좋아하고 만족한다면, 어떻게 비밀 자아가 보이겠는가? 젊음은 감각에 몰두하고, 온갖 감각적인 만족을 추구하며, 감각이 만든 감옥의 존재를 거의 망각한다. 그렇기에 영적 인식, 심적인 깨달음psy-chic enlightenment이 다가오기 어렵다. 그러나 세월이 흐르면서 실망과 좌절, 덧없음을 경험한 영혼은 자기 감sense of self을 안정적이고 효과적으로 키워 나갈 새로운 토대를 찾기 위해 깊은 내면의 심적 영역으로 향하게 된다.

세월의 풍파를 겪으며 무르익는 인생에서는 애써 찾지 않아도 찾을 수 있고, 두드리지 않아도 문이 열리기 때문에 결국 깨달음이 스며든다. 감각과 표면적 자아에서 눈을 돌리는 것만으로도 말이다. 베일Veil이 벗겨지고, 눈가리개가 떨어져 나간다. 무엇보다도 고통과 좌절과 환멸의 소용돌이가 영적 성찰에 다가가는 디딤돌이 된다. 인생 최대의 '위장된 축복'이 아닐 수 없다. '눈먼 자'에서 '눈뜬 자'가 되니 새로운 세상이 펼쳐진다. 표면적 자아의 죽음은 실제로 새로운 탄생으로 이어진다. 아등바등하며 감각에 집착하던 삶에서 감각을 내려놓는 삶으로 변한다. 이제 삶을 이끄는 주체, 삶의 고삐를 잡는 주체는 바로 전지전능의 힘이다. 영혼의 내적 지각이 깨어날 때, 심오한 일체감과 힘이 존재 전체를 감싼다. 존재를 완전히 변화시키는 활기 차고 평화로운 에너지를 가져와 인식이 만지거나 포용하는 모든 측면에 마법과 장엄함을 불어넣는다.

하느님의 눈은 만물에 차별을 두지 않는다.
영웅이 최후를 맞이하든 참새가 추락하든 원자나 아원자가 파멸에 빠지든 나름의 의미가 있다.
이제 거품이 터지고 세속이 무너진다.
– 알렉산더 포프Alexander Pope

깨달음으로 가는 길

그렇다면 과연 어느 시점에 내재하는 비밀 자아를 인식할 수 있을까? 일반적으로 많은 고통과 환멸을 겪으며 지푸라기라도 잡고 싶은 심정일 때, 비밀 자아에 다가가고 싶다는 마음이 생긴다. 그런데도 영혼이 고통과 환멸을 겪기 전부터 비밀 자아를 발견하려는 열망을 품고 간절히 바란다면, 충분히 피할 수 있는 길이 있다. 비밀 자아는 결코 내면에서 단일하게 발견되지 않는다. 모든 장소와 모든 존재에서 동시에 발견되며, 모든 곳에서 같은 모습으로 발견된다. 다양한 형태의 삶은 만물을 포괄하는 단일의 본질이 임시로 맡은 역할에 불과하다. 이 본질은 만물이 되는 참되고 완전한 실체다. 신성Divine, 神性이 잠시각 존재 안에서 자신을 위장하며 일종의 연극에 비유할 수 있다. 최상위 지성Supreme Mind의 모든 힘과 효과는 당신 안에 현존하고, 당신이 사용할 수 있다. 또한 모든 사람과 다른 모든 것에도 있으며, 자아의식ego-consciousness의 장막 뒤에 존재하며 발견되기를 기다리고 있다. 따라서 태양 아래 존재하는 만물에는 뿌리 깊은 평등이 내재해 있다. 각각은 같은 물질에서 생겨났고 그 안에 같은 전능한 존재를 내재하고 있다. 우리 각자의 다름과 서로의 분리성은 우리의 불완전성에서 비롯된다. 다시 말해, 우리가 아직 온전하거나 완전한 존재로 실현되지 않았기 때문에 우리 각자가 서로 매우 다르다고 느낄 것이다. 그러나 불완전성을 떨쳐 낸다면, 우리 각자는 다르지 않고, 개별적이지도, 분리되어 있지도 않다. 완전한 상태에 도달한다는 것은 유보나 오류 없이 온전하고 완전한 비밀 자아가 되는 것이다.

따라서 가장 고통스럽지 않은 깨달음, 즉 비밀 자아에 대한 인식의 길은 감각의 표면적 외관 뒤에 숨어 있는 진리를 알고자 하는 열망에 도달하고, 이 진리를 자신뿐만 아니라 만나는 모든 사람 안에서뿐만 아니라 밖에서도 찾으려는 것이다. 사물과 사람이 절대적으로 평등하다는 깨달음을 얻는 순간, 각각의 존재를 진정으로 감지할 수 있게 된다. 당신의 시선에 들어오는 돌덩이, 나무와 식물, 동물과 사람 안에서 진리의 현존을 느낄 수 있을 것이다. 각 존재는 감옥으로 상징되는 미리 정해진 구조에 갇혀 있는데, 이러한 감금 속에는 우리 존재의 더 깊고 숨겨진 측면인 비밀 자아가 희석되지 않고 복잡하지 않게 존재한다. 이 비밀 자아는 나름의 이유로 의도적으로 가면극, 즉 변장한 상태다. 비밀 자아는 진정한 본성에 대한 인식과 완전히 분리되어 있지 않다. 우리가 이 은폐된 실체를 탐구하고 드러내려고 시도한다는 것은 내면의 유산heritage을 드러내고 진정한 자아에 대한 의식에 가까워진다는 것이다.

삼라만상 안에 있는 신성을 인식하면 심오한 평등 감을 경험할 수 있다. 내 존재의 숨겨져 있는 신성한 측면을 인식하면 성공이나 실패, 기쁨이나 슬픔, 지위나 인정의 영향에서 벗어날 수 있다. 초점은 비밀 자아의 목적을 달성하는 쪽으로 이동하여 자아의 영향력도 줄어든다. 그 결과, 세상과의 외적 상호작용에서 이타적인 상태에 도달하여 자아가 주도하는 관심사보다 비밀 자아의 일을 우선시하게 된다. 평등한 상태를 달성하는 것은 이상적인 정신적 자세이지만, 자아에는 달성하기 어려운 일이다. 자아는 우월해야 한다는 강박관념에 사로잡혀 주변 사람들보다 더 나은 사람이 되려고 끊임없이 노력하기 때문이다. 자아는 우월감을 얻지 못하면 자신을 스스로 부풀려 자만하거나 반대로 상처를 받고 불안해하는 경향이 있다. 결과적으로 이러한 사고방식은 삶을 살고, 관계를 형성하며, 결실을 얻어 가는 데 불리한 심리적 토대를 만든다. 평등을 포용하면 두려움이 사라진다. 자신과 같은 본질이 다른 사람에게도 존재한다는 것을 인식하면 영적 확신이 생긴다. 이러한 확신은 주저함이 없이 자신 삶과 열망, 노력을 이 공유된 본질에 맡길 수 있게 해준다. 이 공통점이 필요한 순간에 가장 최적의 방식으로 필요한 일을 정확하게 수행할 수 있도록 인도해 줄 것이라는 깊은 확신이 있다.

망상의 물질세계

우리의 오감은 우주에 존재하는 방대한 진동 스펙트럼 중 극히 일부만을 감지할 수 있다. 우리의 감각이 감지할 수 있는 범위를 넘어선 모든 것에는 엄청난 양의 정보가 존재한다. 예를 들어, 특정 동물은 사람의 귀에는 들리지 않는 휘파람 소리를 들을 수 있다. 사람의 눈에 영향을 미치는 빛의 주파수 범위는 제한되어 있지만, 색맹, 근시, 원시, 독특한 예술적 관점 등 개인마다 차이가 있다. 또한 프랑스 루르드Lourdes에서 성녀 베르나데따 수비루Bernadette Soubirous가 목격한 성모의 발현發顯과 같은 기적을 경험하는 사람들도 있다. 요약하자면, 감각적 증거에만 의존한다고 주장하는 유물론자들은 실제로는 매우 제한된 정보에 의존하고 있다. 그들은 사실에 근거하고 있다고 자부하지만, 극히 일부의 지식만을 바탕으로 세상과 타인을 받아들인다. 미미한 이해만으로 중요한 결정을 내리는 것과 비슷하다. 다른 삶의 영역에서는 이렇게 부족한 정보로 결정을 내리지 않을 정도로 신중하지만, 이들은 자신이 환상에 둘러싸여 있을지도 모른다는 생각에 저항한다.

자아에 초점을 맞추고 감각의 증거에만 의존하는 것은 베일Veil처럼 작용하여 비밀 자아의 존재를 숨겨 버린다. 베일Veil을 만드는 것은 감각이나 자아ego 자체가 아니라, 감각이 현실을 완전히 이해한다고 믿게 함으로써 만들어지는 인상이다. 자아는 본질적으로 베일Veil이 아니라 의식에 대한 지배력을 발휘하여 그것이 당사자의 진정한 자아라고 생각하게 만든다. 감각 세계에 지나치게 몰입하고 자아에 의해 통제될 때, 비밀 자아를 인식할 기회를 놓치고 만다. 인식을 알려주는 종소리가 울리지만, 우리의 귀는 그 소리를 거부한다. 불완전한 지식의 한계로 인해 우리는 사물의 진정한 본질과 궁극적인 목적을 파악하지 못한 채 사물에 깊이 빠진 삶을 살게 된다. 그 결과, 인생 여정은 종종 고통과 패배로 점철된다. 자아가 추구하는 것이 신성한 목적과 일치하여 우리의 행동이 중대한 영향을 미친다고 믿기도 한다. 그러나 자아는 고립된 목적을 추구하다가 자멸할 수밖에 없는 일시적인 존재에 불과하다. 따라서 자아의 피할 수 없는 종말은 불 보듯 뻔이다. 그것은 밀물에 떠밀려 온 부유물에 불과하며, 각자의 목적을 추구하다가 조만간 스스로 파멸할 것이기 때문이다.

체념과 열망

우리가 해야 할 일은 자아를 내려놓는 것이다. 감각의 지배에서 벗어나 자유로워지는 것만이 비밀 자아를 발견할 수 있는 유일한 길이기 때문이다. 자아 발견과 영적 깨달음을 향한 여정에는 종종 체념을 통해 평등을 찾기 전에 삶에 무릎을 꿇는 자유 낙하와 같은 심오한 투쟁이 수반된다. 인류 역사상 가장 감동적인 순간 중 일부는 패배와 영혼의 타락이라는 깊은 수렁에서 나왔을 때일 것이다. 하지만 궁극적인 목적지가 불분명한 상황에서 누구도 그런 길을 선택하기는 쉽지 않다. 강렬한 정신적, 영적 성찰을 통해 비밀 자아를 밝혀낸 신비주의자들은 자아를 포기하는 '영혼의 어두운 밤'을 겪었다고 한다. 이 과정은 겟세마네 동산에서 그리스도와 같은 인물이 경험한 깊은 영적, 정서적 우울감을 반영한다. 자아를 포기하기란 만만치 않다. 비밀 자아에 완전히 사로잡혀 확장된 의식으로 삶을 풍요롭게 만들기 위해 받아들여야 하는 일종의 죽음이다. 용기는 이 변화의 여정에 필요한 가장 중요한 자질이다. 낙하산 병사가 도약하듯, 우리도 도약할 힘을 불러일으켜야 한다. 자유 낙하 전문가 더스틴 스미스Dustin Smith가 서정적인 표현을 빌려 묘사한 자유 낙하의 과정과 흡사하다. 미지의 세계로 뻗어가는 데 필요한 용기가 절실하기 때문이다.

자유 낙하를 처음 할 때 기분이 가장 이상하다. 무슨 일이 일어날지 전혀 모르기 때문이다. 첫 번째 단계에서는 겁부터 난다. 그런 다음 신처럼 아래를 내려다본다. 그리고 궁극의 순간은 비행기에서 떨어진다. 이때부터는 자유로움이 엄습해 온다. 자유와 완전한 자기 책임의 상태에서 줄을 잡는 순간 결정적인 순간이 찾아온다. 하강하는 순간, 내가 성취한 것이 어떤 차원에서는 터무니없어 보일지 모르지만, 다른 차원에서는 깊은 의미를 지닌다는 것을 깨닫고 짜릿한 쾌감을 경험하게 된다.

진리를 추구하는 사람들이 깨달음의 길로 낙하산을 선택하는 것은 바람직하지 않다. 다만, 그의 관찰에 따르면 비행기에서 하늘의 불확실성 속으로 뛰어내리는 행위는 자아를 버리고 비밀 자아의 신비로운 인도에 자신의 삶을 맡기는 영적 여정과 밀접하게 관련 있다. 두 가지 노력 모두 절대적으로 용기가 필요하고, 탐구를 상징하기 때문이다. 베일Veil 뒤에 숨겨진 진실을 밝히려는 인류의 열망을 상징한다.

저 너머의 나라

변화와 깨달음 과정의 궁극적인 목표는 자아와 신을 일치시키는 것이다. 그러나 비밀 자아가 드러나기 전에 자아가 의식에서 점차 지배적인 위치를 잃는 단계가 선행되어야 한다. 이 과정을 거쳐야 빛이 들어오고 신성이 드러날 수 있는 공간이 마련된다. 자아에 너무 깊이 빠져서 자아를 더 숭고한 원칙에 종속시킨다는 생각을 받아들이지 못하는 사람들도 있다. 이들에게 자아는 존재의 전부이자 알파요 오메가Alpha et Omega(그리스어 알파벳의 첫 글자 와 끝 글자Ω로서, 하느님께서 당신 자신을 지칭하신 말씀이다. '알파와 오메가'는 세속에서 쓰는 '처음과 마지막'보다 더 포괄적이다. 알파벳의 두 글자가 모든 글자를 내포하듯이 하느님께서 시간과 공간에서, 모든 차원과 국면에서 모든 것을 포함하심을 드러내는 것)다. 이들은 권력, 지위, 승리를 통해 자아를 어떻게 만족시키느냐에 따라 인생의 성공 여부를 가늠한다. 실제로 존재의 의미를 이해하는 데 가장 큰 걸림돌은 자아를 지속해서 탐닉하는 것이다. 편협하고 작은 자아는 자신의 한계 너머의 세상을 보지 못하기 때문에 실명의 상태로 남아 있다.

심오한 신비주의자이자 영적 지혜의 대가인 예수는 부자가 천국에 들어가는 것을 낙타가 바늘귀를 통과하는 것과 같다고 했다. 물론이 구절은 하나의 비유에 불과하다. 깊은 영성을 지닌 부자들도 있기에, 예수가 모든 부자를 특별히 겨냥한 것은 아니다. 그가 말한 천국에 가기 어려운 사람들이란 감각적 방종과 자기중심적 허영심을 우선시하여 확장된 의식을 갖기 어려운 이들이다. 이 논리는 윤리적 또는 도덕적 판단이 아닌 과학적 원칙에 근거한 논리이기도 하다. 벽의 균열을 통해 들여다보면 부분적인 세계만 드러난다. 만약 벽 전체를 통과하면 진정한 측면 그 너머의 나라가 드디어 드러난다. 에고를 버리고 비밀 자아와 함께, 야침 찬 영혼에게 이 전망을 가능하게 한다.

의식 확장하기

의식은 주관적 경험, 자기 인식, 환경을 인식하고 대응하는 능력이다. 비밀 자아를 발견하는 열쇠이기도 하다. 그런데 모든 사람이 같은 의식을 공유하고 있다는 사실을 아는 것만으로도 영적 깨달음을 향한 중요한 이정표다. 이처럼 심오한 본질을 파악하면 삶의 관점이 변화하게 된다. 우주는 각자의 길을 추구하는 개별적인 영혼들의 집합체가 아니라 모든 이들이 함께 서로 연결된 하나의 실체라는 점을 깨닫게 된다. 이러한 깨달음은 당신의 가치관을 근본적으로 변화시켜, 이전처럼 나의 의지를 표출하고 인정받는 것에서 삶의 의미를 찾지 않게 된다. 새로운 시야에서는 사건과 사물에 대해 깊이 이해하게 되고, 그들의 진정한 목적과 운명을 인식할 필요가 있다. 사물과 사건의 본질을 진정으로 이해하고 포용하려면 자신과 외부 세계가 서로 연결되어 있고 공유된 존재의 일부임을 인식하고 의식을 확장해야 한다. 당신과 그들 각자가 모두 비밀 자아이기 때문이다.

의식을 무한히 확장한다는 것은 진정으로 존재하는 단일의 힘, 단일의 마음과 합쳐진다는 것을 의미한다. 현시대와 현재 수준의 영적 진화 단계에서는 이를 달성하는 것이 불가능하다고 여겨질 수 있지만, 우리는 여전히 우리의 의식을 천 배까지 크게 향상할 수 있다. 우주 전체를 아우르는 것은 불가능할지라도, 우리는 친구, 이웃, 그리고 우리 주변의 사건들을 의식에 포함하기 위해 노력할 수 있다. 식별을 통해 우리는 우리 자신을 이해하는 것처럼 다른 존재와 외부 사건을 친밀하게 이해할 수 있다. 이 심오한 지식을 통해 우리는 그들의 진정한 본성과 운명에 완전히 조화를 이루며 행동할 수 있다. 우리의 행동은 전능함의 위력을 드러내고, 우리의 노력은 최고의 결실을 낼 수 있다. 이러한 경지에 도달하면, 우리가 세상을 형성하고 변화시키는 것처럼 보일 수 있지만, 실제로는 숨겨져 있지만 진정한 본질에 자신을 맞추기만 했을 뿐이다.

마법 연금술

"내 뒤에 오시는 분이 나보다 먼저 계셨기 때문에 나보다 위대하신 분"이라는 성경 구절이 있다. 개인의 자아를 넘어서는 더 높은 힘, 즉 비밀 자아를 인식하는 것이 중요하다는 것을 강조하는 대목이다. 자신보다 더 큰 힘을 인정함으로써 자신의 운명을 더 다양한 지식과 능력을 지닌 존재에 맡기는 항복이기도 하다. 그렇게 하기 위한 첫 단계는 표면적 본성과 자아의 충동과 욕구를 버리는 것이다. 본성과 자아에 얽매인 삶은 행동의 효율을 떨어트리고 영적 발전을 방해하기 때문이다. 구원은 자아에 대한 기존의 이해에서 벗어나 더 큰 것과의 관계를 받아들이는 데서 찾을 수 있다. 예수는 "행하는 자는 내가 아니요. 내 안에 계시는 아버지"라고 했다. 그리고 그분의 거룩한 변모가 완성되었을 때, 예수는 "나와 아버지는 하나이니라"라고 했다.

표면적 자아는 가볍게 항복하지 않을 것이다. 표면적 자아의 투쟁과 잘못된 충동은 끊임없이 계속될 것이다. 이때, 깨달음에 다가가는 현명한 사람은 항상 자신의 자아를 통제할 수 있는 자다. 인간은 완벽하지 않기에 실수와 착오에서 벗어날 수 없지만, 육체적 감각의 수렁에서 벗어나는 길을 찾는 것만으로도 완벽과 환희에 다가갈 수 있다. 우리 모두의 구원은 우리 자신만큼이나 가까이 있다. 각자의 내면에는 아무리 고통스럽고 견디기 힘들어도 그 고통과 좌절을 덜어줄 수 있는 거룩한 빛, 숨겨진 자아가 있기 때문이다. 그 빛이 우리의 진정한 자아가 되어 삶에서 마법을 부릴 수 있도록 우리는 그것을 발견하고 포용하기만 하면 된다.

3.
가장 위대한 마법

현대인들은 사물을 물질적 구성의 총합으로 인식하고, 인생을 바둑판 위의 말들을 조작하는 전략 게임으로 간주하는 기계론적 인생관을 고수한다. 그러나 이러한 접근 방식은 예측할 수 없고 강력한 적과 맞닥뜨렸을 때 충분치 않기에 결국 몰락을 피할 수 없다. 피상적인 측면에만 집착하면 인생의 복잡성과 진정한 의미를 파악하지 못한다.

불멸의 손과 눈

삶을 물질적인 측면으로만 생각하면 공허하고 생명이 없는 것처럼 느껴진다. 그러한 관점에서는 인체를 작은 세포로 분해해도 우리를 살아 있게 하는 불꽃을 찾을 수 없다. 유물론자들이 궁극적으로 발견하는 것은 매가리 하나 없는 죽은 우주의 심연뿐이다. 그러나 모든 삼라만상의 형태에는 목적이 있으며, 그 목적은 우리가 쉽게 이해할 수 있는 것 이상의 정교하고 복잡한 설계에서 비롯된다. 단순히 물리적인 형태가 아니라 그 형태 이면의 정교한 아이디어와 목적이 모든 것을 완벽하게 작동하게 한다.

> 호랑이, 호랑이, 밤의 숲에서 밝게 타네,
> 어떤 불멸의 손이나 눈이
> 그대의 무시무시한 형상을 표현했나?
> ― 윌리엄 블레이크William Blake

동물원의 우리에서 날렵하고 힘찬 호랑이의 걸음걸이를 상상해보라. 낭비되는 동작이나 쓸모없는 부위 없이 특정 기능을 위해 완벽하게 설계된 생명체 같지 않은가? 눈송이의 무수한 기하학적 디자인을 떠올려 보라. 최고로 박식한 과학자가 엄두도 못 내는 디자인이지 않은가? 인간의 사고 보다 백만 배나 우수한 최고의 수학적 사고가 숨어 있다는 것은 경외심마저 들게 한다. 우주의 행성들은 질서정연하게 돌고, 태양계는 우주에 배열되어 있으며, 원자는 복잡하게 설계되어 있고, 생명체의 움직임은 깊고 신비로운 현상이다. 모든 것을 목적에 따라 인도하고 형성하는 '최상위 지성'이 존재한다는 사실을 인정하지 않는 것은 현명하지 못하다. 모든 것은 그 자체로 모든 것을 창조하고 형성하는 이 지성의 무한한 창의성에서 비롯된 것이다. 우리는 우주의 운명을 중재하는 존재가 아니다. 그 운명은 창조주의 손에 달려 있고, 창조주는 명확한 의도를 지닌다. 이 창조주는 우리 각자의 내면에 잠재력과 힘을 최대한 발휘하고 있다.

진화의 궁극적인 결과는 인간이 지구에 출현하기 훨씬 전부터 이미 결정되어 있었고, 태초부터 확립되어 있었다. 이 최상위 지성에는 공간, 시간, 물질을 잉태하고 그 본질이 담긴 무수한 형태의 생명체를 탄생시킬 수 있는 능력이 있다. 공간, 시간, 물질과 같은 개념을 구상하고 자신의 본질이 담긴 다양한 형태의 생명을 창조한 지성이 위기의 순간에, 피조물에 통제권을 넘겨주지는 않을 것이다. 피조물들은 완전히 성숙하지도, 발달이 완료되지도 않았으며 인식이나 이해도 부족하기 그지없기 때문이다. 그러나 인간이 우주를 지배하고 자신의 운명을 결정한다고 믿는 사상가들이 있다. 그들은 자신들의 관점이 편협하고 표면적이며 자아 중심적인 이해에서 비롯되었다는 사실을 간과한다.

별빛 사이를 걷는 발걸음

모든 일에는 숨겨진 원인이 있다. 숨겨져 있다고 표현한 이유는 우리 눈에 보이지 않기 때문이다. 눈에 보이지 않는 이유는 구체적인 형태나 설명이 없기 때문이다. 이 숨겨진 원인은 모든 생명체의 의식 이면에 영원히 편재해 있다. 그렇기에 모든 운명, 결과, 갈등, 해결에 영향을 미친다. 이 힘은 그 존재와 목적의 모든 측면에서 영향을 받지 않고, 느슨한 결말이나 해결되지 않은 갈등은 없다. 이 힘을 지칭하는 몇 가지 이름이 있다. 모든 생명체에 생명을 불어넣는 '우주적 정신universal mind', '신성한 지성divine intelligence', '비밀 자아Secret Self'다. 이 힘은 무한대처럼 광대하고 무한한 능력과 힘을 지니고 있으며, 전적으로 당신 안에 존재한다. 비록 표면적 마음에 숨겨져 있을지라도, 당신 내면에 있는 불멸의 자아다.

이것은 별에 흔적을 남기는 자아, 발아하는 씨앗의 살아나는 복잡한 디자인, 진화하는 존재의 특징과 웅장함, 활기찬 에너지에 그 흔적을 남기는 자아다. 모든 형태를 존재하게 하고, 그 목적이 달성되면 그 형태가 소멸하게 한다. 그것은 단 하나의 본질, 궁극적인 의식, 고독한 존재, 유일한 진정한 존재, 현존하는 유일한 진정한 자아를 나타낸다. 그 본성의 무수한 측면이 삶의 무대에서 펼쳐지고, 각각의 창조물에는 창조주의 지혜와 힘, 지성이 담겨 있다. 각각의 창조물에는 숨겨진 본질, 즉 비밀 자아가 내재해 있다.

인생은 우리의 어깨를 두드린다

"내가 지금까지 알던 '나'도 아닌, 내가 이해할 수 없는 자아를 갖고 있다는 게 뭐가 그리 좋은가?"라고 생각할 수도 있을 것이다. 하지만 좋은 점이 많이 있다. 표면적 마음에 집착하면 인생의 광활한 차원이 보이지 않게 된다. 자신이 어디에서 왔고, 어디로 가는지 확신할 수

97

없으며, 심지어 자신이 어느 날 갑자기 사라지면 어떨지 상상해 보기도 한다. 가장 가까운 별까지 수십억 킬로미터이고, 지구가 처음으로 태양 궤도를 돌고 난 후의 영겁의 세월이 지났다는 사실은 도저히 가늠하기 어려울 정도다. 우리는 다른 사람의 마음을 완전히 헤아리지 못하고, 생명체의 본질을 이해할 수 없으며, 삶의 목적도 온전히 알지 못한다. 이 모든 것이 불가사의다. 그러니 모든 것이 신비롭고, 작은 자아는 그 모든 것에 가려져 있다. 이 자아는 매우 제한적이어서 주변 환경 너머인 것은 거의 인식하지 못하며, 심지어 주변 환경에 대한 이해조차 흐릿하다.

들판의 소는 복잡한 인지 과정이나 주변 환경에 대한 깊은 인식 없이 풀을 뜯고 일상을 보내는 동물로 인식된다. 우리가 소처럼 살면서 인식의 폭을 넓히지 않는 한, 우리는 자아에 집착하면서 괴로운 경험을 피할 수 없다. 자아에 집착하며 살기에 세상은 너무나도 광활하다. 우리는 일상에서 자신이 작고 부족하다고 느끼고 자신의 한계를 의식할 때 두려움, 허무함, 죄책감, 좌절감을 자주 경험한다. 포효하는 사자처럼 힘을 과시하려 하지만, 자아 중심의 삶은 결국 우리의 쥐 같은 본성을 드러낸다. 인생은 우리 각자의 어깨를 두드리고 있다. 우리에겐 두 가지 선택이 있다. 어깨에 인기척을 느끼고 왜 부르는지 이유를 들어보는 것, 혹은 깜짝 놀라 그대로 쓰러지는 것이다. 우리는 최상위 지성을 이루는 상호 연결된 구성요소일 뿐 궁극적인 지배권을 지니지 않는다. 이러한 변화하는 현실을 인식하고 수용하면, 최상위 지능이 우리 안에 완전히 통합되어 인간 잠재력이 최대한 발휘하도록 한다.

터널 시야Tunnel Vision

우주의 중심에는 모든 존재의 근원이 되는 근본적인 힘, 즉 원동력이 존재한다. 이 원동력은 오늘날 우리가 보는 다양하고 복잡하게 설계된 생명체를 탄생시킨 '원초적 지성primal intelligence'이다. 주변에서 볼 수 있는 놀랍도록 다양한 생명체를 창조하고, 세상을 끝없이 변화시키고 설계함으로써 그 존재를 드러내기도 한다. 각 생명체는 별개의 피조물이 아니라 이 본래의 지능이 발현된 것으로, 각 형태 안에 지능의 본질이 존재한다. 그동안 당신은 제한적인 표면적인 자기self나 자아ego로 알면서 살아왔을 것이다. 그러나 그것은 진정한 당신이 아니다. 당신은 우주에 존재하는 모든 다양한 형태를 탄생시킨 원초적 지성이다.

지능과 의식의 본질에 대해 생각해 보면 그 이유를 알 수 있다. 무언가에 깊이 집중하고 완전히 몰입하면 우리는 본질적으로 그 초점의 대상이 된다. 의식은 '터널 시야(터널 속에서 터널 입구를 바라보는 모양으로 시야가 제한되는 것 – 옮긴이)'에 갇히게 되는데, 이때 '최면'이라는 흥미로운 현상이 일어나는 원인이 되기도 한다. 깊은 최면 상태에서는 우리의 의식이 하나의 대상에 집중하여 그 대상과 동일시하고 그 대상을 구현하게 되기 때문이다. 그런 순간 우리는 다른 방식으로 자신을 알지 못하게 된다. 누군가 우리가 '오리'라고 말하면 우리는 꽥꽥거리며 뒤뚱거리기 시작한다. '곰'이라고 하면 으르렁거린다. 그리고 '정치인'이라고 하면 연설을 한다. 우리는 매 순간 오리, 곰, 정치인 등 자신이 어떤 존재라는 말을 들을 때에만, 그 존재와 자신을 동일시한다. 이것은 보편적 지성, 즉 우리의 진정한 본성이 어떤 역할을 맡든 그 역할에 완전히 흡수되어 진정한 자아와 그 본성의 다른 측면에 대한 인식을 잃게 된다는 것을 암시한다. 그렇기에 우리는 우리가 누구인지 알지 못하고, 우리의 관심이 가는 방향에 따라 변하게 된다.

개념적 우주

우주정신, 즉 원초적 지성은 무엇이든 될 수 있는 능력을 지닌다. 오히려 그 본질은 그것이 지니는 관념이기에, 생각으로서 그 안에 뿌리를 내리는 무엇이든 될 수 있다. 이 우주정신의 존재는 순전히 정신적인 존재여야 한다. 그것의 주된 그리고 아마도 유일한 활동은 '생각'이다. 그것은 생각하고 있으며, 각각의 생각은 물질세계에서 하나의 형태로 나타난다. 모든 생각에는 생각하는 사람의 지성이 포함되어 있어, 또 다른 생각을 만들어 낼 수 있다. 깊고 지속적인 개념에 대해 끊임없이 고민하는 사람을 영원한 사상가라고 칭할 수 있다. 어떤 사람이 영원한 사상가의 마음속에 있는 생각이라고 가정해 보자. 그 사람은 그 안에 그 영원한 사상가의 모든 지혜를 담고 있다고 할 수 있다. 이는 편협하고 집중된 사고방식으로부터 자유로워질 수 있는 잠재력이 우리 각자에게 이미 존재한다는 것을 의미한다. 우리의 집중된 인식 속에는 전지전능한 '우주적 정신'이 있다. 따라서 우리에게는 무엇이든 될 수 있고 성취할 수 있는 능력이 있다. 모든 종류의 가능성에 대한 잠재력은 이미 우리 안에 장착되어 있다.

> 짧은 팔이 하늘에 닿으려면 사람이 필요하다.
> 하늘은 그에게 허리를 굽힐 준비가 되어 있다.
> — 프랜시스 톰프슨Francis Thompson

우주적 정신과 자신의 표면적 정신의 관계에 대한 형이상학적인 측면을 어떤 식으로든 파악해야 감각적 반응의 속박, 그리고 상황의 노예살이에서 벗어날 수 있다. 사람들은 자신이 처한 환경으로 인해 고통받는 사람에게 긍정의 주파수에 자신을 맞추라고 훈계하기도 한다. 그런데 사람들이 어려운 상황에서 자신을 방어하지 못하는 것처럼, 긍정적으로 생각하거나 어려운 상황에 직면하는 데 필요한 내면의 힘이 턱없이 부족하다. 표면적 자아의 속박에서 영혼이 해방하도록 용기를 내려면 풍부한 영적 자원이 필요하다. 절대 자유를 향한 여정에서 자신을 유지하기 위해서는 용기가 필수적이다. 특히 비밀 자아라고 불리는 자신의 가장 깊은 내면을 전적으로 신뢰하고 의지하는 용기가 절실하다.

간단히 말해, 개인적인 이익이나 성공을 목표로 하는 것만으로는 표면적 자아가 비밀 자아에 다가갈 수 없다. 이기적인 이유만으로 무언가를 추구하면 시야가 좁아져 우리 안에 있는 광대하고 강력한 본질을 인식하지 못하기 때문이다. 때때로 외적인 도전이나 좌절은 우리를 겸손하고 복종하게 할 수 있지만, 자아의 욕망을 애써 끊어내더라도 대개 단기간에 그친다. 삶이 다시 안정되면 그 자아는 다시 힘을 얻고, 물러서지 않으며, 통제력을 회복하여 내면의 슬픔을 유발할 것이다. 내면의 자아와 진실하고 지속적인 합일을 이루려면 우리가 존재하는 정신적, 영적 영역을 깊이 이해해야 한다. 이 영역에서는 모든 마음이 서로 연결되어 있고, 모든 영혼이 하나이며, 모든 개인이 본질적으로 통합된 전체 중 일부라고 인식한다. 이러한 논리는 믿음이나 신념에 의존하는 것이 아니다. 입증되고 논쟁의 여지가 없는 사실을 명확히 파악하는 데서 비롯된다. 이는 인식의 제고와 정신적 이해의 향상을 통해서만 달성할 수 있다.

영원한 사상가

삶에서 마주하는 각각의 경험은 우리가 그것을 어떻게 인식하는지에 따라 형성되고, 이는 정신의 법칙을 따른다. 마찬가지로 신학과 형이상학에 대한 우리의 견해는 각자인 해석에 따라 형성된다. 인식의 범위와 한계는 우리 마음속에 확고하게 자리 잡은 생각에 따라 정의된다. 요컨대, 각자가 생각하는 하느님의 이미지는 다르다. 우리가 생각하는 하느님의 이미지를 바꾸기 위해서는 하느님에 대한 우리의 관념을 바꿔야 한다. 하느님은 우리 마음과 연결되어 있기에, 본질적으로는 관념에 해당한다. 가장 포괄적이고 완벽하며 명확한 관념이 궁극적인 신성한 존재Godhead를 가장 가깝게 표현한 것이다. 삶이 고단한 이유는 삶을 바라보는 우리의 시각이 편협하고 제한적이기 때문이다. 그 해결책은 우리의 시야를 넓히고 지평을 넓히는 데 있다.

이 책의 근간이 되는 형이상학의 기본 사상은 이렇다. 끊임없이 사유에 몰두하는 영원한 사유자가 존재한다. 그리고 이 사유자가 생성하는 각각의 생각은 사유자와 구별되는 것처럼 보이지만, 실제로는 구별되지 않는다. 생각은 대부분 사유자에게서 나오지만, 다른 요소들도 생각에 영향을 미칠 수 있다. 이때, 사유자는 하느님이자, 생각이 곧 사람이며, 하느님은 생각에 자신을 녹아내었지만, 그 생각에 얽매이지 않고 의식을 확장하여 언제든지 자신을 해방할 수 있다. 자아에 집중할 때 우리는 생각에 사로잡히고 처음에 동기를 부여한 생각에 갇힌다. 하지만 자아 중심의 몰입에서 벗어나면, 우리의 사로잡힘이 깨지기 시작하고 우리 자신을 신성한 존재로 인식하기 시작한다. 이러한 정신적 위치를 부분적으로라도 받아들이는 순간, 우리는 자아를 자극했던 원래의 생각을 바꿀 수 있는 지점에 도달하게 된다. 여기서 우리는 우리가 누구인지에 대한 새로운 개념을 받아들임으로써 자신을 완전히 변화시킬 수 있는 능력을 얻게 된다.

비밀 자아와 우리의 고유한 일치를 명확하게 이해하려면 삶의 명백한 이중성을 꿰뚫을 필요가 있다. 세상에는 다양한 모습이 존재하지만, 근본적인 존재는 단 하나뿐이다. 각 개체는 고유한 형태를 형성하는 특정 수준의 의식을 지닌다. 이 의식은 비밀 자아에서 비롯된 것이지만, 개체의 특정 성격에 흡수되기 때문에 제한적이고 분리된 것처럼 보인다. 우리가 표면적 자신, 즉 자아로 파악하고 있는 것은 매우 제한적이고, 더 넓은 본성과 참된 존재에 대한 지식으로부터 우리를 분리하는 장막이기도 하다. 따라서 무엇보다도 이러한 자아를 제거해야 한다. 즉 자아를 비밀 자아에 온전히 맡기고 종속시켜, 자아가 애꿎게 아등바등 애쓰지 않도록 해야 한다. 무엇보다도 물질세계란 환상, 즉 역동적이고 일시적인 현상인 것을 이해하는 것이 중요하다. 이 사실을 인식하는 것은 영적인 여정을 시작하는 사람들에게 매우 중요한 첫 단계다. 물질은 지나가는 구름처럼 일시적인 장벽으로, 신과의 심오하고 끊어지지 않는 연결에서 우리를 가로막는 장애물이다. 이 개념을 이해한 후에야 비로소 초심자는 세상에 의미 있는 영향을 미치기 시작할 수 있다. 이렇게 표면적 자아를 신성한 자아에 맡기면, 행동에서 더 깊은 힘과 효과가 드러날 것이다.

의식 조절하기

삶에 영향을 미치는 모든 형태의 부족함, 제한, 오작동은 우리의 마음에서 비롯된다. 이러한 문제는 말 그대로 우리의 생각에서 비롯되며, 제한적이고 자기중심적인 의식의 직접적인 결과물이다. 삶의 걸림돌은 우리가 명확하게 보지 못하기 때문에 발생하며, 인생의 길에 장애물을 만든다. 영국의 유토피아 철학자 에드워드 카펜터Edward Carpenter는 마음속에서 방해가 되는 생각을 제거하는 일은 신발에서 돌을 털어내는 것만큼이나 간단해야 한다고 표현했다. 안타깝게도 그렇게 쉬운 일은 아니다. 마음을 들쑤시는 괴로운 생각은 실체가 있는 것이 아니라 무언가가 부재하다는 의미이기 때문이다. 부정적인 상황은 잘못된 인식에서 비롯된다. 우리의 마음이 쉴 새 없이 흔들리는 것은 사물을 정확하게 인식하지 못하기 때문이다. 애초에 존재하지 않는 것을 단순히 떨쳐 내려고 시도하기란 불가능하다. 귀찮은 생각의 존재는 명확하게 인식하지 못하는 제한된 의식의 결과이기 때문이다. 실제로 존재하지 않는 것을 없애려고 노력하는 대신 의식을 확장하는 것이 해답이다. 의식을 확장하면 부족함, 한계, 오작동은 불완전한 정신적 인식으로 인해 지속할 뿐인 것이 분명해질 것이다. 돈, 건강, 사랑, 안전, 내면의 평화와 같은 측면에 초점을 맞춰 긍정적인 사고를 통해 긍정적인 조건을 만들려고 노력할 때, 오히려 어려움을 겪는 이유도 여기에 있다. 끊임없이 불안에 떨고 있는 사람에게 단순히 용기를 북돋아 준다고 해서 마법처럼 두려움이 없는 전사로 변할 수는 없다. 정적인 자기 대화만으로는 근본적인 긴장이 해소되지 않으며, 오히려 남아 있던 작은 자신감마저 빼앗아 상황을 악화시킬 수도 있다.

우리 눈이 검은색으로 인식하는 것을 흰색이라고 확신한다고 해서, 색이 달라지진 않는다. 진정으로 색을 바꾸려면, 내면의 영적 영역이 발달해야 한다. 그래야 검은색에 대한 환상에서 벗어날 수 있다. 두려움은 상황에 내재한 것이 아니라 상황에 대한 우리의 반응에 있다. 두려움을 극복하려면 한때 위협적으로 느껴졌던 상황에서 통제와 안전을 볼 수 있는 지식과 지각을 습득해야 한다. 인간이 사자를 두려워하는 것은 자연스러운 현상이다. 두려움을 극복한다고 사자에 대한 이해 없이 사자를 대면하는 것은 위험에 처할 수 있는 잘못된 방식이다. 사자에 대해 두려움을 극복하려면 사자를 다루는 방법을 배워야 한다. 사자를 통제하는 방법을 익히면 위험 없이 자신 있게 사자와 마주할 수 있다.

진정한 보상은 힘이 아닌, 기술에 주어진다.

그리고 재빠른 것은 지혜로운 것만 못하다.

— 알렉산더 포프Alexander Pope

올바른 영혼의 위치

모든 존재에 대한 유일한 근원은 비밀 자아다. 만물이 비밀 자아에서 비롯된다. 비밀 자아의 다양하고 영원한 본질은 세상의 무수한 생명체에서 드러난다. 비밀 자아는 순전히 정신적인 존재다. 그 본질은 근본적으로 빛과 전기다. 원자에 내재한 엄청난 균형 에너지로 나타나기도 한다. 혹은 분자를 특정한 형태로 가둔 채, 나무나 바위의 모양으로 만드는 보이지 않는 신기한 감옥으로 나타나기도 한다. 그러나 희망과 해방감을 주는 위대한 진실이 있다. 바로 비밀 자아가 피조물과 상호 작용함으로써, 인간의 종이 전체적으로 진화하고, 각 개인이 내적으로도 진화하도록 이끌어 준다는 사실이다. 우리는 비밀 자아와 조화로운 관계를 맺음으로써, 자신을 변화시키고 더 나은 사람이 될 수 있다.

그렇다면, 우리는 비밀 자아를 어떻게 대해야 할까? 비굴함이나 굴욕감을 느낄 필요도, 울며 굴복할 필요도 없으며, 비참하게 체념할 필요도 없다. 개인의 자아보다 자신의 삶을 더 잘 인도하고 끌어올리는 힘에 고의적이고 능숙하게 자신의 삶을 맡기면 된다. 기존의 자아는 분명 그대로 남아 있다. 표면적 자아는 그대로 있지만, 이제는 더 강력한 힘을 가진 차량에 몸만 실으면 된다. 이전보다 더 폭넓은 인식으로 삶을 이끌 수 있다. 자아와 비밀 자아 사이에 적절한 균형이 생기면, 무한한 가능성이 펼쳐지는 강력한 영혼의 경지에 도달할 수 있다. 따라서 영혼 내면의 목소리에 귀 기울이는 능력을 키우라. 자아 너머의 무언가에 의식적으로 통제권을 넘겨줄 때, 신의 음성이 분명해진다. 이러한 내면의 안내는 내면의 지각력을 높여주며, 상황 속에서 숨겨진 진실을 직관적으로 파악할 수 있게 한다. 신비롭게도 의식이 확장되어 사람, 사물, 상황의 본질과 하나가 된다. 그 결과, 당신의 행동은 주변 환경, 그리고 마주하는 사람들과 완벽하게 조율하여 실수나 잘못 없는 무오류의 감각을 지니게 된다.

자아의 감옥에서 탈출하기

상상력은 자아의 감옥을 여는 열쇠이다. 우리 각자는 자아라는 열악한 네 개의 벽 안에 갇혀 있다. 이 감금, 즉 우리에게 병을 불러오는 사면초가의 상황이 우리를 힘의 원천으로부터 멀어지게 한다. 비밀 자아의 정신적 본질은 상상력이다. 상상력은 한순간에 모든 경계, 모든 공간, 모든 시간을 아우를 수 있다. 인간이 단지 육체적 동물이라면, 공간과 시간의 거대한 심연에서 고군분투하는 무한히 미미한 존재에 불과할 것이다. 하지만 정신적 존재이기에 물질과 생명의 구조를 모두 인식하고 이해할 수 있다. 또한 마치 우주라는 직물에 복잡하게 꿰매어진 듯, 우주의 근본적인 측면과 깊고 본질적으로 연결되

107
3. 가장 위대한 마법

어 있다. 상상력은 그 근본을 이해하는 데 원동력이 된다. 상상력은 당신과 비밀 자아와의 연결 고리다.

영국의 시인이자 작가인 존 메이스필드John Masefield는 "인간은 몸과 정신, 그리고 상상력으로 구성된다. 몸에는 결함이 있고, 정신은 믿을 수 없지만, 상상력은 인간을 위대하게 변모시켜 왔다. 몇 세기 동안 인간의 상상력 덕분에 모든 긍정적이고 아름다운 기운을 강렬히 발현할 수 있었다"라고 적었다.

우리가 마음속에 이미지로 간직하고 있는 것이 외부 세계에서 실현될 확률이 높다는 사실은 잘 알려져 있다. 이는 우리가 세상 자체를 변화시켰다는 뜻이 아니다. 우리의 생각, 신념, 경험 및 문화적 영향은 우리가 주변 세계를 해석하고 이해하는 방식을 형성하고, 이러한 요소는 우리가 현실을 바라보고 해석하는 렌즈를 만든다는 의미다. 따라서 의식을 변화시키면 사물을 인식하는 방식이 달라진다. 의식은 종종 외적인 자극으로부터 영향을 받는다. 부유한 환경에서 태어난 사람들은 일반적으로 번영에 대한 사고방식을 체화하며 평생 풍요로움을 경험할 확률이 높다. 반대로 빈곤한 환경에서 태어난 사람들은 결핍과 궁핍에 대한 사고방식이 스며들어, 끊임없는 부족감에 시달리게 된다. 우리는 이처럼 어느 정도는 주변 환경의 포로가 되기도 한다. 그러나 우리의 상상력에 바로 해방의 열쇠가 놓여 있다. 의식을 형성하는 정신력을 창의적으로 사용함으로써, 삶을 변화시키고 재구성할 수 있는 능력이 생겨난다.

상상력은 원하는 방식으로 의식을 형성할 수 있다. 상상력을 효과적으로 활용하면 모든 상황과 환경을 재단할 능력을 발휘할 수 있다. 주변 상황과 사건에 질질 끌려다니지 않아도 된다. 내면의 목표와 열망에 부합한 정신적 이미지를 생성할 수 있다. 반대와 낙담 말고는 하늘 아래 그 어떤 것도 목표와 야망을 막을 수 없다.

시각화

내면에서 이미지를 만들어 내는 정신적 능력은 놀랍기 그지없다. 상상력을 발휘해 순식간에 색과 소리로 가득 찬 장면과 사건을 떠올릴 수 있다. 마음속에서 시각화한 이미지가 현실에서 펼쳐진다. 우리 존재에 대한 근본적인 진리이기도 하다.

우리는 항상 우리 의식에 뿌리를 내리며 살아가고 있다. 우리의 존재는 의식 이상도 이하도 아니다. 그런데 우리에게 부정적이거나 제약이 되는 모든 걸 차단하기로 할 때, 우리는 단순히 주어진 상황과 사건에 반응만 하는 삶이 아닌, 주체적인 선택의 결과로 삶을 만들어 가는 여정을 시작한다. 내면의 신성은 우리의 생각과 정신에 있다. 우리 존재가 놀라울 정도로 신비로운 이유는 손, 눈, 심장, 신장, 심지어 뇌를 갖고 삶을 살아가기 때문이 아니다. 바로 생각하고, 상상하고, 창조하고, 결정하는 능력이 있기 때문이다. 요술 램프 지니jinni와 같은 신비로운 존재로부터 오묘하고 위대한 선물을 받은 우리는 무슨 생각을 할 것인지 스스로 선택할 수 있고, 따라서 우리의 운명도 결정할 수 있다.

모든 창의성은 표면적 자아와 비밀 자아와의 관계, 그리고 상상력이 비밀 자아에 가하는 역동적 효과에서 비롯된다. 작가들은 글을 쓸 때 먼저 표면적 자아를 집필에 힘을 주는 '뮤즈muse'에 빙의시킨다. 술술 글을 쓰게 도와주는 뮤즈muse에 의탁하는 순간, 좋은 글, 영향력 있는 글이 써진다. 그런 다음 자신의 이야기와 캐릭터에 상상력을 집중하고, 실제 자신과는 전혀 무관한 것처럼 보이는 과정을 통해 등장인물들이 움직이기 시작하고 개성을 드러내며 이야기가 펼쳐진다. 작가는 이야기를 임의로 '조작'하는 것이 아니라, 주변의 의자나 책상과 같은 사물처럼 마음속에서 시각화하는 인물과 상황을 쏟아낼 뿐이다. 작가의 마음속에서 일어나는 생각과 경험이 지극히 개인적이고 영향력을 발휘한다. 작가는 이러한 정신적 과정을 자신의 필수적인 부분으로 인정하고, 마음속의 흠집 내기와 인물이 추상적인 요소가 아니라 적극적으로 이해나 관점을 형성하고 변화시킨다는 것을 인식한다. 즉 스토리텔링Storytelling(Story와 Telling을 합친 단어로 주인공(캐릭터), 플롯plot 등이 있는 이야기를 통해서 내용을 전달하는 것)이 작가의 생각과 정체성에 심오하고 즉각적인 영향을 미친다. 작가의 마음은 강력하고 상징적인 드라마가 펼쳐지는 역동적인 무대와 같다. 정신적 화면에서 구상하는 내용은 저자의 심오한 일부가 되어 의식을 형성하고 변화시킨다. 작가는 단순히 글을 쓰는 사람이 아니라, 우리가 품고 있는 정신적 이미지와 생각에 따라 우리의 마음이 형성되는 것처럼 작가가 구상하는 책이 자신에게 심오한 영향을 미친다는 의미다.

완벽을 향한 씨앗

영혼의 진화 관점에서 보면, 우리는 아직 유아기에 있다. 영혼은 수많은 형태의 변화를 쉴 새 없이 겪고 있다. 그런데 우리는 자신을 구체적인 존재, 경계가 있고 변하지 않는 존재라고 생각한다. 게다가 자신에 관해 이야기하거나 성찰할 때, 우리는 자신이 어떠한 사람인지 명확히 이해하고 정체성을 잘 알고 있다고 확신한다. 그러나 사실 우리는 우리 자신을 알지 못한다. 게다가 인생의 매 순간이 결코 같을 수 없다. 자신을 물리적 실체로 바라보면 자아가 변화하고 있다는 사실이 명확해진다. 만약에 가족이 30년 동안 떨어져 지내며 만나지 못했다면, 30년 만에 서로를 알아보는 데 어려움을 겪을 것이다. 그만큼 자아가 크게 변했기 때문이다. 의식이 어떠한 변화를 겪을지 생각해 보면, 우리의 표면적 마음과 자아ego가 세상에 나온 이후 얼마나 많은 형태로 '자신self'을 경험했는지 알 수 있을 것이다.

"먼저 아기 역할, 유모 품에서 침 흘리고 칭얼대지요. 다음은 불평하는 학생 역할, 아침에 해맑은 얼굴로 가방 메고, 달팽이 걸음으로 마지못해 학교에 가죠. 다음은 연인 역할, 용광로처럼 한숨 쉬며 애인의 눈썹을 찬양하는 서글픈 시를 읊지요. 그리고 군인 역할, 표범 수염에 생소한 서약을 늘어놓고, 명예욕에 불타며, 성급하고 쉽게 싸움에 뛰어들고, 심지어 포탄의 총구 앞에서도 물거품 같은 명성을 좇지요. 다음은 법관 역할, 두둑한 뇌물로 배는 살이 쪘고, 준엄한 눈초리에 위엄있게 깎은 수염을 과시하며, 유식한 문구와 최근의 판례들을 줄줄이 입에 담으며 그의 역할을 연기하지요." 셰익스피어는 실제로

3. 가장 위대한 마법

인생의 여정에서 비밀 자아가 착용하는 수많은 가면을 인식했다. 이 진술은 자신에게 지나치게 관심을 가지고 인정받으려고 노력하며 특정 정체성을 내세우는 사람들은 자신이 마음속에 만든 이미지로 자신을 형성할 확률이 높다. 이러한 자기 홍보의 이면에는 환상이 존재하며, 인지된 정체성이 개인의 진정한 본질을 정확하게 반영하지 않을 수 있다는 의미다.

자신에 대한 인식이 커지면, 광활하고 신비로운 우주에 대해 두려움이 생겨나게 마련이다. 평화롭게 풀을 뜯고 사료를 씹는 소에게는 이러한 두려움이 존재하지 않고, 자의식이 없고 본능에 따라 주변 환경에 반응하는 복잡한 생물학적 개체 – 신경과 혈액, 조직의 복잡한 다발 – 로 살아갈 뿐이다. 소는 자신의 정체성이나 광활한 세상에 대해 무관심하며, 본능이라고 하는 일련의 확립된 반사 신경에 따라 주변 상황에 반응한다. 별을 보지 못하기 때문에 세상의 크기, 자신이 세상과 분리되어 있는지, 세상 일부인지, 심지어 존재하는지에 대해 궁금해하지 않는다. 인간의 고유성은 상상력과 고도의 자각을 통해 자신과 자아, 표면적인 마음을 알 수 있는 능력에 있다. 의식 속에 정제된 이러한 지식은 인간을 다른 모든 생명체와 차별화한다. 자신을 인식하는 것은 인류의 특징이며, 비밀 자아의 진화적 발전의 정점을 나타낸다. 인류는 오랜 세월에 걸쳐 내적 진화를 거듭해 왔고, 앞으로도 진화는 멈추지 않을 것이다. 머지않아 현생 인류가 유인원보다 더 높은 의식을 가진 지적, 영적 거인으로 구성된 새로운 종족이 지구에 나타날 것이다. 이들에게는 우주와 시간과 차원의 비밀이 밝혀질 것이고, 행성과 행성, 별과 별을 오가며 온 우주를 고향으로 삼을 것이다.

> 이 넓은 지구에서,
> 무수히 많은 쓰레기와 찌꺼기 속에서,
> 중앙의 심장 속에 안전히 둘러싸여
> 완벽한 씨앗을 품고 있네.
> ― 월트 휘트먼Walt Whitman

별 관찰자

천문학을 천직으로 삼는 사람들은 종종 철학적 사고방식을 가지고 있다. 인간의 육체적 자아를 무색하게 하는 광활한 우주를 연구하다 보면, 삶의 시작과 끝, 인류의 운명에 관심을 가질 수밖에 없기 때문일 것이다. 장엄하게 빛나는 하늘의 광활한 광경을 바라보고 있노라면 경건함과 경외심을 불러일으키고, 최고의 지성이 빚어낸 장인 정신에 감탄하게 될 것이다. 천문학자 알폰스 스털링Alphones Sterling은 천문학과 철학을 복수 전공했다. 그는 평생에 걸쳐 천문학의 연장선상에 철학이, 철학의 연장선상에 천문학이 있다고 주장했다. 그러나 두 가지 방향으로 노력했어도 스털링은 둘 중 어느 쪽에서도 주목할 만한 성공을 거두지 못했다. 그는 이렇게 말하곤 했다. "나는 그저 기계공일 뿐이다. 어떤 사람들은 다른 사람들이 떠올린 아이디어 조각을 맞춰야 하는 운명을 갖고 태어난다. 난 조각을 맞추는 사람이다."

그러나 그것이 사실인 듯해도, 그가 자신에 대한 이러한 판단에 만족하지 않는다는 것을 쉽게 알아차릴 수 있다. 어느 천문대에서 일하던 그가 맡은 업무는 목록 작업이었다. 이론적 확률과 탐사 작업은 다른 사람들에게 맡겨졌다.

한편, 스털링은 철학에 관련된 업무에서도 비슷한 상황이 펼쳐졌다. 그는 온갖 철학 사상을 꿰뚫는 걸어 다니는 백과사전이었다. 플라톤Platon, 데카르트Descartes, 흄David Hume, 로크John Locke, 노자老子의 철학서뿐만 아니라, 바가바드 - 기타Bhagavad-Gita(산스크리트어로 '거룩한 자의 노래'라는 뜻으로, 700구절의 시로 구성된 인도인들의 정신적 지침서 - 옮긴이)에 등장하는 구절이 어느 페이지, 어느 부분에 등장하는지도 알고 있었다. 그러나 그 모든 철학을 수용했지만, 그의 마음 깊숙이 뿌리를 내린 사상은 없었다. 자신이 신봉하는 철학이 있다고 밝히지도 않았다. 그렇게 오랜 세월 동안 온갖 사상을 연구하고 습득했는데도 그는 마치 지적 수렁에 빠진 듯했다. 척박한 환경에서 발판을 마련하기 위해 고군분투하듯, 그의 관념은 뿌리를 내리지 못했다.

누구나 그렇듯, 시간이 흐르면서 스털링은 미래를 예측하는 것만큼이나 과거를 되돌아볼 수 있는 시점에 이르렀다. 그런데 과거를 회상하는 것 자체가 그를 괴롭혔다. 갑자기 그는 앞으로 30년 동안 같은 일상을 반복하는 것은 견딜 수 없겠다고 느꼈다. 그래서 그는 다른 직업을 탐색하거나 현재 직업에서 새로운 의미를 찾아야겠다고 생각했다. 그는 내게 도움을 요청했다.

"제가 놓치고 있는 것이 무엇일까요?" 그는 물었다. "마치 태어난 순간부터 내게서 무언가가 빠져나간 것 같아요. 삶의 의미를 못 찾겠어요. 저는 천국, 사람들의 논리적 사고, 인간의 지적 논리와 집중력에서 패턴과 질서를 파악할 수 있어요. 그러나 큰 최상위 자아의 질서가 나와 무슨 관련성이 있는지 감이 안 와요. 내 존재 자체가 왜 세상과 그 안에서 일어나는 일들과 어떤 연결 고리가 있는지 모르겠어요."

"당신이 없는 세상을 상상할 수 있나요?" 그에게 물었다.

"물론이죠. 오히려 훨씬 더 좋지 않겠나 싶어요."

"이 세상에 당신이 존재하지 않던 시절이 있다는 생각을 해보시오. 현세의 삶이 끝난 후에도 당신이 계속 존재하리라는 점을 어떻게 확신할 수 있나요?"

"그런 확신이 없습니다. 현세가 전부라고 생각합니다. 여기서 막이 내리면 그게 끝이죠."

"그런데 세상의 유형과 질서를 말하지 않았나요? 어떤 공동의 목표를 향해 인류가 명백한 공동의 노력을 하고 있다는 사상들을 접했을 테니까요."

"그 개념은 제가 아닌 다른 사람들의 사상이죠. 사실 저는 그런 기조나 사상에 동참하거나 이해할 수도 없습니다."

"당신이 관찰하는 주변 환경으로부터 어떻게 자신을 분리할 수 있나요? 모든 생명체가 생명체를 인도하는 중심적인 지성 일부라고 생각한다면, 당신도 그 중심적 지성의 일부일 겁니다. 이 땅에서 일어나는 모든 현상에 최상위 존재가 현존한다면, 그 존재가 발현된 각 개체는 최상위 존재를 표현하고, 그 존재와 분리되지 않은 상태에 있습니다."

"그건 아닌 것 같은데요. 당신은 그저 논리대로 설명할 뿐인 것 같아요. 저는 제 감정을 말할 뿐이에요. 세상은 잘 돌아가는데, 저만 겉도는 느낌 같아요."

"그렇다면 당신의 문제는 이기심입니다."

스털링은 의자에서 거의 뛰어내릴 뻔했다. "이기심이라고요?" 그가 외쳤다. "아내, 그리고 자식 네 명을 부양하느라 열심히 일하고 있고요. 교회 이사회에서 임원으로 봉사하고, 상공회의소에서 지역 사회 경제를 위해 활동하고 있어요. 봉사 단체 네 곳에서도 활동하고 있고요. 인생의 절반은 남을 위해 봉사하는 데 보내고 있는데, 제가 이기적인 사람이라고요?"

"다른 사람에 관한 관심이 부족하다는 뜻이 아닙니다. 자기 자신에게 지나치게 관심이 많다는 뜻입니다. 자신의 존재를 완전히 구분하고 고립시키는 사람은 자기밖에 모르는 이기적인 사람입니다. 그런 사람은 자신이 설정한 한계를 넘어 자신의 의식을 확장할 수 없습니다. 따라서 모든 생명, 모든 존재와의 일치를 인식할 기회가 전혀 없습니다."

"그럼 어떻게 하면 될까요?"

"변화하기 위해 노력하고 시도하면 됩니다. 당신이 삶의 무의미함에 계속 저항하는 한, 당신은 삶의 베일Veil을 벗기고 실체를 더할 것입니다. 자아를 키우면, 거짓 현실을 만들어 냅니다. 결국, 당신은 상황의 본질을 보지 못하죠."

"높은 수준의 영적 깨달음을 아는 것만으로도 그 경지에 도달할 수 있다는 뜻인가요?"

"어쩌면 그렇게 간단할 수도 있습니다. 확실히 정신 그 너머에 있는 지식을 받아들이기 위해 정신세계의 문을 열면, 그제야 비로소 그러한 지식을 받아들일 위치에 도달합니다. 이것이 바로 의식의 변화가 아닐까요? 닫혀 있고 뚫을 수 없던 것이 이제는 열려 있고 수용하게 된 상태죠. 이것이 바로 의식을 확장하는 비결입니다."

"의식을 확장하려면 세상에서 고립되어야 하나요? 세상을 등지고 고독하게 살아가야 하나요?"

"절대 아닙니다. 의식을 확장하기에는 일상 업무와 활동 영역이 도움이 됩니다. 자신의 관점에서 벗어나 각 활동에 온전히 몰입하세요. 함께 관여하는 다른 사람의 관점에서 느끼고 생각하려고 의도적으로 노력한다면, 의식의 문이 열릴 것입니다. 빛이 밝혀질 것입니다."

스털링은 한 번 해보기로 했다. 그는 하늘을 탐험하는 것은 언제나 자신과는 별개의 일이었다고 말했다. 그는 침범당한 듯한 느낌으로 광활한 우주를 바라보다가 자신이 눈에 띄지 않는 점 위에 있는 미미한 점이라는 사실을 깨달았다. 그래서 그는 하늘 전체가 자신의 의식 안에 있다는 이론을 연구하기로 마음먹었다. 그의 호기심을 불러일으킬 만한 주제였다.

몇 달 후 그는 새로운 신성을 발견했다. 그리고 1년 만에 수소의 지속적인 생성에 관한 논문을 발표했고, 논문은 널리 호평받았다. 그는 동료들에게 이렇게 말했다.

어떤 문제에서 분리되어 있으면 문제의 핵심을 꿰뚫는 것은 불가능합니다. 어떤 신비한 방식으로 우리는 모두 같은 의식을 공유하고 있으며, 우리의 행동과 우리 자신을 분리하는 벽을 무너뜨릴 수 있을 때, 일종의 직접적인 체험을 통해 그 의미를 파악할 수 있기 때문이죠. 이것을 직관이라고 부를 수도 있겠지만, 사실 직관은 그 이상입니다. 그것은 마치 당신이 알고자 하는 대상이 됨으로써 절대적으로 대상을 알게 되는 것입니다. 이 말이 비현실적으로 신비롭게 들린다면 내게 일어난 현상이라고 말할 수밖에 없습니다. 나는 신성을 보았기 때문이 아니라 그곳에 있다는 것을 알았기 때문에 신성을 발견했습니다. 내가 불변의 창조론을 옹호할 수 있었던 것은 내가 수학적 천재이기 때문이 아니라 그것이 사실인 것을 마음속 깊이 알고 있었기 때문입니다.

표현되지 않은 것 표현하기

칼 융Carl Jung은 "우리는 동물적 의식으로 퇴행할 수 없으므로, 더 높은 의식으로 나아가는 더 힘든 길만 남아 있다"라고 적었다. 인간의 거의 모든 병, 두려움, 죄책감, 적대감, 좌절감은 어디에서 비롯될까? 인간에겐 동물의 무감각함이 없지만, 표면적 자아의 한계를 넘어 인식을 확장하지 못했기 때문이다. 우리가 표면적인 자아에 묶여 있는한, 삶은 감당할 수 없는 짐이 될 것이다.

그런데 희한하게도 이 간단한 교훈을 전달하는 것이 얼마나 어려운지 모르겠다. 자아 – 자기ego-self(자각적이고, 자기중심적이며, 이기적인 자아 – 옮긴이)가 비밀 자아는 별개라는 어리석은 인식이 워낙 만연해 있다가 보니, 어떤 설득, 예시, 증거로도 오해를 풀기가 어렵다. "뭐가 됐든, 일만 잘 처리된다면 상관없다"라는 태도다. 자아 – 자기의 분리가 생활에 전혀 효과적이지 않다는 것을 깨닫지 못할 수도 있다. 그럴 경우, 외적인 자극에 기계처럼 작동하는 삶을 사는 셈이다. 물질적으로 풍요한 삶을 사는 한, 현재의 의식 수준에 만족하고, 무감각함에 묶여 있으며, 열망하지 않으므로 의식을 확장할 수 없다. 동물처럼 비몽사몽인 의식의 상태로 존재하는 것. 영혼의 어떤 영역도 충족시키지 못한다. 사람들이 내면에 무한하고 영원한 존재를 품고 있다면, 의무적으로 그것을 표현해야 한다. 그렇지 않으면 그들의 영혼을 잃게 된다. 표현되지 않은 것은 결국 존재하지 않기 때문이다.

우주가 시작된 이래, 오랜 시간 동안 무언가가 끊임없이 위로, 그리고 앞으로 나아갔다. 그것은 최초의 희뿌연 안개 속에서 자신을 스스로 모았고, 지구의 가장 어두운 구석과 바다의 깊은 곳, 가장 건조한 사막에 생기를 불어넣었다. 공간과 물질이 있는 곳에는 반드시 생명도 존재한다. 모든 피조물에는 진정으로 무생물의 개념이 없기 때문이다. 하나의 의식, 지성, 생명은 숨겨져 있고 발견되지 않은 측면을 지속해서 더 풍부하고 다양하게 표현하기 위해 노력한다. 삼라만상은 한 가지로부터 만들어지고, 한 방향으로 발전한다. 모든 길은 비밀 자아의 중심부에서 각자의 집을 찾을 수 있는 무한한 장소로 수렴된다. 우리는 4차원 공간의 복잡한 유형과 원자의 복잡한 응집력에 반영된 무한한 지능으로 지구와 행성을 형성한 힘이다. 우리가 타인과 자신에게 보여주는 겉모습을 버리고 자아를 내려놓으며 더 넓은 의식을 탐구한다면, 우리가 중심에 있을 뿐만 아니라 전체를 아우르는 살아 있는 우주가 눈 앞에 펼쳐질 것이다.

더 높은 의식

아직 인간이 도달하지 못한 의식의 차원들이 있다. 수많은 미지의 정신적 영역이 인류에 의해 지적으로 탐구되길 기다리고 있다. 인간은 바다를 건너고 극지방을 방문하고 지금도 우주로 모험을 떠나고 있을지 모르지만, 지금까지 인간의 기원이나 운명조차 알지 못한다. 기원이나 운명은 인간 인식의 비활성 지층에 숨겨져 있다. 모든 걸 피할 수 없는 원인은 마음이다. 물질적인 것, 실체적인 것이 만들어지기 전에는 그러한 창조에 대한 사전 지식이 있어야 하고, 그 사전 지식은 지적인 존재인 마음만이 가질 수 있다. 따라서 창조의 도가니에서 생각은 항상 사물에 선행하며, 생각 자체는 생각이 형성되는 과정으로 맺은 결실, 즉 사물이 된다. 의식이 깨어 있는 삶은 사고하는 삶이다. 즉 의식한다는 것은 생각한다는 것이다. 생각한다는 것은 생각에 형태를 부여하는 것이다. 모든 의식은 삼라만상을 움직이는 원동력이다. 생각이 의식에 각인되는 순간, 의식은 생각에 형태를 부여하기 때문이다. 그러므로 존재하는 모든 것은 의식에 의해 존재한다. 그것은 오로지 원초적 지성으로부터 만들어지고, 원초적 지성의 마음속에 있는 관념 또는 생각이기 때문에 존재하게 된다. 사물이 창조될 때, 그 사물에는 그 사물을 만드는 데 관여한 근본적인 지능이 녹아 있다. 또한 창조된 개체와 그 개체가 구현하는 지능은 창조자의 지능과 유사해진다. 창조된 개체는 점점 더 창조자를 닮아간다. 단지 그 형태를 부여한 관념의 한계로 인해 달라질 뿐이다.

변화를 이끄는 힘

피조물 하나하나에 확대된 의식이 스며들면, 태초에 형태가 부여된 관념의 속박에서 벗어날 수 있다. 이에, 피조물은 원초적 지능과 연결되어 원초적 지능의 힘을 활용할 수 있게 된다. 이 지능을 더 많이 이해하고 포용할수록 더 큰 힘을 얻을 수 있다. 다시 말해, 조물주는 피조물인 우리가 우리의 한계에 얽매이지 않도록 창조했다. 우리는 내면의 더 넓은 의식으로 눈을 돌려 그 의식이 우리 삶에 나타나도록 요청할 수 있고, 우리의 인식, 지각, 지식을 확장하여 지금까지와는 다른 더 나은 사람이 될 수 있다.

위대하고 원초적인 지성의 창조된 표현들이 그 지성에 대한 완전한 지식과 인식으로 성장하고, 그렇게 함으로써 하나가 되는 것, 이것이 분명히 생명 자체의 목적이다. 삼라만상은 신성의 표현이며, 신성은 무수히 많고 다양한 표현들 각각에서 부분적으로만 드러나지 않고, 그 표현들 각각에 완전히 내재해 있다. 비밀 자아의 전지전능함은 당신 내면에 있다. 이 위대한 창조주가 오로지 전적으로 당신 내면에 자리 잡고 있다. 창조주는 당신 안에 숨 쉬고 있다. 당신의 자아가 정해 놓은 틀, 그 속박을 훌훌 털어버릴 수 있을 정도로 당신의 삶을 확대할 준비가 되어 있고 그러한 능력을 지니고 있다. 만물의 숨겨진 원인은 창조의 배후에 있는 근원적 지성primal mind이다. 그것은 각 피조물의 의식에 따라, 근원적 지성이 품고 있는 이미지에 따라, 피조물에 전달된다. 우리가 세상에서 관찰하는 현상들은 끊임없는 생각들의 흐름이 현실화한 것이다. 생각이 사물을 창조하기 때문이 아니라, 우리의 의식을 점유하는 것들만 생각으로 인식하기 때문이다. 정신적으로 시각화할 수 있는 모든 것은 이미 현실 속에서 존재하고 있다. 무언가의 이미지를 떠올리며 시각화되기 위해서는 궁극적 지성ultimate intelligence의 마음속에 이미 구상되어 있어야 하기 때문이다. 따라서 비밀 자아의 관점에서 볼 때 완전히 새로운 생각이나 아이디어라는 개념은 없다. 다만, 각 생각이나 아이디어는 그것을 이해하는 개별 주체 의식의 고유한 관점에 따라 새롭게 간주할 뿐이다. 이 개념이 개인의 의식에 내재하는 순간, 외부 세계에서 그 개념이 가시적으로 나타나는 것을 관찰할 수 있다. 마치 그 아이디어가 그 사물을 존재하게 한 것처럼 보일 수 있지만, 실제로는 그 사물은 이미 비밀 자아의 마음 영역에 존재하고 있었으며 단지 개인의 의식에 의해 인식되기를 기다렸을 뿐이다.

우리는 있는 그대로 모습만 본다

여섯 사람이 길모퉁이에 서 있다고 가정해 보자. 그들의 의식 세계가 각자 다르기에, 각자는 다른 사람이 알아차리지 못하는 장면을 목격할 수 있다. 이는 이미 객관적으로 입증된 사실이기도 하다. 그중에서 부동산 중개업자는 주로 공터의 부동산 가치에 관심을 가질 수 있을 것이다. 또 다른 사람은 의사인데, 보행자의 불규칙한 걸음걸이에 집중하고 있을 수도 있다. 광고회사 담당자는 약국 꼭대기에 있는 빈 광고판에 주의를 집중할 수 있을 것이다. 교통 체증에 신경 쓰는 할머니, 경쟁사의 새 모델에 관심이 많은 자동차 영업사원도 있다. 약국에 페인트칠이 필요하다고 생각하는 시공사 담당자가 있을 수도 있다. 이처럼 각기 바라보는 세상의 모습이 다르다. 인간은 무한한 다양성을 지니기 때문에 같은 길모퉁이에서 똑같은 시각을 지닌 사람들은 단 한 명도 없다. 우리가 보는 것은 항상 의식의 결과물이기 때문이다. 우리는 이미 마음속에 정신적 이미지로 형성된 것만 인식한다. 관찰하는 대상은 우리 자신의 정체성과 본성에 의해 제한된다.

이 사실에서 벗어날 수는 없다. 이는 존재의 기본 법칙이다. 존재의 기본 법칙은 의식을 좁히거나 넓히는 역할을 할 수 있다. 어떠한 경우라도 의식은 쉬지 않고 작동한다. 피할 수 없는 의식의 사용을 통해 우리는 내면의 자아를 축소하거나 강화할 수 있다. 이때 중간 지점은 존재하지 않는다. 우리는 내면에서 저주받기도 하고 축복을 받기도 한다. 저주를 내릴지, 축복을 내릴지는 심판자 위치에 있는 '자아'이다. 그런데 자아는 처음부터 의심할 여지 없이 기만한 엉터리 심판자이다. 그러나 자아를 비밀 자아에 종속시킬 때, 우리는 의식을 확장하고 인식을 높여 성장과 힘의 법칙을 완전히 활용할 수 있다. 그러나 자아가 왕으로 군림하는 한, 우리는 좁은 경계 안에 의식을 가두는 폭군의 노예가 될 것이다.

개척자

인류가 비밀 자아와의 합일을 발견하기 위해 걸어가는 길은 의심할
필요 없는 확실한 길이다. 그 길을 발견하는 것이 바로 내적 진화의
목표이기도 하다. 언젠가 지구는 비밀 자아가 완전히 드러난 지적이
고 영적인 거인 종족이 점령하게 될 것이다. 길이 명확하게 표시되어
있지는 않지만, 개척자들은 단독으로 모험을 떠난다. 말하자면, 눈앞
에 보이는 길을 따라 여정에 나선다. 그런데 목적지만큼이나 여정에
서도 만족감을 느낄 수 있을 것이다. 곧바로 모험이 시작되면서, 영혼
을 자극하는 흥미진진한 경험과 심오한 지적 자극이 펼쳐질 것이기
때문이다. 이러한 개척자 뒤에는 미묘하게 동요되며 서서히, 그러나
끈질기게 전진하는 인류가 따라오고 있다.

　　토머스 칼라일Thomas Carlyle이 말했다. "고독한 마음에서 생성된,
아니 오히려 하늘이 내린 생각의 번개 불꽃이 다른 마음, 수천 개의
다른 마음에서 그 명백한 형상을 일깨우고, 모두 합쳐진 불로 함께
타오른다."

4.
자기 통달 Self-Mastery ('자기 숙달', '자기완성')

르네상스 미술사학자 버나드 베렌슨Bernard Berenson은 말했다. "완전한 삶이란 비자아non-self와 완전히 동일시되어 죽어야 할 자아가 남지 않는 삶일 수 있다." 이러한 영적 열망은 표면적 자아 – 자아 – 자기ego-self – 와 최상위 자아 사이의 균형 잡히고 조화로운 연결을 구축하여 궁극적으로 자기 통달의 경지에 도달하는 것을 추구한다.

자아 – 자기ego-self를 이용해 자아 – 자기를 통제하려는 것은 어리석다. 무언가를 통제하려면, 통제의 대상과 주체가 별도로 존재해야 하는 특성 때문이다. 통제받아야 할 대상이 자신을 지배하려 한다면 인격의 균형과 방향성을 달성할 수 없다. 통제해야 하는 것은 자아이고, 통제력을 발휘해야 하는 것은 비밀 자아이며, 진정한 자기 통달은 존재의 더 깊은 곳에서 최상위 자아와 동일시될 때 도달할 수 있다. 그러면 우리는 원초적인 생명력과의 합일을 통해 우리 자신의 자아를 형성하고, 자아를 통제하고, 삶의 목적에 맞게 다져서 모양을 만들 수 있다.

잠재 의식적 자극

각자의 자아에는 수많은 잠재 의식적 충동과 본능이 내재해 있다. 이러한 충동과 본능은 영적인 영향에 따라 움직이는 경향이 있다. 우리는 의사결정을 내릴 때 거의 항상 자아-자기가 느끼는 죄책감, 두려움, 시기심에 영향을 받는다. 그 결과, 우리는 그 어떤 것도 진정으로 자유롭게 결정할 수 없다. 모든 결정은 잠재의식에서 비롯되고, 우리의 의식 아래 숨어 있는 기억을 바탕으로 한다. 과거의 경험이 자아에 기쁨을 주었든 고통을 주었든 간에 결정에 영향을 준다. 결과적으로, 우리가 현재 내리는 선택은 종종 과거 사건에 뿌리를 둔 자아의 반응에 이끌려 내려진다. 따라서 결국 우리는 과거의 노예에 머물러 있다.

그런데 자아의 이러한 반응을 애써 꺾는 것은 불가능하다. 예를 들어 고소공포증이 심한 사람은 단순히 높은 곳에 노출되는 것만으로는 공포증이 치료되지 않는다. 무리해서 높은 곳에 올라가게 하면 오히려 성격만 버리게 만들고, 오히려 압도적인 공포와 히스테리를 유발할 수 있다. 이렇게 고통을 겪고 있는 개인은 자아-자기의 중요성을 변화시켜야만 두려움을 극복할 수 있다. 자아-자기를 의식의 최전선에서 멀어지게 하고 비밀 자아와의 동일시를 통해 더 깊고 고매한 존재감을 받아들이려는 노력이 필요하다. 그렇게 한다면, 그들의 삶은 고통과 쾌락에 대한 단순한 생물학적 반응이 아닌 정신적, 영적 본질에 의해 영향을 받기 시작할 것이다.

자아 – 자기는 스스로 주인이 아니고, 주인이 될 수도 없다. 주인이 되려는 것 자체가 자기 기만적인 태도다. 그런데 마음속 의지력의 영역에서 상당한 좌절을 경험하는 사람들이 많다. 자신이 하고 싶은 일을 스스로 할 수 없다는 현실에서 괴로워한다. 그래서 이처럼 어렵거나 위협적인 상황에서 구해지거나 해방되는 상황을 간절히 바란다. 날씬해지길 바라는 뚱뚱한 사람은 적게 먹어야 살이 빠진다는 자명한 사실을 잘 알고 있다. 그러나 날씬해질 미래에 대한 기대심리와 섭취가 주는 즉각적인 즐거움이 충돌하여 내적 갈등을 일으킨다. 이때 후자의 손을 들어 주면, 계속 먹게 되고 과체중을 벗어나지 못한다. 살이 안 빠진 외모도 안타깝지만, 이미 연약해진 정신 건강에 가해지는 피해와 비교하면, 미미한 수준이다. '나는 의지가 부족한 사람이구나'라고 생각하며, 자신에게 필요한 행동을 하도록 강요하는 능력이 부족하다는 것을 인식하게 된 것이다. 이들은 자신 삶이 자신의 통제하에 있지 않고, 변덕, 감정 기복, 충동, 관능에 의해 형성된 원치 않은 기운에 휘둘리고 있다는 사실을 감지한다. 이 기운에서 벗어나고자 하지만, 통제의 주체와 대상이 '자아 – 자기'로 똑같다고 생각하기 때문에, '나란 사람은 의지가 약한 사람이야'라는 생각에 갇혀 있다. 물리학의 원칙에 따르면 모든 동작에는 움직임을 유도하는 '동력원'과 그 힘으로 인해 움직이는 '동력 체'가 관여한다. 공간, 에너지,

물질의 고유한 역학 관계에서 개체는 작용하거나 저항하는 외부의 힘 없이는 스스로 움직일 수 없다. 이러한 맥락에서 '자아 – 자기'는 움직여야 '동력 체'이고, 움직임을 유도하는 원초적 '동력원'은 바로 '비밀 자아'다.

의지와 지성은 같은 개념

베네딕트 드 스피노자Benedict de Spinoza는 말했다. "의지와 지성은 같은 개념이다." 다시 말해, 우리는 항상 이해한 대로 행동한다. 마음속의 바람이 행동을 유도하지 않는다. 욕망은 이해의 문을 여는 열쇠일 뿐이다. 지식은 세상사를 움직이는 원동력이다. 통제할 수 있는 모든 영향 요인에 대한 포괄적인 지식이 없다면, 우리 자신이나 다른 사람에게 무언가를 하도록 강요하는 것은 불가능하다. 모든 성취, 획득, 창조, 행동은 '희생의 법칙'에 의해 지배된다. 의식을 점유하고 흡수하려면 무언가를 의식에서 빼 와야 한다는 논리다. 따라서 이 세상에서는 무언가를 포기하지 않고는 아무것도 얻을 수 없다. 의식을 점유하는 생각이나 이미지가 무엇이든 개인의 총체적인 에너지와 생각과 상상력을 그대로 흡수하여 완전하고 온전한 것으로서 삶에 들어오는 경향이 있다. 무언가에 대한 '열망'으로 목표를 달성할 수 있는 것이 아니다. 그 목표에 대해 오랫동안 깊이 있게 '생각'하는 것으로 목표를 달성할 수 있다. 이러한 생각은 목표에 대한 깊은 '이해'를 유도하고, 결국 '이해'는 목표 달성으로 이어지기 때문이다.

가장 먼저 작은 '나'(자아)와 큰 '나'(비밀 자아)로 구성된 정신을 이해해야 한다. 두 자아 간의 상호작용이 개인의 정신 건강과 효율을 결정하는 데 중요한 역할을 한다는 사실을 이해하는 것이다. 자기 통달은 잘못된 정체성, 항상 자신을 잘못 생각했던 방식을 파악하는 것, 즉 자신에 대해 잘 몰랐다는 사실에 대한 '지식'에서 시작된다. 당신이 진정으로 거대한 사람, 즉 '큰 자아'라는 사실을 희미하게나마 인식할 때, 노력하는 '작은 자아'에 연민을 느낄 수 있을 것이다. 이렇게 연민을 느낄 수 있다면, 작은 자아를 안내하고, 교육하고, 확장하여 더욱 폭넓은 삶을 살 수 있을 것이다.

영국의 작가이자 사회 개혁가인 해브록 엘리스Havelock Ellis는 "고통 없는 훈련은 있을 수 없다"라고 말했다. 또한 자아가 자신을 넘어 훈련과 성장의 방법을 모색할 때는 반드시 한계를 깨고 사슬을 던져버리고 새로운 열망의 영역으로 확장해야 한다고 했다. 영혼을 옥죄는 족쇄는 모두 버려야 한다. 또한 영혼은 대담하고 열망하는 용감한 날개를 달고 새롭고 더 높은 의식의 영역으로 날아가야 한다. 황홀경과 고통이 여러 번 자리바꿈을 하다 보면, 의식의 껍질이 깨지고, 마침내 심 봉사가 눈을 뜨는 것과 같이 혜안이 떠지면 삼라만상의 '이해'의 경지에 다다른다.

자기 규율

표면적 자아에는 자신을 통제할 힘이 없다. 통제를 시도하기라도 하면, 겉으로는 표면적 자아의 모습이지만, 실제로는 한계와 제약에 지나치게 부딪힌 채, 본질이 왜곡한 우스꽝스러운 모습이 된다. 규율은 복종을 통해서만 가능하다. 우리는 우리 자신보다 더 위대한 존재, 우리의 생각보다 위대한 섭리를 인정하고, 그 지침을 따라야 한다. 이 사실을 인정하고 받아들일 때, 온전히 몰입하여 주어진 일을 해낼 수 있고, 초월적 힘이 우리에게 내려와 전에는 우리의 능력을 넘어선 위업을 달성할 수 있게 된다.

자아 – 자기가 잠재의식을 효과적으로 통제할 능력이 부족하기에 자제력을 발휘하려는 시도는 안타깝거나 우습기만 하다. 잠재의식으로부터 나오는 감정이 우리 삶의 원동력이고, 모든 논리와 추론은 잠재의식의 충동이나 억압으로 인해 어떤 일을 해야 한다거나 하지 말아야 한다고 인식한 이후에 하는 합리화일 뿐이다. 우리가 의식적으로 한 가지를 원하는데, 그 반대의 욕구가 계속 생겨난다면, 그것은 우리의 의식적인 욕구가 잠재 의식적인 욕구와 일치하지 않기 때문이다. 우리가 잠재 의식적으로 원하는 것은 항상 최종적으로 우리에게 전달된다. 잠재의식은 최고 정신과 탯줄처럼 연결되어 있고, 생각, 관념, 욕망으로 각인된 것은 현실로 펼쳐지기 때문이다. 따라서 어떤 의지나 소원, 희망도 이 불변의 법칙을 바꿀 수 없다.

우리 자신에 맞서기

의식적인 마음이 잠재 의식적 감정과 정반대되는 이미지를 진정으로 받아들이기란 불가능하다. 예를 들어, 다이빙대에서 뛰어내리는 것을 두려워하는 사람이 이 두려움을 극복하기로 했다고 생각해 보자. 이때는 무엇보다도 다이빙을 두려워하지 않도록 잠재의식을 훈련해야 한다. 그렇지 않으면 다이빙대에서 뛰어내릴 가능성이 전혀 없다. 처음에 그 위에 올라갈 수는 있을 것이다. 물속을 내려다볼 수도 있다. 팔다리를 공중으로 던지라고 명령할 수도 있다. 그러나 팔다리는 반응하지 않을 것이다. 잠재의식 속에서 두려움이 만들어 낸 이미지가 물러서게 하면서, 위험하다고 인식하는 상황에서 보호해 준다. 의식의 영향을 받은 이미지는 잠재의식에 저장되지만, 의식은 상상력을 통해 두려움이 없는 새로운 이미지를 창조할 힘을 가지고 있다. 이러한 긍정적인 이미지가 잠재의식에 자리 잡으면 자신감을 가지고 자유롭게 다이빙대에서 뛰어내릴 수 있다.

인간의 의지는 과대평가 되고 오해를 많이 받는 개념이다. 의지는 방울뱀에 비유할 수 있다. 예기치 않게 저항하여, 양보하지 않고 의지를 통제하려는 사람에게 불편함을 줄 수 있다. 자신의 마음과 의지력에 집착하게 된 한 남자의 이야기를 들려주겠다. 그는 자신이 모든 생명체에 명령을 내릴 수 있다고 믿었고, 이제 무생물에도 명령을 내릴 수 있다는 것을 증명하려고 했다. 그는 서재에 홀로 남아 책상 위에 작은 나무 덩어리를 올려놓고 맞은편 의자에 앉아 정신력으로 나무를 움직이려고 했다. 3일 후 친척들이 노크와 전화에도 응답이 없자 문을 부수고 들어갔고, 책상 앞에 앉은 이 불쌍한 남자는 다시는 회복할 수 없는 긴장성 혼수상태에 빠져 있었다. 나무토막에 자신의 의지를 불어넣는 게 아니라, 나무토막이 그에게서 모든 의지를 제거한 것 같았다. 남은 몇 년 동안 그는 다시는 의지나 결단의 기미를 보이지 않았다. 누군가가 그를 먹이고, 입히고, 완전히 보살펴야 했다. 그는 자신의 의지를 완전히 소진했다.

사실 의지는 우리가 발전시키는 것이 아니라 우리 안에 내재해 있는 것이다. 의지는 더 광범위하고 발전된 광범위한 의식에서 비롯되며, 내면에서 저항하고 싶지 않은 행동이나 의견을 표출하게 하는 자연스러운 성향으로 나타난다. 전 세계 대다수 사람은 의지의 핸들을 잡은 '운전자'가 아니라, 뒷좌석에 앉은 '승객'이다. 그런데 자신을 운전자라고 생각하는 모든 사람이 실제로는 승객일 뿐이다. 이는 자명한 사실이다. 의지는 현대 소설이나 드라마에서 생각하는 것처럼 자아가 지배할 수 있는 게 아니다. 과장된 자의식은 산업, 과학, 예술, 전쟁의 수장들이 공통으로 지닌 근본적인 동기는 아니었다. 세계적으로 명성을 얻으면서 자신의 내적 여정을 진정으로 이해하는 사람들은 자신이 주체가 아니라 도구로서 그 높은 경지에 도달했음을 인식한다. 이렇게 인식하기가 쉽지 않고, 깊은 지혜가 필요하다. 그들은 자신이 여정 내내 종의 역할을 해왔으며, 자신보다 더 큰 힘이 자신 안에서 그리고 자신을 통해 성취를 이루기 위해 일하고 있음을 이해하고 있다. 그러나 그런 사람들은 시간과 변화의 공격이 다가와도 크게 동요되지 않는다. 승리와 패배, 기쁨과 고통 사이에서, 온갖 희로애락을 겪으며 평정을 유지하며 안위를 굳건히 지키고 있기에 동요되지 않는다. 단 하나의 무한한 지능이 자신의 지식과 감정의 깊이를 끝없이 탐구하기 때문에, 반대 세력의 끊임없는 기복에서 배울 필요가 없다.

의지력에 관한 진실

그러나 일반적으로 세상은 강한 결단력과 도전에 대한 강력한 의지를 가진 이들이 중요한 업적을 이룬다고 평가한다. 현대 사회는 종종 신데렐라나 프랭크 메리웰Frank Merriwell(길버트 패튼Gilbert Patten이 쓴 단편 소설 시리즈에 등장하는 가상의 인물로, 다재다능한 운동선수, 재능 있는 학생, 고결한 청년으로 묘사되었다. 당시의 이상을 구현한 소설 영웅의 초기 사례 중 하나로 꼽힌다 – 옮긴이)과 같은 이야기에서 극적인 본질과 목적의식을 발견하는데, 선과 악의 극명한 대비로 줄거리를 단순화하고 선의 승리를 궁극적이고 필연적인 것으로 묘사한다. 사람들은 자신이 동경하는 영웅이 처음에 동경의 대상이 되었던 것과는 다른 영역에서 결점을 보인다는 사실을 알게 되면 종종 곤혹스러워한다. 예를 들어, 우리는 링 위에서 상대를 물리치는 강력한 헤비급 챔피언을 응원하지만, 같은 사람이 술집에서 폭력적인 행동을 했다는 사실을 알게 되면 그가 왜 그런 행동을 했을지, 그 동기가 무엇인지 쉽게 받아들이지 못한다. 그러나 행동의 동기는 두 가지 행동에서 모두에서 같다. 두 상황에서 그 사람 자체는 변하지 않고 사회가 그를 인식하는 방식만 다를 뿐이다.

이러한 박수와 비난의 이중성은 인간 문명의 다른 많은 측면에도 나타난다. 전시에는 살인자를 영웅으로 만들고, 평시에는 같은 살인자를 감옥에 가둔다. 영토의 경계가 불분명한 지역에서는 잔인하게 누군가의 땅을 정복하고 무력으로 지배권을 유지하는 사람들이 민간인들의 집과 도시를 약탈할 때, 면죄부가 부여되기도 한다. 그러나 사회가 안정화되면 이러한 사람들은 자신이 만든 사회의 무고한 시민들을 착취한 죄로 감옥에 갇혔다. 누군가를 판단하는 데 사용되는 모든 척도 가운데 가장 해로운 척도는 그 사람의 타고난 본성을 비난하는 것이다. 마치 그것이 개인의 책임이고 원한다면 다른 사람이나 우월한 존재로 변신할 수 있는 능력이 있는 것처럼 말하는 것이다. 운명을 통제할 수 있다는 강한 믿음 때문에, 우리는 사실상 전 세계가 사슬에 묶여 있다는 사실에 둔감하다. 디오게네스Diogenes가 추구한 진실하고 정직한 인물상보다 더 드문 인물상이 바로 진정한 자유를 누리며 사는 사람일 것이다.

궁극적으로 의지는 결국 우리에 속해 있는 것이 아니라, 우리가 의지에 속해 있다. 우리의 마음, 영혼, 의식 깊은 곳에는 존재하고 싶은 욕구, 그리고 내적으로 진화하려는 욕구가 있다. 결과가 긍정적이든 부정적이든, 이 동기는 우리가 평생 간직해야 할 가치다. 피할 수 없는 운명 같은 가치다. 정면으로 직면하지 않으면, 죽은 것과 다름없는 가치다. 그리고 그것을 마주하는 과정에서 우리는 자신을 만나 자신을 알게 되거나 외면하게 되고, 얻은 지식에 이끌려 높은 곳으로 올라가거나, 눈이 멀어 키운 무지에 짓밟히기도 한다. 우리가 지금 가는 길은 우리가 반드시 가야 하는 길이다. 승리와 패배, 성공과 실패, 지식과 무지가 모두 그 안에 있다. 우리는 더 큰 자기 인식을 향해 나아가는 과정에서 이 모든 보물을 경험하게 될 것이다.

의지력은 개인이 현재 처한 상황을 초월하도록 강요하는, 외부로 표출된 내면의 힘이다. 예를 들어, 가난하게 태어난 사람이 부와 권력을 거머쥘 때, 우리는 그가 강력한 의지력을 발휘하여 현실의 굴레를 깨고 성공한 것이라고 간주한다. 그러나 실제로는 자신의 상황을 어떻게든 벗어나기 위해 부와 권력을 맹렬히 추구하지 않은 경우가 많다. 그들이 처한 환경이 그들의 잠재의식에 영향을 미쳤을 뿐이다. 어린 시절에 경험한 겹겹의 상처와 박탈감이 쌓여 잠재의식 속에 풍요와 권위에 대한 압도적인 갈망을 심어주었을 것이다. 그 결과, 이들은 성인이 되어 이러한 성취를 향해 전념했을 것이다. 그들은 결국 성공을 거머쥐었을지라도, 전혀 성공하지 못한 사람보다 더 자유롭지는 못했다. 통제되지 않은 잠재의식을 통해 그 길로 이끌렸을 뿐이다. 여전히 사슬에 묶인 것처럼 갇힌 채 살아온, 자유 없는 인생이었다.

밝혀지지 않은 탐구

사회에서 부를 성취하고 권력의 자리에 오르는 것은 가난에 처해 다른 사람의 도움에 의존하는 것보다 매우 바람직한 것으로 널리 인식되고 있다. 그런데 삶이 물질적인 탐색이 아니라 정신적인 탐구라면, 삶의 지혜를 얻고 불멸의 영혼을 발견하는 한, 물질적 수준이 어디에 놓였는지는 크게 중요하지 않다. 모든 생명체는 활기 있는 존재를 내면에 품고 있다. 이 존재에게는 특정 주체의 부의 축적이나 성공은 큰 의미가 없다. 지식을 습득하고, 이해하고, 발전하고, 변화하고자 하는 욕구는 모든 사람에게 내재해 있다. 따라서 무의식적으로 또는 자연스럽게 일어나는 것이다. 모든 사람은 자신만의 고유한 성장과 발전 경로를 따라야 하며, 일률적인 청사진은 존재하지 않는다. 우리는 자신의 마음에 귀를 기울일 때 자신의 운명에 가장 잘 순종할 수 있다. 아무리 의식적인 추론도 이 직관을 이길 수 없고, 직관의 지시를 따라야만 진정한 자아를 발견할 수 있다.

우리는 모두 잠재의식이 원하는 모습으로 변해가는 과정에 있다. 우리의 행동이 욕망과 모순되는 이유를 이해하려면, 삶이 잠재의식이 바라는 방향에 영향을 받는다는 사실을 인식해야 한다. 운명을 바꿀 수 있는 유일한 방법은 잠재의식이 품고 있는 목표를 바꾸는 것이다. 폭탄이 터질 때와 같은 위급한 상황에서는 우리의 행동이 의식적인 생각이 아니라 잠재의식에 따라 결정된다. 이러한 상황에서 영웅적으로 행동하고 싶다면 잠재의식을 미리 조절해야 한다. 긴급하고 긴박한 상황에서는 행동이 잠재의식과 일치한다. 위기가 발생하기 전, 잠재의식을 제대로 훈련해 놓지 않는 한, 단순한 의지력만으로는 잠재의식에 의한 행동을 바꿀 수 없다.

> 우리를 구할 수 있는 구제책은 하늘에 있다고 여기지만
> 대개는 우리 자신에게 있지.
> ─ 윌리엄 셰익스피어William Shakespeare

의식 강화

그렇다 해도 우리는 의지력을 키워 나갈 수 있다. 외부 환경의 영향

을 받지 않고 자유로워질 수 있는 의지 말이다. 그 의지는 전지전능한 힘을 인정하는 데서 비롯된다. 그 힘에 자신을 온전히 맡기고 인도하도록 허용할 때 인간 영혼으로서 궁극적인 성취를 향해 나아갈 수 있다. 우리는 전지전능한 힘이 지상에서 자신을 표현하는 도구일 뿐이다. 의식 상태를 고양함으로써 우리는 잠재의식의 끈질긴 자극과 충동을 이겨낼 수 있다. 그렇게 자극과 충동을 밀어낸 자리에 초월적 혜안이 들어올 수 있다. 그러면 우리는 상황과 반응을 뛰어넘을 수 있다. 삶에 대한 자아의 통제권을 놓아버리면 동시에 운명에 대한 통제권을 잡을 수 있게 된다.

그렇다면 의지력을 어떻게 키워 나갈 수 있을까? 첫 번째 단계는 모든 문제에 대한 해답을 제한된 표면적 자아 '밖에서' 찾는 것이다. 쥐의 의식에 사자의 용기를 심어줄 수는 없지만, 삶에서 갈등이 있을 때마다 의식의 전환을 모색하는 것이 도움이 된다. 순전히 의지력으로 자아를 억지로 통제하려는 것은 바다의 모든 거품을 핀으로 터뜨리려는 것처럼 무모하다. 몇 개는 터지겠지만, 애초에 자아가 탄생한 원인은 변하지 않고 계속 등장할 것이다. 자아를 통제하려는 시도는 기껏해야 무의식의 충동과 본능을 일시적으로 억제할 뿐이다. 이렇게 억압된 힘은 결국 터져 나와 더 큰 혼란을 일으킨다. 자아 중심의 의지력을 사용하면 삶에 긍정적인 효과를 가져올 수 있다고 스스로 확신할 때, 우리는 궁극적으로 통제력과 방향성을 잃게 되는 착각에 빠지게 된다. 이러한 착각은 우리를 무력하게 만들고 어떤 형태의 통제력도 유지할 수 없게 한다.

본능의 아바타

자아의 의지가 자아의 자연 에너지 – 자신의 존재에 내재한 고유한 생명력 – 를 가두는 데 사용될 때 전체 성격을 억제하고, 대담함을 소심함으로, 낙관주의를 비관주의로, 에너지를 게으름으로 바꾸어 놓는다.

자아에 얽매여 자신을 가두는 사람들에게는 자아의 고유한 에너지가 개입해 도움을 줄 여지가 거의 없다. 자아에 얽매이면, 실행 불가능한 기준을 준수해야 한다는 강박에 시달리고, 그로 인해 '내가 여기까지구나, 이것밖에 되지 않는구나'라고 낙담하며 좌절하기 때문이다.

때때로 삶이 크게 번창하는 사람들을 본다. 마치 신이 영웅을 만드는 틀을 이용해 이처럼 특별한 이들을 만든 것 같다. 그들은 부여받은 재능이 크건 작건, 정해진 틀에 얽매이지 않는 경향이 있다. 풀리지 않을 것만 같았던 꽁꽁 묶어버린 걱정과 불안이라는 실타래를 풀어내었다. 또한 절대적인 자신감과 매력적인 존재감이 가득한 나머지, 남들이 보기엔 놀라운 행운을 얻은 것 같다.

이 사람들은 인생이 '하지 말아야 할 것'을 애써 거치는 고통을 겪지 않았다. 이들은 창조의 근간이 되는 끊임없이 확장하는 힘의 에너지와 건설적인 힘을 무한히 발산하는 통로 역할을 한다. 이들은 모든 걸 아우르는 폭넓은 관심사와 열정을 가지고 있다. 또한 마주하는 모든 경험을 활용하여 개인의 성장을 촉진한다. 살면서 장애물이 닥칠 때, 좌절하지 않고 자신 능력을 증명하고 인생의 원숙미를 키울 기회로 삼는다. 이들과 같은 행운아들은 잠재의식 속에 제약과 한계를 가득 채우지 않았기 때문에, 그들에게 힘을 실어주고 인도하는 운명의 품에 살포시 안겨 있다. 그들의 에너지는 즐거운 표정과 성취감으로 가득 차 있다. 특정 자질을 타고난 이들은 빠르게 최고 직급으로 승진하고 어디를 가든 인정받고 축하받는다. 우리는 특정 목표를 달성하기 위해 의지를 무의미하게 꺾지 않아도 된다. 자아에 대한 과도한 집중에서 벗어나 삶의 긍정적이고 의미 있는 측면을 신뢰하고 우리의 운명과 에너지를 영속적인 힘에 맡김으로써, 크게 성장할 수 있는 잠재력을 가지고 있다.

> 당신은 가만히 있는 게 아니다. 더 높은 영역에서
> 당신의 영혼은 사랑과 친절의 행위를 향해 기울어져 있다.
> — 제임스 러셀 로웰James Russell Lowell

나 자신을 표현하기

의지력 자체에 대해 반드시 알아야 할 점이 있다. 축 처지는 기운, 암울한 염려가 동반될 때 의지력은 아무 소용이 없다는 점이다. 자신의 진정한 자아와 조화를 이루며 행동할 때, 자신을 이끄는 자연스럽고 변할 수 없는 힘을 경험한다. 편안하고 즐거운 마음 상태로 살아가는 삶이다.

자아 – 의지의 강렬한 집착은 의식적 욕망이 무의식적 욕망과 충돌할 때 발생한다. 이러한 갈등에서는 항상 무의식적 욕구가 의식적 욕구보다 우세하다. 무의식적인 충동에 맞서 의지를 발휘하기보다는 먼저 모든 경계와 편견, 억압을 내려놓음으로써 진정한 자아를 발견하고, 마침내 조물주의 힘이 콸콸 흘러나오게 할 수 있다. 그렇게 드러난 이미지가 우리의 의식이나 사회의 법과 규칙에 너무 반하는 것이라면, 자동 조절 방법을 통해 잠재의식에 새로운 반사 신경을 심어줘야 한다. 요컨대, 우리는 정신을 개조해야 한다. 그러나 우리가 의식적인 욕망의 이미지 그대로를 재현하기란 어렵고, 그러한 욕망은 애초에 자아 갈등과 사회적 편견을 통해 무의식 속에 축적된 거짓된 욕망이었을 확률이 높다. 우리 각자는 우주의 근본적인 힘으로부터 창조된다. 각 사람은 존재한다는 것만으로도 우주 내에서 근본적인 힘의 지속적인 진화에 중요한 역할을 한다. 이 힘의 진행은 원초적 물질(가장 기본적이고 원초적인 형태)에서 의식(인식과 자각)으로, 더 나아가 초의식(일반 의식을 초월하는 고도로 확장된 의식 상태)으로, 궁극적으로는 이러한 상태를 넘어선다. 다시 말해, 인간의 존재가 더 큰 우주적 발전과 변화의 과정과 복잡하게 연결되어 있다는 의미다. 그런데 우리가 본연의 모습일 때에만 우리 안에 내재한 힘과 자기 통달의 능력을 투사할 수 있다. 그런데, 인류는 대부분 삶의 다양한 측면에서 제한과 억압에 직면한 채 심각한 제약 속에 살고 있다. 종종 개인은 이러한 제약을 인식하면서도 적응을 위해 제약이 필수적이라고 합리화한다. 이러한 잘못된 관념이 우리의 발목을 잡고 있다. 모든 생명체에 깃들어 있는 최고의 힘이자 생명력은 획일성을 위해 다양한 가면을 쓴 것이 아니라 다양성과 무수한 표현을 위해 가면을 쓴 것이다. 개인의 정신과 성격을 주어진 상황과 타인에게 맞게 애써 순응시키는 노력은 한 사람의 본성과 다른 사람의 본성이 자연스럽게 일치하는 과정에서 부수적으로만 발생해야 한다. 각자가 지닌 진정한 특성과 개성을 표현하는 것이 일차적인 목표가 되어야 하며, 이것이 개인의 삶의 원동력이 될 때 살기 좋은 세상이 된다. 우주에서 유일무이하고 독보적인 통로 역할을 하며 만나는 사람들에게 자신만의 독특하지만, 진정한 관점을 전할 수 있다면, 고정 관념, 정해진 반응, 진정성 없는 순응주의자들에 비교해 사회에서 더 가치 있는 구성원이 될 수 있을 것이다.

혁명적인 개념

자, 이제 그 무엇보다도 혁명적인 개념을 마주할 준비가 되었는가? 각자의 의지를 최대한 끌어내어 '자기 통달'의 경지에 도달하는 것이 아니라, 의식과 잠재의식 모두를 덮고 있는 숨겨진 존재감인 비밀 자아를 찾아야 도달할 수 있다는 개념이다. 그런데 고통을 견디며 끈기를 보여야만 이러한 경지에 도달한다고 생각하지만, 실제로는 기쁘고 즐겁게 접근해야 한다. 비밀 자아에 다가갈 때, 힘겹고 우울함에 파묻혀 다가간다면, 자기 통달의 경지에 오르기 어렵다. 모든 비밀의 문을 여는 열쇠는 무리하게 시도하는 것보다 신나고 즐겁게 접근하는 것이 망치를 사용하는 것보다 더 효과적이라는 사실이 증명되었다.

올바른 방향과 적시에 투입되는 작지만, 꾸준한 노력은 세상을 움직이는 힘을 가지고 있다. 골프에서는 다부지고 작은 체격을 지닌 선수가 덩치가 크고 근육이 많은 상대 선수보다 몇 야드 더 멀리 골프공을 치는 경향이 나타난다. 다른 스포츠와는 달리 이렇게 작은 고추가 매울 수 있는 이유는, 주어진 상황에 대한 이해, 완벽한 타이밍이 좋은 결과를 낳을 수 있는 스포츠이기 때문이다. 인간의 에너지만으로는 삶의 현장에서 매일 일어나는 아주 작은 사건도 쥐락펴락할 수 없다. 그러나 제약과 한계를 뛰어넘은 개인의식의 지시와 이해에 따라 변화가 펼쳐진다. 이렇게 고양된 상태의 의식은 자신의 한계를 뛰어넘는, 즉 본래의 자아를 뛰어넘는 무언가를 창조할 수 있는 능력을 지닌다. 개인의 성장, 초월성, 개인 존재의 일반적인 경계를 뛰어넘는 결과를 만들어 낼 수 있는 능력이 생겨난다는 의미다.

올림픽 성화

랠프 월도 에머슨Ralph Waldo Emerson은 "특정 법칙이나 개념을 완전히 이해하고 숙달한 사람은 같은 언어를 사용하는 모든 사람, 심지어 번역을 통해 소통할 수 있는 언어를 사용하는 사람에 대해서도 어느 정도 권위를 갖게 된다"라고 말했다. 내적 규율을 확립하는 것은 개인의 삶을 정리하고 조율하는 것과 같고, 개인이 자아를 넘어선 힘에 복종할 수 있도록 한다. 이러한 규율은 끈기와 결단력과 같은 자질을 길러, 자신의 인생에서 진정한 영웅이 될 수 있게 하는 토대이다. 이러한 특성은 삶에 대한 긍정적이고 중요한 목적의식, 인간 운명의 고유한 가치에 대해 변치 않는 확신에서 비롯된다. 벅찬 도전이나 엄청난 어려움에 직면하여 포기하는 사람들은 그들이 추구하는 목적이 투쟁할 가치가 없어 보이기 때문이다. 자신의 욕망을 추구하여 자아를 강화하는 데 몰두하는 사람은 격렬한 도전이나 갈등에 직면했을 때 필요한 회복력이 결핍되어 있다. 동기가 의식의 깊은 곳에서 솟아날 때가 있다. 그럴 때는 그 목적이 자신을 파멸하는 것이 아닌 이상, 목표를 우회할 수 없을 정도로 강력하고 꺾일 줄 모른다.

기업가는 내면 시야에 의해 움직인다. 모든 노력의 시작은 누군가가 마음속에서 이미지를 떠올리며 상상할 때 발생한다. 보는 것이 믿는 것이다. 즉 이미지를 시각화할 수 있는 능력이 뒷받침된 후에야 신념이 생긴다. 상상의 마법을 통해 이미지를 떠올리는 것은 행동에 필요한 사전적 시야를 만들어 내고, 아이디어를 현실화하는 데 필수적이다. 선견자와 성자가 지닌 내면 시야를 위협하는 것은 아무것도 없다. 마찬가지로, 의식에는 물질적 결과를 변화하는 힘이 있기에 우리 각자의 내면 시야를 막을 수 있는 것은 아무것도 없다. 관찰자 주변 환경에는 모든 가능성이 존재하지만, 관찰자는 자신의 조건화된 내적 인식과 일치하는 가능성만 경험하게 된다. 내면 시야는 결단력과 끈기를 불러일으키며 긍정적인 행동, 흔들리지 않는 낙관주의, 끈질긴 희망과 유머를 불러일으키는 의식의 지표가 된다.

원시적인 본능에 관심을 기울인 상태에서 영적으로 진화하는 데 있어 가장 중요한 측면은 의식이 발전하고 있다는 점이다. 인간은 초기 물질의 세계에서 벗어나려고 몸부림치는 진화하는 의식의 씨앗을 올림픽 성화처럼 들고 있다. 인식을 지속해서 확장하고, 이해를 증진

4. 자기 통달('자기 숙달', '자기완성')

하며, 통달을 향한 성숙도를 높이는 것이 그 목표이다. 현대 사회에서 진화의 방향이 물질적 진보에서 정신적, 영적 성장으로 크게 이동하고, 육체보다 의식과 영성을 향하고 있다.

모두의 주요 업무

아서Arthur라는 친구는 자신의 분야에서 큰돈을 벌고 싶어 했다. 그는 미국 최고의 공과 대학에서 공학 학위를 취득하고 주요 제조 회사에서 수습생으로 일하며 다양한 직무를 익힌 후에, 창업에 도전했다. 하지만 처음부터 그의 사업 성과는 기대에 미치지 못했다. 주로 대기업의 계약에 의존하는 소형회사였기 때문에 당장 큰돈을 벌 수는 없었지만, 그의 개인적인 기술과 응용력, 그리고 그가 제공하는 경로가 업계에서 절실히 필요하다는 사실을 고려할 때 고전하고 있는 현실이 이상할 따름이었다. 회사에는 자본이 축적되지 않았고, 확장할 수도 없었으며, 제조 혁신을 위한 수십 가지 아이디어가 아서Arthur의 머릿속에서 끊임없이 떠올랐지만, 이를 실현할 수단이 없었다. 자신과 같은 처지에 있는 다른 소상공인들이 승승장구하는 모습을 보며, 불행이 자신을 끈질기게 따라다닌다고 확신했다. 아서Arthur가 장애물에 맞서 싸울수록 장애물은 더욱 공고해지고 사라질 기미가 보이지 않았다. 결국, 그는 친구들에게 패배주의에 빠진 채 이렇게 말했다. "그동안 수많은 좌절을 겪어왔고 지칠 대로 지쳤어. 악귀의 손아귀에 휘둘리는 것 같아." 실제로 그는 악귀의 손아귀에 휘둘렸고, 파산에 이르렀다.

큰 충격이었다. 한동안 그는 멍한 상태로 돌아다녔다. 사업은 파산했고 그는 더는 일할 수 없을 것 같았다. 그의 아내는 사무실에서 사무직으로 일하며, 두 사람은 그녀의 적은 월급으로 생활했다. 아서Arthur는 모든 의욕을 잃었다. 그는 심리 치료를 받기로 했다.

심리 치료사는 속세와 단절하고 당분간 수도원에서 은둔 생활을 하도록 처방했다. 아서는 처음에 자신은 무교라며 거부했지만, 결국 4개월간의 수도원 생활에 동의했다. 머무는 동안 어떤 식으로든 사업에 관여하지 않고 삶의 기원과 의미, 자신이 누구이고 무엇인지, 자신의 운명이 무엇인지에 대해 명상하기로 약속했다. 그는 수도원 도서관을 자유롭게 이용할 수 있었다. 주어진 허드렛일 해야 했지만, 그의 담당 멘토가 추천한 책들을 오랫동안 들여다보면서 시간을 보냈다. 수도원에서 나왔을 때 그는 딴 사람이었다.

전에는 자신의 사업 외에 눈을 돌리지 않았는데, 이제는 세상을 보는 눈이 달라졌다. 시야가 넓어지고, 인식이 광범위해졌으며, 사업할 때 무관심했던 부분에 대한 관용과 이해심이 커졌다. 그는 새로운 사업을 시작했고, 즉시 사업은 번창했다. 몇 년 만에 그의 회사는 미국에서 가장 성공적인 회사 중 하나가 되었다.

아서Arthur는 자신의 변화에 대해 이렇게 이야기했다.

저는 항상 내가 하고 싶은 분야에 대한 지식만 쌓으면 성공할 수 있다고 생각하며 살아왔습니다. 그런데 그런 생각은 잘못된 것이었습니다. 수도원에서 얻은 교훈이 있습니다. 인생에는 비행

4.자기 통달('자기 숙달', '자기완성')

기 부품을 만드는 것보다 훨씬 중요하고 위대한 일들이 일어나고 있다는 사실을 알게 된 거죠. 사람은 단지 생계를 이어가기 위해 이 땅에 발을 붙이고 사는 게 아니더군요. 인간의 내면에는 완전함의 씨앗이 싹트고 있습니다. 그런데 눈을 돌려 이 귀중한 존재를 발견할 때, 다른 사람을 깊이 존중하며 삶을 진정으로 영위할 수 있죠. 이러한 태도는 자신이 수행하는 일을 더 이해하는데 도움이 됩니다. 제가 사업에서 성공할 수 있었던 것은 사업에 대해 더 많이 배웠기 때문이 아니라 사업 밖인 것에 대해 더 많이 배웠기 때문입니다. 사실, 제가 항상 사업이라고 생각했던 것이 부차적인 것을 알게 되었고, 그 대신 저의 주된 사업은 영적 사업이라고 단언합니다.

금자탑 金字塔

언덕 넘어 황금빛 탑을 바라보는 이들은 결연한 의지를 품고 있다. 사막과 황무지를 가로지르며 어떤 장애물이 있더라도 마음속에 품은 황금빛 탑에 이끌려 나간다. 그들은 절대 포기하지 않는다. 그 비결은 목표에 대한 이미지를 선명하게 의식의 화면에 새겨 넣는 것이다. 그 이미지를 당신의 금자탑이 되게 하라. 금자탑이 변색하거나 흐려지거나 녹아내리지 않도록 보호하라. 도중에 좌절하거나 패배를 체념하거나 아예 포기할까, 봐 두려워할 필요가 없다. 예상했던 방향에서 벗어난 것처럼 보인다고 의심에 빠지지 말라. 성공으로 가는 길은 무수히 많다. 순례자가 목적지에 도달하듯 금자탑만 품고 있다면 언젠가는 그 목표에 도달할 수 있다. 우리는 모두 같은 궁극적인 운명을 향해 함께 나아가고 있지만, 각자는 우주에서 유일무이한 존재들이다. 자신에게 맞는 교훈과 경험을 얻기 위해 자신만의 특별한 여정을 시작해야 한다.

영국의 생물학자 토머스 헨리 헉슬리Thomas Henry Huxley는 "아마도 모든 교육의 가장 가치 있는 결과는 원하든 원치 않든 해야 할 일을 해야 할 때 스스로 할 수 있는 능력일 것이다"라고 썼다. 물론 우리가 떠올리는 정신적 이미지가 항상 행동에 대한 열의를 불러일으키지는 않는다. 무기력과 늑장 부리고 싶은 마음에 시달릴 때가 있는데, 우리의 결심은 새로운 집중력의 원천에서 자양분을 얻어야 한다. "당장 일을 시작하라"라는 단순한 훈계는 효과가 없다. 특히 불쾌한 일이라면 더욱 그렇다. 작업을 수행하기 위해 가장 먼저 해야 할 일은 작업에 대한 완전히 새롭고 매력적인 그림을 그리는 것이다.

한 영업사원이 잠재적 거래처에 매일 10통의 전화를 거는 업무를 맡았다고 상상해 보라. 이때, 정신적으로 떠올린 이미지가 10번의 전화를 걸고 있는 자신 모습이라면 극도로 힘들다고 여길 것이다. 이런 생각을 하면 집 밖으로 나갈 수 있다는 것이 신기할 정도다. 열 통의 전화가 반복적으로 걸려 온다고 생각하면, 빨리 끝내고 싶고 전화를 거는 책임에서 벗어나고 싶은 마음이 들 것이다. 그런 다음, 회사까지 힘들게 운전하기, 피할 수 없는 교통 체증과 이로 인한 짜증, 전화를 안 받는 담당자, 우리 회사에서 납품을 중단하겠다는 담당자를 떠올릴 것이다. 이러면 온종일 시간 낭비만 한 셈이 될 것이고, 그럴

바에는 차라리 집에 있는 게 나을 수도 있다고 생각하게 될 것이다. 물론 결국 회사가 더 필요로 하지 않는 사람이니, 집에서 오랫동안 쉬게 될 것이다.

자, 이제 반대의 상황을 생각해 보자. 자신의 이미지를 떠올릴 때, 10통의 전화를 생각하는 대신, 의식 속에 성공과 성취의 이미지를 떠올린다고 가정해 보자. 이때 해야 할 일은 10통의 전화를 거는 것이 아니라 모든 잠재 거래처를 체계적으로 관리하며 관계를 다지는 과정이라고 생각한다. 노력은 항상 보상으로 정당화되어야 한다. 따라서, 결단력과 몰입으로 각 도전에 전적으로 자신을 던지기 전에 자신의 올바른 행동이 좋은 결실을 가져올 것이라는 믿음이 있어야 한다. 우리는 자신감과 희망이라는 두 가지 원동력 없이는 어떤 방향으로도 행동할 수 없게 되어 있다. 마음이 바라는 방향을 생생하게 떠올리며, 내면의 소리를 들어야 한다. 이미지를 선명하고 또렷하게 그려야 한다. 이렇게 하다 보면, 자꾸만 열심히 살아야 할 명분이 만들어진다. 그다음에는 정확하고 활기 넘치는 실천으로 이어진다.

적절한 자기 조절

당신이 작가, 화가 등 주로 고독 속에서 창의적인 일할 사람이라고 가정해 보라. 화가畵架나 책상 앞에 멍하게 앉아, 작업이 생각만큼 안 풀려서 멍하게 있다가 자책하며 무기력해지는 날도 있을 것이다. 하루하루가 결실을 보지 못하고 지금 하는 일이 생산성이 떨어진다는 부담감에 좌절하는 날도 있을 것이다. 그럴 때면, 유연하고 창의적인 마음속 화포畵布에서 펼쳐지는 상상력과 그림에 대해 생각해 보라. 우리의 행동은 필연적으로 우리의 의식을 점유하고 있는 이미지에 의해 인도된다. 우리가 가지고 있는 정신적 이미지가 주변 환경의 현실과 단절되면 공상에 빠지고, 업무에 집중하지 못하며, 관련 없는 의식의 흐름에 사로잡히게 된다. 의지를 활성화한다는 것은 억지로 일을 하는 것이 아니라 특정 주제에 집중한다는 것이다. 강가에서 낚시하는 것과 같은 잡생각에 사로잡히지 않고 의도적으로 현재의 과제에 집중하는 것이다. 마음을 오로지 현재의 문제에 집중시킨다. 그렇게 머물다 보면, 가능성과 해결책이 떠오르고, 어느새 손가락은 – 글을 집필하건, 그림을 그리건 – 바쁘게 움직일 것이다.

충동과 변덕은 때때로 자아 – 자기와 비밀 자아가 무언가에 대해 특별히 조율할 때 발생하는 감정이기도 하지만, 훨씬 더 자주 변덕스러운 잠재의식으로부터 솟구쳐 나오며 굴복하기보다는 통제해야 할 대상이다. 일반적으로 충동은 동물의 안락한 욕구이며, 우리가 충동에 순종하며 살아간다면 아무것도 성취할 수 없을 것이다. 침대에 누워 있으면 기분이 좋으므로 아침에 일어나서 일하러 가기보다는 침대에 누워 있고 싶지만, 침대에 자주 누워 있기만 하면 곧 실직자가 되어 가족을 부양할 수단이 없어질 것이다. 또한 아이스크림과 케이크를 최대한 자주, 그리고 많이, 원하는 만큼 먹고 싶지만, 점점 먹고 싶은 양은 늘어나고, 결국 고도 비만에 시달릴 것이다. 우리는 놀고 즐기며, 남 눈치 안 보고 살고 싶지만, 그렇게 살다 보면, 언젠가 무일푼에 친구도 없고 가족도 없는 자신을 발견하게 될 것이다. 현명한 사람은 충동과 변덕이 자기 조절 역량에서 벗어나려는 자아의 욕구일 뿐이라는 사실을 곧 깨닫는다. 그들은 그 조절력을 완화하기보다는 오히려 더 강하게 적용한다. 인간의 모든 욕구는 적절한 자제력과 균형을 이루어야 하며, 그렇지 않으면 무절제한 방종으로 변질될 수 있다. 결국, 여가는 일이 선행되어야 의미가 있고, 식사는 배고픔을 겪은 후에야 즐거우며, 수면은 피로가 풀린 후에야 만족스럽다. 어느 정도의 불편함이 수반되지 않는 삶에서 즐거움을 얻는다는 것은 전적으로 불가능하다.

초지식 superknowledge

갑작스러운 충동이나 변덕을 느낄 때가 있지 않은가? 이때, 우리에게 지침이나 방향을 제시하는 '우주적 의식universal consciousness'과 혼동하지 말라. 우주적 의식이란 영혼을 사로잡아 흔들림 없이 운명으로 이끄는 힘이다. 우주적 의식 따위는 아랑곳하지 않고 사는 사람들은 그저 충동심이 자신을 인도하고 생각을 조율attunement(몸, 마음, 가슴의 모든 영역을 우리 참 존재의 자연스러운 본래의 모습과 조화시키는 작업 – 옮긴이)한다고 생각한다. 그러나 일단 비밀 자아와의 진정한 교감을 경험하면 어느 것이 '충동'이고 어느 것이 '직관'인지에 대한 착각은 마침내 사라지게 된다. 때때로 인간의 영혼과 그 근원을 분리하는 벽 – 표면적 자아와 비밀 자아를 가르는 벽 – 에 균열이 생긴다. 이렇게 균열이 생겨나면, 그 너머의 세계와 그 안에 있는 영혼, 즉 비밀 자아의 수학적 완벽함과 완전한 올바름을 잠시나마 드러낸다. 신비주의와 많은 종교에서 '신과 하나가 된 조율의 상태' 혹은 '신의 은총이 내려진 상태'라고 부르는 심리적 상태이기도 하다. 이러한 상태에 도달하면, 우리가 내리는 결정과 우리가 가는 길은 신의 뜻을 따르는 것이고, 우리의 결심이 확고해지는 순간 우리의 소망이 현실에서 펼쳐지게 된다.

바로 '초지식'에 도달한 상태이다. 이때 우리는 의지의 본질과 중요성을 가장 통찰력 있게 이해할 수 있다. 비밀 자아의 목표와 상충하는 욕망은 개인에게 실망만 안겨줄 뿐이라는 사실을 깨달을 때, '조율'의 개념 – 목적이 있고, 성공적이며, 만족스러운 삶의 열쇠 – 을 진정으로 이해한 것이다. 이러한 상태에서 우리가 내리는 결정은 인간의 지식 범위를 뛰어넘는다. 인간의 지식은 전체 지식의 극히 일부분에 제한되어 있기 때문이다. 어떠한 일에 관해 결정을 내릴 때, 그 일에 관한 특징이 대부분 숨겨져 있는 상황에서 결정을 내리려는 시도는 부질없는 일이다. 상황과 개인을 무시하고 개인적인 의지를 발휘하는 것은 허영의 극치이며 궁극적으로 고통과 패배를 초래한다.

이득을 위해 자아에서 행하는 행위는 진정한 의미를 이해하지 못한 채 행하는 행위이며, 이를 통해 얻은 성공이나 만족감은 파도 위에 둥둥 뜨는 거품과 같아서 파도와 함께 사라져 버린다. 우리의 의식은 정신의 가장 전면부에 자리 잡고 있어, 자아에 대한 유혹, 자극, 호소에 끊임없이 사로잡힌다. 우리가 정복하고자 열망하는 봉우리들이 있다. 그런데 한 번 오르면 생각보다 너무 낮아서 놀라고, 그동안 우리가 섬겨온 우상이나 물질적 신들gods이 허상이었다는 점에서 반성하게 된다. 우리가 추구해야 할 진정한 목표는 영적이고, 게으름, 미루기, 두려움은 자아를 탓하는 것이 아니라 본성 깊은 곳에 있는 의식의 씨앗을 찾는 것으로 극복할 수 있다.

해방의 법칙

삶의 진리에 대한 이해도가 높을수록 의지력도 향상된다. 하지만 두 개념을 차별화할 필요가 있다. 진정한 의지력을 갖고 있다면, 마음을 모으고 집중함으로써 좋은 결실을 거두어 그 효과를 입증하는 반면, 거짓 의지력으로는 의미 있는 결과를 얻지 못한다. 의식이 넓어지고 이해의 수준이 높아질수록 개인의 영향력과 역량은 더욱 강해진다. 깨달음을 얻고 더 높은 천상의 힘과 연결되는 것은 고독한 신비주의자나 명상하는 성인들만 도달할 수 있는 경지는 아니다. 누구나 누릴 수 있는 경험이고, 그 결과 창의적인 노력이나 지도력 역할, 또는 영적, 정신적, 물질적 측면에서 일관되게 완전한 효과를 얻을 수 있다. 힘은 이해와 지식에 대한 확신에서 비롯된다. 확장된 의식에 도달한 사람은 의식과 조화를 이루며 세상에서 자신의 길을 개척하고 탐색할 수 있어야 한다.

만족스러운 삶을 추구하는 유일한 방법은 우리의 진정한 자아를 받아들이고 잠재력을 최대한 실현하는 것이다. 운명이 던져준 장애물, 불리한 환경이나 운명의 손길에 상관없이 – 출생 환경, 신체적 특성, 타고난 지능 등 – 당신을 자유롭게 할 수 있는 우주의 원칙이 있다. 이 원칙은 궁극적인 해탈에 도달할 수 있는 수단이다. 이를 통해 지혜와 결실의 정점에 도달할 수 있다. 당신의 몸 안에 세계와 우주를 창조한 최고의 의식이 있다는 사실을 인정하고 나면, 마침내 자아가 주도권을 내려놓게 되고, 더 현명한 힘이 인생의 길을 설계하도록 자신을 오로지 맡기게 된다. 자신의 운명과 에너지를 비밀 자아의 손에 맡기면 지금까지 경험한 그 어떤 기쁨보다 더 큰 평화와 내면의 고요함을 느낄 수 있다. 당신의 삶은 온전한 삶으로 성장할 것이다. 하루하루가 어떤 명확한 목표나 목적을 향한 자양분이 될 것이다. 그리고 마침내 비밀 자아가 주도권을 잡을 때 일어나는 기적에 당신은 놀라게 될 것이다.

죄책감과 적개심 극복하기

자아는 죄책감과 적대감을 도구로 사용하며, 생존을 위해 환상에 의존한다. 죄책감은 다양한 사물, 교훈, 유혹, 감각적 경험이 쌓여 형성된다. 이렇게 다채로운 요소에 의해 형성되기 때문에, 죄책감이 오래 머물기도 한다. 이 요소들이 영원한 진리와는 크게 관련이 없을 수 있지만, 여전히 행동에 대해 도덕적 판단을 내릴 때 영향을 미친다. 죄책감을 느낄 때, '비밀 자아'의 판단에서 비롯된 감정이라고 생각하지 않길 바란다. 비밀 자아가 그렇게 편향되고 세속적인 평가는 내리지 않기 때문이다. 죄책감은 일반적으로 특정 행동을 유발하거나 억제하는 사회의 누적된 가르침이다. 그런데, 이러한 사회적 검열이 진

4. 자기 통달('자기 숙달', '자기완성')

실에 근거한 경우는 거의 없다. 순응에 대한 사회의 압력, 그리고 각자의 개성을 존중하는 신의 압력이 상충하는 경우가 많기 때문이다. 적대감은 죄책감의 다른 모습이다. 죄책감이 소극적인 사람에게서 나타나는 것처럼, 공격적인 사람에게서는 죄책감이 적대감으로 나타난다. 이 두 가지 정서적 장애물은 의심할 여지 없이 부정적인 것이다. 이러한 감정적 장애는 자아에서 비롯되고, 더 깊은 의식의 영역에 닻을 내릴 때 사라진다. 더 깊은 수준의 의식에 집중할 때, 비밀 자아의 종노릇을 하는 작은 자아의 사소하고 피상적인 관심사에 감정적으로 얽매이지 않게 된다.

마음의 평화를 얻는 길은 자아에 대한 집착을 버리고, 마침내 자아도 버리며, 의식을 신성Divine에 집중하는 데 있다. 이러한 심리적 전이를 통해 의식을 확장할 수 있다. 그러면 이전에는 접근할 수 없었던 것을 이해하게 된다. 물질적으로 설명할 수 없는 방식으로, 우리는 우리의 인식에 들어오는 모든 것의 정체를 조금씩 받아들이기 시작한다. 타인의 의식 세계에 적극적으로 참여함으로써 우리는 그들에 대해 깊이 이해할 수 있다. 이때 생겨나는 초지식, 즉 깊은 직관은 우리의 행동과 노력에 힘을 실어주며, 삶에 놀라운 효과와 거의 초자연적인 목적의식을 부여한다. 우리가 사건이나 상황을 마주할 때, 마치 우리 스스로가 그것을 조율할 수 있다고 생각한다. 즉 이러한 사건이나 상황에서 상호작용할 때 자연스러운 과정을 따르기 때문에 마치 우리가 통제하고 있다고 생각한다. 우리의 행동은 원하는 결과와 이를 달성하는 방법을 우리가 어떻게 이해하고 있는지에 따라, 즉 이해의 원칙에 따라 이루어진다. 그리고 자아를 버리고 이 우주의 뜻에 따라 움직인다면, 위험, 불안, 두려움 없이 절대적인 확신과 완전한 효과로 행동하며, 내면의 평화와 절대적인 기쁨이 마음을 압도할 것이다.

5.
물질을 지배하는 정신

사람들은 보편적으로 상황에 순응하고 손을 내저으며 "어휴, 뭐 어쩔 수 없지"라고 말하는 것이 삶의 모범답안이라고 생각한다. 사람들은 상황이 원치 않은 방향으로 흘러갈 때, 좌절감을 불운 탓으로 돌리지만, 성공의 정점에 도달했을 때는 운이 아니라 뛰어난 실력 덕분이라고 생각한다. 희한하고도 우스운 현실이다. 사실 모든 행운과 실력은 개인의 잠재의식 속 깊은 곳에 자리 잡은 신념에서 비롯된다.

욕망과 운명

정신이 물질을 지배하는지, 물질이 정신을 지배하는지, 사람들은 제대로 판단하지 못하는 편이다. 그들은 특정 상황에서 마음이 몸을 통제할 수 있다는 것을 인정하지만, 극히 드문 경우라고 생각한다. 정신력이 스포츠 경기의 승패를 좌우하기도 하고, 심지어 신체적 한계를 극복할 수 있다는 점도 알고 있다. 하지만 일상에서 정신이 가장 중요하다는 사실을 완전히 받아들이려는 노력을 기울이지 않는다.

마음이 물리적 세계를 지배할 힘을 지닌다면, 그것은 절대적인 원리를 올바르게 적용하는 데서 비롯되어야 한다. 이 절대적인 원칙은 가끔 혹은 수시로 실현되거나, 우연에 의해 변덕스럽게 반응하는 것도 아니다. 항상 일관된 작동 원리여야 한다. 특정 상황에서 '물질을 지배하는 정신'의 자세로 접근했는데, 원하는 결과를 얻지 못했다면, 접근 방식 자체에 문제가 있는 것이 아니라 그 사람의 접근 방식에 대한 이해와 원칙을 실행하는 방식에 문제가 있는 것이다.

사람들이 어떻게 성과를 이루어 내는지 생각해 보면, 도전에 대한 의욕이 없는 사람은 실제로 도전 자체를 시도하지 않는다는 사실을 알 수 있다. 또한 산을 꼭 오르고 싶다고 생각하는 사람들 가운데 대다수가 실제로 산을 오르지 않는다는 점도 알 수 있다. 성공하기 위한 첫 번째 중요한 요소는 강한 열망이다. 열망 다음으로는 더 많은 임의의 모호한 다수의 원인이 작용할 뿐이다.

사람들의 욕망 뒤에 숨은 이유를 정확히 파악하기는 어렵다. 일반적으로 사람들은 고통보다 쾌락을 선호하지만, 자신 몸에 핀을 꽂거나 오랫동안 몸을 혹사하면서 살아가는 사람들도 있다는 얘기가 들린다. 이 사람들은 특히 육체적 쾌락 대신 고통을 선택한 것으로 보인다. 그런 사람들은 적어도 육체적 의미에서 쾌락 대신 고통을 선

5. 물질을 지배하는 정신

택했으며, 고통 – 쾌락 원칙을 넘어서는 내적 충동으로 그런 행동을 한 것으로 보인다. 목표에 대한 열망은 고통의 경험을 견딜 수 있게 하는 유일한 힘이다. 욕망은 아편 같기도 하다. 격렬한 신체 활동을 하는 사람들은 다수의 경우에 운동이 끝나면 살갗에 상처가 생기고 관절과 근육이 긴장하지만, 통증을 전혀 느끼지 못한다고 한다. 축구 선수들이 대표적인 사례다.

좀 더 자세히 관찰하면, 사람마다 욕망의 정도가 매우 다르다. 손을 내밀어 욕구를 표현하는 게 자기들이 최대한 욕구를 표현하는 것이라고 말하는 사람들도 있지만, 욕구나 갈망의 강도를 강조하면서 사슬을 끊고 싶어 하는 사람들도 있을 것이다. 욕망은 추진력을 동반한다. 욕망이 크면 클수록 더 큰 충동을 일으키고, 이러한 충동은 개인을 사로잡는 내면 시야에 뿌리를 두고 있다. 우리가 살아 있고 육체 안에 갇혀 있는 한, 우리를 사로잡는 강렬한 시야나 욕망을 끊임없이 추구하게 된다. 우리의 정신적 이미지가 건물을 짓는 것이든 은행 강도를 계획하는 것이든 상관없이, 우리가 느끼는 내적 추진력에는 같은 영향을 미친다. 생각을 사로잡는 것이 아직은 아니더라도 곧 삶의 일부가 될 것이라고 확신할 수 있다.

축복과 저주

상상력의 힘을 통해 넝마에서 금은보화로, 캔자스에서 이스탄불로 순식간에 이동할 수 있는 능력이 생겨난다. 결과적으로 의식적인 자아 안에서는 외부 세계에 종속되지 않고 완전히 자유로울 수 있다. 이는 두 가지 주요 결과로 이어진다. 하나는 '성흔(聖痕, stigmata, 예수 그리스도가 십자가형을 당할 때 몸에 생겼다고 전해지는 상처 또는 과학적으로는 도저히 설명할 수 없는 신비한 힘으로 그리스도인들의 몸에 저절로 나타난다고 전해지는 예수가 받았던 상처와 유사한 상처 – 옮긴이))', 다른 하나는 '축복'으로 특징지을 수 있다.

우선, 성흔에 대해 알아보자. 인생은 목표를 달성하기 위해 어려움을 견디는 법을 배우는 과정이다. 그러나 미성숙한 사람들은 현실에서 벗어나기 위해 상상력을 발휘하여 다양한 상황에서 헛된 희망만 붙잡는다. 이러한 착각은 상상력의 창조적 힘을 내면으로 돌려 현실 세계와 무관한 일에 몰두하게 함으로써 현실 감각을 무력하게 한다. 이러한 착각의 희생양이 되어 정신 병원, 중독 재활 센터, 중간 시설(교정시설과 사회를 연결하는 출감자 또는 정신 장애자 등을 위한 완충 시설 – 옮긴이)에 거주하게 된다. 알코올 중독 치료를 받는 사람 중 대다수도 이 부류에 해당한다. 세계 어디에서나 관찰되는 이들은 무아지경의 상태로 현세에서 살고 있지만, 한 발은 또 다른 세상에 딛고 있다.

다른 한편으로는 상상력으로 가져오는 축복이 있다. 상상력은 주변 환경을 매의 눈으로 바라보고 그 안에 숨겨진 잠재력을 감지할 수 있게 해주는 신비로운 시각이다. 상상력은 이미지를 생성하고 이를 사물과 사건의 외부 세계와 연결하는 마음의 능력이기도 하다. 인류는 상상력을 활용하여 삶을 크게 변화시켰다. 불과 몇 세기 만에 우리는 주변 환경을 통제할 수 있게 되었을 뿐만 아니라, 우주의 광활한 시공간을 가로질러 영향력을 확대할 수 있는 문턱에 도달했다.

현대적 사고에서는 편리하게도 세상을 '물질'과 '지능'이라는 두 가지 부류로 나눈다. 과학 분야는 다양한 물질을 분류하고 정리하는 데 헌신적이고 세심한 노력을 기울이고 있다. 원소와 그 다양한 조합을 분류하고, 원소를 구성하는 응집력을 가진 분자의 구성을 묘사하며, 분자를 다양한 원자량으로 분해하고, 원자를 핵과 핵을 둘러싸고 있는 전자로 구분할 수도 있다. 이렇게 세분화한 단계에서 수소와 납의 차이는 놀라울 정도로 미미해진다. 각 원소는 특정 양의 전자로 둘러싸인 눈에 보이지 않는 핵을 가지고 있다. 납의 경우 전자가 약간 더 많지만, 그 차이는 근본적인 성질의 차이라기보다는 양의 차이일 뿐이다. 만약 갑작스러운 핵분열로 인해 원자가 측정할 수 없는 상태로 완전히 환원되어 불길처럼 폭발하며 사라지는 순간 우리는 당혹감을 느낄 것이다. 우리가 전통적으로 물질이라고 정의하는 것이 진정으로 물질의 본질을 지니고 있는지, 아니면 훨씬 더 미묘한 개념, 즉 아이디어 그 자체, 심지어 지성 자체를 상징하는 것은 아닌지 의문을 품게 한다.

원자의 이면

의식을 연구하다 보면 필연적으로 의식은 물리적 형태라는 개념을 접하게 된다. 이 물리적 형태는 무게, 크기, 명확한 눈금과 같이 측정이 가능한 특성을 가진 유형의 구조다. 따라서, 의식이 탐색하는 지

마음속의 마법

능에서 물리적 측면을 분리할 수 없다. 물질과 지능은 하나의 같은 것으로, 지능은 물질의 상위 표현일뿐, 복잡성을 띠는 물질에서만 드러난다는 주장은 매우 신빙성이 높은 듯하다. 이처럼 지능이 물질이 표현되는 하나의 형태라는 데 동의한다면, 지능은 물질이 발전함에 따라 진화한다는 결론에 도달할 수 있다. 이는 필연적으로 지능이 물질에서 비롯되기는 하지만 물질보다 우월하며 물질을 본질적으로 통제할 수 있다는 논리로 이어진다. 요컨대, 지능, 즉 의식 또는 인식은 그 자체로 모든 물리적 환경과 모든 사건에 대한 통제력을 내재하고 있다.

미국의 예술가이자 신사상 운동New Thought의 창시자 월터 러셀Walter Russel의 말이 흥미롭다. "인간이 물질 또는 실체라고 부르는 것은 그 자체로 존재하지 않는다. 물질은 빛의 운동 파동에 불과하며, 전기적으로 서로 반대되는 쌍으로 나뉜 다음 조절되고 유형화되어 우리가 다양한 물질이라고 부르는 것들이다. 간단히 말해, 물질은 빛의 운동에 불과하며 운동은 물질이 아니다. 창의적인 사고를 하는 사람들이 기적을 일으키려면 무엇보다도 빛을 바라봐야 한다."

빛, 에너지, 지성 – 이 세 가지 중 어떤 것을 우주를 움직이는 힘으로 인정하든, 가장 중요한 사실은 물질이 전혀 견고하고 절대적인 것이 아니라 마음의 작용을 대표할 뿐, 항상 마음에 종속된 상대적이라는 점이다. 책상은 단순한 물리적 물체가 아니라 실제로는 소총 총알의 속도를 훨씬 능가하는 속도로 분자가 빠르게 움직이는 구조 또는 배열이다. 책상 부피의 대부분은 분자가 존재하는 공간으로 채워져 있다. 특히 강철과 같은 소재에서 분자의 움직임이 잠시 멈춘다면

5. 물질을 지배하는 정신

강철은 공기처럼 투과성이 높아져 손가락으로 쉽게 밀어 넣을 수 있을 것이다.

물질의 생성을 지배하는 기본 원리는 내재적 대칭성이며, 이는 추론하는 지성으로만 인정할 수 있는 수학적 개념이다. 물질의 가장 작은 원소 단위인 원자는 무엇보다도 응집성, 그리고 고유한 특징을 함축하는 미적 구성을 지닌다. 원자는 목적성과 생존 욕구를 나타낸다. 적절한 전자적 구성을 가진 적절한 양의 원자가 결합하여 단백질 분자를 형성한 후, 팔다리와 눈, 뇌가 발달하는 과정은 빠르게 진행되었다. 그리고 얼마 지나지 않아 주변 환경을 통제하고자 하는 욕구 때문에 독립적인 개체가 물질 표면에 등장했는데, 그것이 바로 인간이다.

의식은 복잡성에 비례한다

생명의 기원과 진화의 목적을 되짚어 보면, 복잡성이 점점 더 커지고 있다는 사실은 가위 충격적이다. 아메바에서 인간이 되기까지는 수백만 년의 시간이 걸렸지만, 이 두 가지는 거의 관련이 없어 보인다. 그러나 아메바로 대표되는 무생물에서 생물로 넘어가는 단계는 아메바에서 인간으로 넘어가는 단계보다 더 놀랍다. 후자는 단순히 복잡성의 증가를 의미하지만, 전자는 그 이전 것과는 완전히 다른 것을 의미하기 때문이다. 폐기물, 암석, 증기 더미에서 스스로 움직이고, 성장하고, 유지할 수 있는 생명체, 즉 생명이라는 뚜렷한 개체가 나타난 것이다. 그러나 성장의 과정은 근본적으로 다른 개체가 다른 개체로 변하는 것이 아니라 기존 개체에 새로운 기능이 추가되는 방식이었다. 따라서 생명체와 무생물의 근본적인 차이는 주로 전자의 복잡성과 후자의 단순성에서 나타난다.

어떤 물리학자나 화학자도 단백질 분자가 무기 원소 분자보다 더 복잡하다는 사실을 부인하지 않을 것이다. 무생물에서 생명이 무럭무럭 자라게 하기까지 자연에서 큰 변화가 일어났다. 단 이때 전제는 모든 물질에 의식이 내재해야 한다는 것이다. 형태를 만드는 것은 바로 의식이다. 형태가 있는 곳에는 지능적인 존재가 있다. 그것은 인간 내부에 있는 것처럼 바위와 산에도 확실하게 존재한다. 물체의 구조는 빠르게 움직이는 분자를 특정 경계 안에 가두는 개념 때문에 결정된다. 이 형태는 본질적으로 수학적 개념에 비유할 수 있는 정신적 구성물이기도 하다. 그 형태는 생각하는 개체에 의해 형성되고 유지되고, 그 개체의 영향력은 물체 내에 일관되게 존재한다. 본질적으로 사물의 물리적 형태는 사물을 형성하고 정의하는 정신세계의 결과물이다.

이쯤 되면, 종교적 개념에 가까워진다고 생각하겠지만, 여기에서는 창조주 아버지, 인간을 지식으로 이끄는 아버지에게 초점을 두지 않는다. 대신, 지성의 근본적인 근원을 탐구하고 우주에서 지성이 나타나는 이유를 이해하고자 한다. 핵심적인 질문은 인간이 이 근원적인 지능으로부터 분리되어 있는지, 주인의 종속물로 취급되는지, 아니면 그 본질이 지능과 하나이고 지능이 인간과 하나라는 방식으로 복잡하게 연결되어 있는지에 대한 것이다.

생각은 어떻게 사물을 조건 짓는가?

우주는 혼돈에서 시작되었고, 인간의 삶은 우연히 생겨났으며, 삶에는 본질적으로 목적이 없다고 믿는 사람들은 매번 이러한 관점에 부합하는 세상을 바라보며 살아간다. 통치자가 신하들에게 명령을 내리는 것처럼 강력한 창조주가 사람들을 지휘한다고 믿는 사람들은 인생의 경험이 모든 사람에게 공평하지 않다는 점을 깊이 새기며, 세상에는 어쩔 수 없이 많은 어려움과 고통이 존재한다고 믿는다. 한편, 삼라만상에서 살아 있는 본질을 인식하는 사람들은 본질적으로 세상의 다양한 현상은 단지 관념의 가시적인 표현에 불과하다고 믿는다. 의식의 근원, 즉 모든 걸 지탱하는 정신적 힘이 각 개인 안에 존재한다는 사실을 믿는다. 결과적으로 그들은 모든 평화, 완벽함, 효율성을 흡수한다.

세상은 각자의 의식에 의해 형성된 인식대로 보인다. 이 놀랍고 매우 역동적인 원리 — 즉, 각자의 의식에 따라 세상이 달리 보이는 진리 — 는 생명의 근간을 형성하며 진화의 기본 법칙으로 작용한다.

우리는 우리가 예상하는 것만 인식하기 때문에, 우리가 보는 세상은 의식에서 직접 끌어온 사물과 사건으로 가득 차게 된다. 사물, 사람 또는 사건의 본질은 우리의 인식에 따라 바뀌는 것이 아니다. 각기 고유한 특성이 있지만, 이미 의식 속에 존재하는 특성만을 선택적으로 인식한다. 그렇기에 개인은 특정 상황에서는 악당으로, 다른 상황에서는 영웅으로 인식될 수 있다. 각 사람은 인생의 다양한 시점에서 수많은 역할을 맡게 된다. 우리가 각기 다른 상황에 있는 것이 아니라, 각기 다른 사람들이 좁은 시야로만 우리를 바라보고 그들이 기대하는 모습 그대로를 받아들이며 끊임없이 우리를 인식하고 있다는 것이다.

일반 칼을 생각해 보자. 제빵사에게 칼은 빵 한 덩어리를 여러 부분으로 나누는 도구다. 분노에 가득 차 씩씩거리는 소시오패스Sociopath(오늘날의 범죄 심리학계에서는 소시오패스라는 용어 자체를 사용하지 않고, 비전문가들이 대중의 흥미를 끌기 위해 쓰인 책들에서만 사용된다. 반사회적 인격 장애의 연구가 진행되면서 그 병명이 될 뻔하기도 했으나, 지금은 병명이 '반사회성 성격 장애ASPD, Anti-Social Personality Disorder'로 통일되었다)에게는 분노의 대상을 처리하는 무기다. 한편, 외과 의사에게는 다른 시술 도구가 없다면 환자의 복부에서 병든 맹장을 제거할 수 있는 생명을 구하는 도구다. 부엌을 지나가는 어린 소년에게는 '잭나이프 던지기 놀이mumblety-peg(칼이 땅에 꽂히게 하는 놀이 – 옮긴이)'의 도구다. 그러나 칼은 강철과 나무와 같은 무생물 원소, 그리고 이전에 살아 있던 분자들의 화합물이며, 특정 방식으로 형성되고 그렇게 만들어졌다. 그러나 우리의 감각은 우리의 초점을 사로잡는 모든 것의 전체 특성 중 극히 일부분만 인식할 수 있다. 따라서 앞서 언급한 표면적 특성은 대상의 진정한 본질이나 정체성을 엿보거나 암시할 뿐이다.

사물의 본질은 오로지 관찰자가 그 사물에 대해 어떻게 생각하는지에 따라 정의된다. 실제로는 우리의 제한된 감각으로 인해 의식 속에서 발생하는 것 이상의 객관적인 진실을 인식할 수 없기에 대상에는 애초에 고유한 특성이란 것이 존재하지 않는다. 우리에게 가장 큰 영향을 미치는 것은 주관적인 인식이다. 우리는 칼을 마주할 때 강철의 종류나 품질에 대해 고민하거나 물질적 존재나 단순한 개념적 성질에 의문을 제기하지 않는다. 대신 칼과 나와의 관련성을 이해하는 데에만 초점을 맞춘다. 이것이 우리가 관찰하는 유일한 측면이 된다.

'물질 = 움직임'

물질은 전혀 물질이 아니라 공간적 한계 안에 갇힌 격렬한 움직임이라는 과학적 전제를 이해하는 것만으로도 주변 사물과 환경에 주눅 들지 않는 정신적, 영적 자유의 정점에 도달할 수 있다. 근본적으로 이러한 측면은 의식이 형성된 방식만큼이나 비현실적이다. 정신적 지각력을 높이면, 인식하는 것과 완전히 다른, 근본적으로 다른 것으로 변화할 힘을 지니게 된다.

여기서 우리는 신비의 문을 두드린다. 신비의 문을 열면 뭐든 가능하다. 산을 옮기고 물을 포도주로 바꾸고 바람을 가라앉힐 수 있다. 단 우리는 모든 산이 마음속에 있다는 장벽을 뛰어넘는 진리를 받아들이면 된다. 모든 한계와 부족함, 모든 폭풍도 마찬가지다. 우리 마음 안에 있고, 우리가 변화시킬 수 있다. 물질이 마음에 종속되어 있다는 믿음이 생기면, 세상과 그 안의 모든 것이 의식의 효과, 즉 생각의 부분적 표현일뿐이라는 것을 단번에 알 수 있다. 관찰자의 마음속에 있는 개념을 일관되게 반영하는 한, 관찰자의 생각이 바뀌면 즉시 다른 모습을 드러내며 다양한 변형을 제공할 것이다.

즉, 사물은 그 사물에 대한 개인의 생각을 반영하는 측면만을 보여준다. 우리가 다르게 생각할 때 그것들은 변하는 것처럼 보일 수 있지만, 실제 본질은 변하지 않는다. 그들은 모든 잠재력을 가지고 있으며 우리 마음이 이해할 준비가 된 것과 일치하는 부분만 보여줄 뿐이다.

우주의 근본적인 측면을 형이상학적으로 이해하는 것은 매우 유용하다. 먼저 정신적인 일에 집중하고 내면의 동기에서 자연스럽게 일이 전개되도록 하는 것이 유익하다는 생각에 적응하는 데 도움이 된다. 정신적 요인이 모든 것의 근간이 된다는 사실을 완전히 이해하게 되면, 서두르거나 물리적으로 개입하거나, 세상이 마음속의 생각에 따르도록 강요할 필요성을 느끼지 않게 된다. 모든 사건과 존재의 중심에는 단 하나의 지성이 존재한다. 그리고 이 지성은 당신 내면의 본질을 형성한다. 자신의 의식과 그 의식을 넓히는 내적 수련에만 관심을 가질 수 있는 충분한 지혜를 얻게 되면, 외부 세계는 내면의 반영이며, 환경의 근본 원인을 다루고 있다는 사실을 확신할 수 있다.

모든 잠재력이 우리 각자의 내면에 존재한다. 우리는 전체성, 무한성, 통일성 등 모든 걸 표현하는 주체이기 때문이다. 우리는 전체로부터 얼마나 분리되어 있느냐에 따라 전체만큼 완전하지 않을 뿐이다. 정신적 능력을 확장함으로써 우리는 완벽함, 힘, 전지전능함의 본래 상태에 더 가까이 다가갈 수 있다. 물질에 대한 정신은 물질에 대한 정신적 지배가 아니라 물질의 다면성과 무한한 잠재력에 대한 인식이다. 누군가가 어떤 사물의 한 측면을 인식하고 그것을 사물 전부로 간주할 때, 그 사물이 관찰자에게 미치는 영향은 제한된다. 우리의 삶은 우리가 세상에서 마주치는 다양한 요소에 부여하는 의미에 의해 형성된다. 우리가 사물을 해석하는 방식은 의식에 영향을 미치며, 의식은 단순히 외부 환경의 산물이라기보다는 우리의 지각을 반영할 뿐이다.

피부 깊숙이 숨어 있는 우리 자신

의식의 영향력에 대한 내적 고찰을 통해 의식이 우리의 경험에 끊임없이 영향을 미친다는 사실을 쉽게 알 수 있다. 사랑에 빠진 사람들은 사랑하는 사람의 이상화된 정신적 이미지만 보는 경향이 있기에 사랑을 맹목적인 것으로 묘사한다.

이혼은 매혹이 사라진 결과다. 매혹이 사라지기 때문에 사랑이 사라지는 것이 아니다. 사랑하는 마음이 떠나면, 매혹도 같이 사라진다. 한때 인생에 큰 의미를 안겨준 장소를 다시 방문하면 의외로 소박하고 인상적이지 않은 경우가 많다. 이러한 장소는 애틋한 기억이 만들어 낸 웅장한 환경과는 어울리지 않는다. 고통이 특정 장소 및 사건과 얽히게 되면, 인간이 날개를 키워서 날지 못하는 것처럼 그 장소를 다시 방문하거나, 그 사건에 관여하거나, 심지어 기억할 수 없게 된다. 고통을 피하고 쾌락을 추구하려는 자아의 예측할 수 없는 본성은 진정한 자아를 숨기는 데 기발한 역할을 한다.

자아는 신비롭고 끊임없이 변화하는 방식으로 작동한다. 감추었다가 드러나는 베일Veil, 또는 가시성과 모호함을 번갈아 가며 추는 춤에 비유할 수 있다. 이러한 특성으로 인해 개인은 일상에서 수많은 역할 또는 '자아'를 받아들이게 된다. 그런데 다양한 역할을 하면서도 결코 하나의 자아가 되거나 모든 역할이 합쳐진 총합이 될 수는 없다. 우리는 '진정한 나'의 모습을 모르고 산다. 어떤 상황에서든 우리는 자연스럽게 자신이 맡을 역할을 찾게 되는데, 대개는 부정직하거나 가식적인 느낌은 받지 않는다. 배경에 따라 색을 바꾸는 카멜레온처럼 자아의 존재를 순진하게 받아들인다. 사무실에서는 상사를 대하는 나, 부하 직원을 대하는 나는 다르다. 가정에서는 배우자를 대할 때, 자녀를 대할 때와는 다른 모습이 나온다. 마찬가지로 클럽에서의 행동은 친한 친구들 사이에서 행동하는 방식과 다르다. 또한 주변 사람들을 대할 때, 누구를 대하는지에 따라 다른 이미지가 투사된다. 우리는 우리가 맡은 다양한 역할에 어떻게 몰입하게 되는지 거의 알지 못하지만, 상황별 역할을 해낸다. 예를 들어 저녁 파티를 연다고 했을 때, 내빈 명단을 신중하게 선정할 때도 자신과 잘 어울릴 수 있는지를 고려한다. 모습을 보여줌으로써 진실하고 진정성 있는 모습을 보여주고자 한다. 파티가 진행되는 동안 일관되고 통합된 자아를 유지하고 싶은데, 이는 개인의 진정성과 사회적 환경에서 통일된 정체성에 대한 열망의 중요성을 나타낸다. 우연히 파티에 초대받지 않은 사람이 나타나면 갑자기 두 가지 역할을 해야 하기에 많은 혼란이 생길 수 있다. 이러한 상황은 상충하는 생각이나 행동과 관련된 불편함과 비슷한 감정을 불러일으킨다. 이는 마치 우리 자신의 상충하는 측면을 마주하는 것과 비슷하다.

숙련된 연기 코치는 학생들이 연기하는 캐릭터를 이해하도록 지도할 때 심층적인 인물 분석을 하도록 한다. 그들은 본능적으로 누군가를 진정으로 이해하려면 그 사람의 내면을 들여다봐야 하며, 겉으로 드러나는 모습만 생각하는 것과는 거리가 멀다고 생각한다. 이처럼 세상에 관한 인류의 탐구는 내적·외적 과정을 거쳤다. 심리학, 종교, 초심리학으로 대표되는 '내면'과 물리학으로 대표되는 '외면'이다. 과학은 비약적으로 발전했지만, 경쟁이 항상 빠른 자에게 유리한 것은 아니다. 과학은 산에서 원자에 이르기까지 실험실에서 '물질substance'을 추구해 왔지만, 일종의 기본 구조 외에는 어떤 수수께끼도 풀지 못했다. 생명의 신비를 해명하기 위한 노력에서 유일한 성과는 물질적 존재를 물리적 세계의 한계를 넘어서 이해하기 어렵게 만드는 것뿐이었다.

직관적인 인식

인간은 반응하는 동물이고, 일반적으로 자신에게 기대되는 역할을 하며 살아간다. '자동화automatism'는 의식적인 통제나 의도 없이 비자발적, 자발적 또는 반사적으로 행동을 수행하는 것을 의미한다. 이러한 자동화를 벗어날 수 있는 사람은 드물지만, 현명한 사람이다. 이를 달성할 수 있는 능력은 우리 각자의 내면에 본질적 정신 – 생명체에 생명과 의식을 부여하는 초자연적 힘 – 이 같이 존재한다는 사실을 인정하는 데 달려 있다. 깊은 이해력이나 내적 통찰력을 통해 개인은 자신의 내적 동기에 따라 사건이 자연스럽게 전개되도록 허용할 수 있다. 즉 타고난 이해력이나 본능에 따라 일이 진행되도록 허용하고, 내면의 동기와 일치하는 방식으로 상황에 대응할 수 있다. 이 직관적 이해는 각각의 상황에서 자신의 본질에 부합하는 최상의 결과를 고려하여 개입할 수 있는 능력을 부여한다.

우리는 모두 감각의 노예로 태어난다. 이처럼 처음에는 감각적 경험에 얽매여 있으며, 감각적 경험이 알려주는 모든 걸 의심 없이 신뢰하는 한, 계속해서 감각적 경험의 노예가 된다. 지성의 보편적 본질에 대한 심오하고 영적인 통찰력에 도달해야만 근본적으로 물질은 마음의 표현에 불과하다는 사실을 이해할 수 있다. 우리 각자의 내면에는 언제 어디서나 모든 사물 속에 존재하는 같은 우주적 존재가 존재한다는 것을 깨닫게 된다. 이 존재는 그 형태에 따라 다양하게 나타날 수 있지만, 그 핵심은 단 하나이고 나눌 수 없는 무한한 본질로 남아 있다.

이상한 진화 과정을 통해 다른 사람들을 얽매고 있는 제약을 이겨낸 것처럼 보이는 사람들이 등장하기도 한다. 대표적으로 버지니아 비치Virginia Beach의 투시 능력자이자 예언가 에드가 케이시Edgar Cayce였다. 그는 생각을 지각하고, 먼 곳에서 일어나는 일을 관찰하고, 우주적 정신에 접근하여 포괄적인 지식을 얻는 놀라운 능력을 지녔다. 케이시의 특별한 능력은 시간, 공간, 물질의 한계를 초월했다. 지금까지 그의 세심하게 기록된 업적을 반박한 사람이 없었다. 그는 최면 상태에서 가장 박식한 사람이 되어 의학과 종교 분야의 모든 지식을 갖고 있었다. 그러나 이렇게 특별한 능력을 지녔어도 그는 평소

5. 물질을 지배하는 정신

깨어 있는 상태에서는 정규 교육이나 학문적 훈련을 받은 사람이 아니었다. 그 외에도 이처럼 비범한 정신 능력을 지닌 사람들이 있다. 모차르트, 아인슈타인, 간디, 예수 그리스도와 같은 인물을 포함한 많은 신동과 천재들에게는 놀라운 정신적 도약을 통해 물질세계의 제약을 뛰어넘는 능력이 공통되게 발견되었다. 이 뛰어난 인물들은 신비한 마음의 힘을 활용하여 놀라운 업적을 달성했다. 매 순간 천재성을 발휘하는 사람은 드물지만, 우리는 살면서 때론 여러 번, 때론 여러 번 신비로운 직관의 순간을 경험하는 특권을 누리게 된다.

내면의 지식

조지George라는 청년은 편두통으로 극심한 고통을 겪었다. 유난히 통증이 심하던 어느 날 밤, 좀 걷다 보면 잠잠해지지 않을까 하는 생각에 밖으로 나갔다. 그는 문득 순수한 산소를 흡입하면 안도감을 느낄 수 있다는 생각에 눈이 번뜩 뜨였다. 그는 즉시 응급실을 찾아가 의사의 만류에도 산소를 흡입하여 즉각적으로 안도감을 느꼈다. 이 치료법은 오늘날 의료계에서는 널리 사용되고 있지만, 당시에는 거의 사용되지 않았다. 조지는 이런 방법이 존재한다는 사실도 모른 채, 무작정 응급실을 찾아갔다. 또 다른 사람의 이야기다. 실직으로 인한 우울증에 시달리던 톰Tom이라는 남자는 어느 날 아침 눈을 뜨고는 문득 밸브 제조 사업을 하면 큰 성공을 거둘 수 있을 것 같다는 생각이 들었다. 그런데 톰이 밸브에 대해 알고 있는 것은 피상적인 수준이었다. 그는 펌프와 엔진 내부에서 무언가 작동한다는 것을 알고 있었지만, 정확한 원리는 알지 못했다. 그는 기술자에 대한 교육을 받은 적도, 경영 수업을 들은 적도 거의 없었지만, 그는 망설이지 않았다. 그는 한 밸브 회사를 찾아가 현장 견학을 요청하기도 했다. 그는 즉시 밸브 제조가 자신 적성에 맞는 일이라고 확신했다. 2주 후 그는 한 모임에서 자신을 발명가라고 소개한 한 남자를 알게 되었다. 그는 모임 장소에 있던 식탁보에 혁신적인 밸브의 청사진을 스케치했다. 얼마 지나지 않아 톰과 발명가는 은행에서 사업 자금을 신청했고 본격적으로 밸브 회사를 창업했다. 현재 이 회사는 미국에서 가장 유명한 밸브 회사 중 하나가 되었다.

잠재적 능력

직관은 모든 일을 해내는 힘이다. 아무 생각 없이 벽돌을 쌓아서 건물을 지은 사람은 아무도 없다. 건물은 누군가의 머릿속에서 먼저 지어진다. 상상 속에서 태양을 향해 우뚝 솟은, 맑고 견고한 건물을 그리고 나면, 그때부터 건물을 짓기 위한 실행이 본격화된다. 단순히 사실을 집계하는 방식으로 인생을 살면, 결국 우주에 존재하는 방대한 지식 일부만을 습득하게 된다. 이러한 삶을 사는 사람들은 결정을 내릴 때, 객관적 사실에서 해답을 찾으려 한다. 그런데 객관적 사실은 결코 해결의 실마리를 알려주지 않는다. 심지어 그럴 만큼 사실의 양이 충분치도 않다.

루돌프 슈타이너Rudolf Steiner(오스트리아의 교육자, 철학자, 문학가, 예술가이자 종교적 지도자이며 인지학의 창시자 – 옮긴이)는 이렇게 말했다. 모든 사람에게는 더 높은 세계에 대한 지식을 스스로 습득할 수 있는 잠재적인 능력이 있다. 우리를 올바른 행동으로 이끄는 것은 내면의 확신, 직관적인 직감이다. 우리는 이성의 힘에 대해 과도한 자부심을 안고 살지만, 이는 주객이 전도된 것이나 다름없다. 사실 우리는 이성을 따르는 경우가 거의 없다. 이성보다 직관에 더 많이 이끌려 행동한다. 역사적 사건을 살펴보면 이러한 관찰이 얼마나 정확한지 알 수 있다. 콜럼버스는 이성적으로는 세상이 평평하다고 확신했지만, 직관적으로는 지구가 둥글다고 믿었다. 파스퇴르도 마찬가지다. 그의 이성대로라면 그는 고향인 유럽 주변의 안전한 바다를 항해했을 테지만, 직관은 그를 미지의 바다를 건너 새로운 세계로 이끌었다. 이성은 파스퇴르에게 질병이 혈액의 열로 인해 발생한다는 사실을 알려주었고, 직관은 박테리아와 완전히 새로운 예방 의학 분야를 찾아내도록 이끌었다. 우리는 내면의 충동에 전적으로 의존하고 외적인 사건과 상황에만 반응하지 않는 법을 배울 때 업무와 활동에 능숙해질 수 있다.

물질보다 마음을 우선시하는 믿음

물질보다 마음이 우선이라는 믿음을 대할 때, 세 가지 핵심 사항을 이해해야 한다. (1) 눈에 보이지 않지만, 실재하는 무형의 매체가 존재하여 겉으로 보이는 세계를 지탱하고 있다. (2) 이 실재하지만 보이지 않는 세계, 그리고 착시적 감각 세계 사이에는 확고한 연결 고리가 있다. (3) 우리의 훈련된 인식은 이러한 연결을 감지하고 관리하며, 이러한 관계를 조절할 수 있다.

이러한 점을 고려하면 '우주적 매개체cosmic medium(초자연적인 힘, 즉 우주의 모든 것을 연결하는 모든 걸 포괄하는 보편적인 힘 – 옮긴이)'의 존재를 증명하기가 매우 어렵다는 사실이 생경해진다. 초超심리학parapsychology(일반 심리학으로 설명할 수 없는 정신 영역을 다루는 학문 – 옮긴이)에 대한 탐구가 어느 정도 성과를 거두기는 했지만, 지금까지 우리의 과학적 조사 방법은 실험실 현미경으로 의식을 관찰하는 데 거의 도움이 되지 못했다. 듀크 대학교의 J.B. 라인 박사Dr. J.B. Rhine의 실험은 순수하게 감각적인 것 너머에 마음과 마음이 소통하는 어떤 방법이 존재한다는 것을 성공적으로 증명했지만, 인간 존재의 영역은 낯설고 어두운 대륙처럼 거의 연구되지 않은 채로 남아 있다. 사람들은 특정 장소에서 특정 행동을 하는 꿈을 꾸고, 며칠 안에 그 장소에서 꿈에서 본 것과 똑같은 활동을 하는 자신을 발견한다. 사람들은 친구의 경사스러운 일이나 불행한 일을 갑자기 직감하거나, 집에 불이 났다는 강한 느낌을 받거나, 사랑하는 사람의 고통이나 위험을 직관적으로 감지하는 경험을 자주 한다. 이러한 현상은 전 세계적으로 정기적으로 발생하고 있지만, 인간 정신의 미개척 영역이기도 하다. 우리가 이 미지의 영역을 깊이 파고들어 온전히 집중한다면 세상은 상상을 초월하는 전례 없는 진화의 발전을 목격하게 될지도 모른다.

우주적 매개체

개인과 마음을 하나로 묶는 우주적 지성은 모든 것과 모든 사람을 관통하는 '우주적 매개체'다. 각 개인은 이 우주적 지성을 통해 다른 사람들과 근본적으로 연결 및 통합되어 있다. 우리는 본래 이웃과 연결되어 있다. 그렇게 '탯줄'이 연결된 이유는 우리 각자가 매우 실제적인 의미에서 이웃과 하나이기 때문이다. 무한한 다양성이라는 개념이 우리가 우주에 대해 생각하는 어떤 방식에도 맞지 않는다는 것을 확신하는 순간, 그들은 내적 통일성, 즉 모든 것이 절대적으로 하나라는 개념으로 향하게 된다. 이 새로운 원리가 진정으로 마음에 와닿았을 때, 그들은 우주에는 오직 하나의 생명만이 존재하며 그 생명은 자신과 이웃에게 있다는 것을 깨닫게 된다. 그들은 이 힘이 모든 것 안에서 조용히 작동한다는 것을 알고 있다. 그리고 이러한 이해를 바탕으로 이 힘이 자신 안에서 나타나는 방식뿐만 아니라 다른 사람과 사물에서 나타나는 방식에도 영향을 미칠 수 있다.

우리의 감각을 통해 인식되는 세계는 마음속에 존재하는 세계를 부분적으로 드러낸 것일 뿐이다. 그런데 이상하게도 우리가 공간과 시간 속에서 마주치는 현상들이 매우 현실적으로 느껴진다. 책상을 두드리면 그 딱딱함과 존재감을 인식할 수 있다. 하지만 책상이 생각의 연장선상에 존재한다는 생각은 거의 하지 않는다. 우리는 종종 자신의 아이디어를 창출하는 데 집중하지만, 우리의 일상적인 행동은 대부분 우리가 세상에서 접하는 유형의 사물이 가장 큰 영향을 미친다는 믿음에 기초한다. 우리 시간의 상당 부분이 사색과 전략 수

마음속의 마법

립, 새로운 아이디어 창출에 할애되지만, 실제 행동은 궁극적으로 우리가 세상에서 마주하는 가시적인 현실에 의해 좌우된다. 다시 말해, 우리는 지적 추구를 지향하지만 결국 우리의 행동과 결정에 가장 큰 영향을 미치는 것은 자신이 처한 환경이다. 모든 것을 생각과 개념의 산물로 보는 능력을 키우면 단순히 개별 사물을 관찰하는 것을 넘어선다. 즉 표면적인 외관을 넘어 우리가 접하는 사물의 개념적 기원을 깊이 인식하게 된다. 우리가 특정 방향으로 주의를 돌리면 우주의 근본적인 창조적 힘과 상호작용을 시작하게 된다. 이것은 물질에 대한 정신의 두 번째 원리, 즉 의식의 영역과 물질의 영역 사이에 연결된 잠재력을 이해하는 출발점이 된다. 즉 생각과 의식이 물리적 세계 또는 존재의 물질적 측면에 미치는 심오한 영향을 인정하게 된다.

자기도취적 자아 Enamoring Ego

아리스토텔레스는 "지성 그 자체로는 아무것도 움직이지 않는다"라고 말했고, 현대 심리학에서는 이 법칙이 옳다는 사실을 인정했다. 우리가 직면하는 상황은 내면 의식의 깊이와 본질을 반영한다. 간단히 말해, 우리는 있는 그대로 모습만을 보고 있고, 자기도취적 자아가 세상에 대한 우리의 착각을 불러일으키기도 한다. 그래서인지 사람들은 같은 상황에 계속 반복해서 부딪히게 된다. 어떤 사람은 사고에 취약하고, 어떤 사람은 건강에 늘 신경을 곤두세우며, 어떤 사람은 연이은 사업 실패를 경험한다. 불행이 거듭되는 운명을 타고난 듯한 삶에서는 거대한 비극의 분위기가 풍긴다. 그러나 이러한 사람들이 직면하고 있는 것은 단순한 불운이 아니다. 생각과 감정의 내면세계가 외부로 반영되었을 뿐이다.

삶은 우리가 이해하지 못하는 것들과 계속 접촉하게 한다. 우리의 인식이 확장되지 않고 내면의 이해가 깊어지지 않는 한, 우리를 압도하는 도전에 반복적으로 직면하게 될 것이다. 이 주기는 우리가 교훈을 깨닫고 이해할 때까지, 또는 완전히 패배하여 상황을 인정할 수밖에 없을 때까지 이어진다. 마음의 숨겨진 세계와 외부인 감각 세계 간에는 연결 고리가 있다. 즉 외부 세계는 항상 내면의 반영이다. 외부의 감정적 본질은 관찰자 의식의 감정과 일치한다. 외부 세계가 우리에게 미치는 영향은 우리의 지각 때문에 형성되고, 우리의 지각은 외부에서 오는 것이 아니라 우리 내부에서 비롯된다.

마법의 이미지

마음이 물질보다 더 강력하다는 큰 틀에서 가장 중요한 두 가지 법칙을 소개한다. 우리가 상황에 의해 지배당한다는 사실을 이해하는 데 도움이 될 내용일 것이다. 우리가 행동을 주도하는 것이 아니라, 무언가에 자극받아 행동을 취한다는 의미다. 앞의 두 가지 법칙을 절망적인 인생의 개념으로 받아들인다면 삶은 암울해 보일 것이다. 그러나 세 번째 법칙에서는 전체적인 성격을 침체한 절망의 분위기에서 활기찬 기대감으로 변화시키는 비결을 찾는다. 여기에서는 우리가 의식을 훈련함으로써 환경과 상황을 바꿀 수 있다고 한다.

프랑스 작가이자 투시 능력자occultist 엘리파스 레비Éliphas Lévi는 말했다. "마법은 자연적이면서도 일반적인 자연의 힘을 뛰어넘는 힘을 활용한다. 이는 과학의 결과이자 인간의 의지를 일반적인 한계 이상으로 끌어올리는 습관의 결과다." 그러나 의지만으로는 해답이 되지 않는다. 의지는 그 자체로 힘보다는 고통으로 가는 길일 때가 더 많다. 의지력이라고 하면 대부분 다른 사람이나 사물에 대항하여 의지를 행사하는 것을 떠올리지만, 의지력을 효과적으로 사용할 수 있는 유일한 길은 내면의 의식을 단련하는 것이다. 궁극적으로 우리는 우리가 하고 싶은 생각을 선택할 수 있는 능력을 지니고, 이러한 생각의 선택 능력이 우리에게 자유를 부여한다. 이를 통해 우리는 상상할 수 있는 모든 이미지로 자신을 재구성하는 힘을 얻게 된다. 우리에게는 신체를 회복하고, 영혼을 키우고, 성격을 변화하고 고양하며, 의지력을 강화하고, 최면과 황홀경 상태를 유도할 수 있는 능력이 있다. 우리에게는 게으르고 비생산적인 사람에서, 고도로 숙련되고 능률적인 사람으로 변신할 능력이 있다. 외적으로 바쁘게 지낸다고 생겨나는 능력은 아니다. 내면을 수양하고, 생각을 성찰하고, 마음의 본성을 변화시킴으로써 길러지는 능력이다. 개인의 모든 힘은 자신의 의식을 훈련하는 데 있고, 우리의 효율성은 자신 안에서 믿음이나 자신감을 불러일으키는 능력에 달려 있다. 오직 믿음만이 우리가 생각하던 것과는 다른 정신적 그림을 그려낼 힘을 지닌다.

눈에 보이지 않는 것들의 증거

바오로 성인은 "믿음은 보이지 않은 것을 보는 것이다"라고 말했다. 믿음이 있으면, 아는 것처럼 행동할 수 있다. 실제 지식이 있을 때는 자신감을 가지고 행동하고, 의심이 있을 때는 자신감을 잃고 불안해한다. 이는 믿음이 강한 사람과 믿음이 약한 사람의 차이이기도 하다. 믿음이 풍부한 사람은 어떤 상황에서도 소환할 수 있는 특별한 조력자나 초자연적인 힘을 가진 것처럼 인생을 헤쳐 나간다. 반대로 믿음이 부족한 사람은 흐릿하고 왜곡된 내면의 관점에 영향을 받아 주저하고 불확실하며 두려운 태도로 터벅터벅 걸어 나간다.

우리가 기대하는 희망의 실체는 실제 세계만큼이나 선명하고 세밀한 이미지로 마음속에 만들어진 실체와 같다. 보이지 않는 것의 증거는 상상력의 이미지 생성 능력을 통해 수집된 내면의 증거이다. 우리가 지식에 반하는 행동을 하는 것은 절대 불가능하다. 사람은 자신이 죽을 것을 알기 때문에 과속하는 자동차 앞에 나서지 않고, 가라앉을 것을 알기 때문에 물 위를 걷지 않으며, 때로는 실패할 것을 알기 때문에 새로운 사업에 도전하지도 않는다. 아무리 설득해도 이미 알고 있는 사실에 대한 반응을 바꿀 수는 없다. 그러나 그들이 알고 있는 내용은 충분히 바꿀 수 있다. 가장 직접적이고 효과적인 방법은 그들의 의식 속에 있는 이미지를 바꾸는 것이다. 자신의 목표를 명확하게 상상하는 데 능숙해지면 결국 새로운 시도를 하고 성공을 거둘 역량을 갖추게 된다. 정신적 이미지의 정서적 본질은 의식의 더 깊은 수준까지 침투하여 적절한 행동을 취하도록 동기를 부여한다.

마음속의 마법

자신이 강하다고 생각하면 결국 강해진다. 단호하다고 생각하면 결국 최고의 끈기에 도달한다. 자신에게 힘이 있다고 생각하면 결국 상황을 뛰어넘는 힘의 경지에 도달한다. 마음은 우리의 행동과 태도에 영감을 주는 내적 이미지를 투사하여 그 생각에 반응하기 때문에 우리의 행동을 형성하는 무한한 힘을 가지고 있다. 식사, 식욕, 성적 활동, 운동 반응, 지적 활동은 우리가 머릿속에 떠올리는 이미지에 의해 촉발된다. 생각 속에서 우리만의 아이디어를 만들어 냄으로써 세상이 우리에게 미치는 영향을 바꿀 수 있다. 이를 통해 스스로 동기를 부여할 수 있고, 외적인 영향에 수동적으로 반응하지 않을 수 있다.

생각과 행동

예일대학교 외과 의사이자 신경생리학 교수였던 호세 델가도José Delgado 박사는 뇌에 무통 전류를 흘려보내면 동물과 인간의 행동이 크게 바뀔 수 있다는 논문을 발표했다. 원숭이를 대상으로 한 실험에서 원숭이는 평소보다 7배 많은 음식을 먹거나, 갑자기 사랑에 빠지거나 사나워졌다. 인간을 대상으로 한 실험에서는 뇌의 어느 부위를 자극했는지에 따라 공포, 애정, 아찔한 웃음, 혹은 놀라운 기억력을 보여주기도 했다. 이 실험들에서는 분명 일반적인 신경 자극 대신 전기 자극을 사용한다. 신경 자극이 의식 속 생각에 대한 우리의 반응 때문에 지속된다고 생각해 보라. 그러면, 생각을 관리하고 정신적 이미지를 만드는 마음의 능력을 신중하게 다루는 것이 얼마나 중요한지 알 수 있다.

우리는 생각하는 대로 행동하는 경향이 있다. 장기적으로 볼 때 사람은 신체가 아니라 의식 속에 있는 생각의 총합에 불과하다. 짧은 만남만으로도 상대방의 많은 생각을 파악할 수 있다. 누군가가 우호적이고 친절한 사람이라면, 그 사람이 세상을 친근하고 편안한 곳으로 여긴다는 뜻이다. 차갑고 까칠한 사람이 바라보는 세상은 그에게 적대적일 뿐이다. 누군가가 무관심한 태도를 보인다면 이는 정서적 고통이나 취약성에 대한 두려움의 신호일 수 있다. 이러한 감정 상태를 이해하려면 과도한 행동이나 반응을 관찰해야 한다. 너무 많이 웃는 사람은 팔리아치Pagliacci(이탈리아어로 '광대들'이라는 뜻으로 유랑 극단에서 광대들 사이에서 일어나는 치정극을 다룬 오페라이다. 능청스러운 얼굴로 한숨을 숨기고 눈물을 감추며 웃어대는 희극 배우가 등장한다 - 옮긴이)의 희극 배우처럼 눈물을 숨기고 있을 수 있다. 사랑의 결핍을 보상하기 위해 과식을 하거나, 두려움을 무마하기 위해 과도한 음주를 즐기거나, 삶의 책임을 회피하기 위해 격렬한 놀이에 빠져들거나, 끊임없이 변화하는 세상에서 안정감을 얻기 위해 과도한 일을 하곤 한다. 우리의 반응은 항상 마음속의 생각, 생각을 채우는 아이디어, 유령이나 악마 같은 상상 속 인물, 무지개 너머의 황금 항아리 같은 상상 속 보물에서 비롯된다.

외적인 자극에 휘둘리지 않고, 자신의 신념이 옳다고 굳게 믿고 확고하게 입장을 견지할 수 있는 역량을 키우라. 불확실성은 삶의 모든 측면에서 망설임의 구름을 드리운다. 이를 해결하기 위해 우리는

생각에서 의심을 없애고 정신적 이미지를 굳건히 하여 모든 도전에
대해 자신 있게 결단력 있게 행동할 수 있어야 한다.

> 직접 보고도 의심하는 자는
> 뭘 해도 믿으려 하지 않는다.
> 해와 달이라도 의심하면
> 그 즉시 빛을 잃고 말 것이다.
> — 윌리엄 블레이크William Blake

삶의 설계자

사물을 명확하게 시각화하기 시작하는 일은 생각보다 어렵지 않다.
우리는 모두 상상력을 발휘하여 현재 주변 환경뿐만 아니라 잠재력
까지 상상하는 깊은 심리적 경향을 지닌다. 그런데 우리는 물질적인
것에 지나치게 의존하기 때문에 상상력을 제대로 발휘하지 못하며
살아간다. 예를 들어, 우리는 자동차의 정해진 형태를 볼 때, 그 형태
를 그대로를 받아들이고 더는 다른 것을 시각화하지 않는다. 그 결과
활개 칠 수 있는 창의적 상상력에 진정제를 투여하고, 우리 고유의
본성 중 상당 부분을 차단한다. 그런데 일반인들과 달리 디자이너들
은 현재 통용되는 형태의 자동차를 상상할 여유가 없다. 그들은 항상
새로운 형태를 떠올려야 한다. 상상력과 디자인 능력은 그들의 생계
에 필수적인 요소이기 때문이다.

우리는 모두 자신의 삶을 설계하는 인생의 설계자이다. 상상력에 내재한 창의적 잠재력을 수용하는 정도에 따라, 각자의 삶의 형태와 내용, 그리고 그것이 각자에 미치는 파급력에 영향을 미칠 수 있다. 사건과 개인의 본질을 근본적으로 바꾸는 것이 아니라 인식하는 방식을 변화시킴으로써 사건과 개인에게 영향을 미친다. 모든 사물, 사건, 사람은 무한한 잠재력을 지니고 있기 때문이다. 모든 개체에서 우리는 의식이 이해할 수 있는 것만 관찰한다. 그런데 대상을 장시간 경이로운 눈으로 관찰하는 법을 배울 때, 지금까지 의심하지 않았던 깊숙한 곳까지 들여다볼 수 있는 일종의 통찰력을 갖게 된다. 그러면 우리는 다르게 보고, 다르게 반응하며, 그에 따라 우리의 삶이 달라진다.

정신력mental power을 확대해석하는 사람들이 많다. 마치 물체를 움직이거나, 사물을 나타나게 하거나 사라지게 하는 초능력, 정신적 조작을 통해 다른 사람을 통제하는 능력으로도 인식하고 있다. 하지만 실제로 정신력에 능숙한 사람들은 오로지 자신의 자기 계발에만 집중한다. 또한 자신만의 독특한 관점으로 세상을 바라본다. 그리고 자신의 인식에 영향을 미칠 수 있을 때만 세상에 영향을 미칠 수 있다. 게다가, 지식을 습득할수록 근본적인 진리를 이해하는 데 더 가까워진다. 이러한 이해가 깊어질수록 다른 사람 및 주변 세계와 더 강한 유대감을 느끼게 된다. 이러한 내적 연결을 통해 각 사람의 숨겨진 본성에 대한 통찰력을 얻을 뿐만 아니라 자신 삶과 자신이 사는 세상을 깊이 이해한다.

생각을 바꾸면 세상이 바뀐다

인생의 문제에 직면했을 때 괴로움을 극복하려는 의지만 앞세우지 말라. 대신 문제를 이해하는 데 집중하라. 결국에는 문제와 싸우는 것이 아니라 문제를 깊이 이해함으로써 해결책을 찾을 수 있기 때문이다. 애초에 이러한 문제가 존재하는 이유는 이해 부족 때문이다. 모든 문제는 지식이나 이해 부족에 뿌리를 두고 있다. 이 간단한 개념을 인식하면 지식과 이해도를 높이는 것이 문제 해결의 열쇠라는 마음가짐으로 문제에 접근할 수 있다. 다시 말해, 무지나 통찰력 부족과 관련된 문제의 근본적인 원인을 해결하는 것이 중요하다. 장벽이나 장애물이 있는 한 문제는 지속할 것이다. 문제의 본질에 대한 통찰력 없이는 문제를 해결할 수 없다. 삶은 단순함이 복잡함으로, 또는 그 반대로 복잡함이 단순함으로 바뀌는 지속적인 과정이다. 이러한 자연스러운 성장을 가능케 하는 연금술은 바로 의식을 확장하는 것이다. 의식을 확장하면 이해력이 확장되고, 아무리 복잡한 문제라도 해결할 수 있는 해결책이 된다. 한번 해결된 문제는 다음부터는 일사천리로 쉽게 해결될 것이다.

물질보다 마음이 우위에 서려면 모든 사람과 만물 안에 살아 움직이는 하나의 존재가 있다는 기본 전제를 받아들여야 한다. 모든 겉모습의 밑바탕에는 다양한 차이에도 굴하지 않고 지속되는 근본적인 통일성, 즉 내재적인 합일oneness이 있다. 더 높은 의식과 통찰력을 통해 모든 걸 아우르는 하나의 마음과 하나의 삶이 숨겨져 있는 수많은 가면을 꿰뚫어 볼 수 있게 되면, 모든 업무와 행동에서 효율성을 달성할 수 있다. 이때, 각 형태 안에 존재하는 역동적인 존재의 법칙을 이해해야 한다. 간단히 말해서, 우리 자신에 대한 영향력에서 시작하여 우리 주변의 모든 것에 영향을 미칠 수 있는 능력이 있다는 의미다. 궁극적으로 우리 의식의 본질이 세상의 모든 것을 형성하고 영향을 미친다. 우리는 의식을 변화시켜 우리가 보는 것을 바꿀 수 있는데, 이러한 변화에 영향을 줄 수 있는 수단은 상상력이다. 우리는 삶에서 실현하고자 하는 것들만 마음속에서 상상하는 기술을 키워 나갈 수 있다. 이 능력을 익히면 그 생각의 실체가 점차 우리 주변에 현실로 나타나게 될 것이다.

상상력을 믿기만 하면 우리는 무엇이든 해낼 수 있다. 마음속의 소망을 마음속의 이미지로 표현하라. 단 그 그림이 왜곡되거나 변색하지 않도록 신선하고 선명하며 밝게 유지하라. 트럼펫 소리나 심벌즈 소리처럼 거창하지 않다. 우주 전체에 존재하는 법칙, 즉 모든 것은 기본적으로 관념에서 비롯되며, 보는 사람의 마음에서 먼저 시작되어야 한다는 법칙을 따르기 때문이다.

6.
정신적 에너지

플로티노스Plotinos는 이렇게 말했다. "심오한 내면 시야Vision를 경험하는 것은 이성reason(사고)을 넘어서는 일이다. 이성을 초월하는 내면 시야는 이성이 작용하기 전과 후에 존재한다. 이것은 적극적으로 관찰할 수 있는 시야이기도 하다. 내면 시야는 단지 눈으로 보는 것sight과는 다르다. 보는 사람seer과 보는 대상seen을 구분하기가 어렵고, 둘을 별개인 것으로 구분하기가 어렵기 때문이다. 내면 시야에 대해 표현하기는 어렵다. 보는 대상이 자신의 일부처럼 느껴지기 때문에, 어떻게 제대로 자신을 묘사할 수 있겠는가?"

생각한다는 것은 곧 존재한다는 것

우리가 마음속에 그리는 이미지는 정체성과 우리가 어떤 사람이 되는지에 영향을 미친다. 그런데 부조화하게도 우리는 우리의 마음 상태를 모른 채 살아간다. 데카르트는 "나는 생각한다. 고로 존재한다"라고 말했다. 그런데 생각하는 자아의 의심할 수 없는 존재를 강조한 그의 훌륭한 철학적 전제가 등장한 이후, 이에 대한 추가적인 통찰은 많지 않았다. 우리는 생각하기 때문에 존재한다는 것을 알 수 있다. 생각이 우리 안에서 멈추면 우리는 자동으로 존재하지 않게 된다. 우주의 특정 지점에서 생각이 시작되면 그 지점이 바로 살아 움직이기 시작한다. 우리의 존재는 우리의 생각에 따라 형성된다는 사실을 인식하는 것도 중요하지만, 매 순간 우리는 본질적으로 현재 우리 마음 속에 있는 생각의 조합이라는 사실을 잊으면 안 될 것이다.

우리 안에는 생각하는 존재가 살고 있다. 따라서 우리는 자신이 생각 그 자체라고 가정할 수 있다. 우리의 생각이 더 복잡하고 보편적일수록 우리는 더 복잡하고 보편적으로 된다. 보는 사람의 마음속에 있는 이미지와 보는 사람 자신을 분리하는 것은 불가능하다. 이 둘은 매우 실제적인 의미에서 하나이기 때문이다. 우리의 의식을 사로잡는 것은 의식의 부분이 된다. 따라서 우리가 무언가에 주의를 집중하면 우리는 본질적으로 그 대상이 된다. 생각을 현실로 바꾸는 정신의 능력은 물질세계에 대한 상당한 통제력을 부여한다. 외부 세계에 대한 우리의 탐험은 공간과 시간의 문제를 상당 부분 극복했지만, 인간의 마음과 그 영향에 대해서는 여전히 제한적으로만 이해하고 있다. 생각은 눈에 보이지 않기 때문에 실험실 현미경으로 관찰할 수 있는 대상이 아니었다. 따라서 사상의 본질과 작용에 대한 우리의 이해는 역사를 처음 기록한 초창기처럼 지금도 여전히 제한적이다. 사람의 생각이 인생 전체를 좌우한다는 사실이 공감되고 있지만, 여전히 내면의 소망과 욕망에 따라 생각하기보다는 외적인 감각 자극에 따라 생각하는 경향이 있다.

정신의 법칙

생각이 행동을 선행해야 한다는 것은 누구나 알고 있는 원칙이다. 이처럼 생각하고 행동해야 한다는 법칙이 있는 데도 실제로 많은 이들이 그 반대로 실천하고 있다. 물건이 먼저이고 생각이 그다음에 오기 때문이다. 그런데 정신적 이미지의 힘은 이러한 형식의 반전에서도 여전히 작동한다. 단 그러한 이미지는 단순히 관찰하는 모든 것, 경험하는 모든 상황의 정당성을 확인해 줄 뿐이다. 그런 사람들은 자신의 감정의 한계를 넘어 성장할 수 없다. 무엇보다도 감각적 자극을 중요시하기 때문이다. 이러한 각각의 자극은 감정적 반응에 얽매이게 된다. 익숙한 사건이나 사물에 직면하면 미리 정해진 방식으로 일관되게 반응한다. 결과적으로, 이러한 사람들은 자신이 상황을 통제하기보다는 세상의 외적인 측면이 자신 행동을 결정하도록 내버려 두는 사고방식을 가지고 있다. 따라서 효과적인 삶으로 나아가는 데 어려움을 느낀다. 그들이 느끼는 두려움이나 적대감, 분노, 시기, 슬픔과 같은 감정은 모두 외적인 자극 때문에 유발되는 것일 뿐, 내면의 신념이나 욕망과는 거리가 멀다. 이러한 사람들은 어떻게든 정신적 일탈을 꿈꾸며 산다. 남들과 의견이 맞지 않거나 격렬한 논쟁을 하게 되면, 매우 흥분하고 쉽게 히스테리를 부리는 경향도 있다. 그들의 강한 신념은 감정에 깊이 뿌리를 두고 있기에, 환상이 사라지면 재앙적인 결과를 초래할까 봐 두려워한다. 그래서 감정에 휩싸인 채 자신의 신념을 맹렬히 지키려 한다. 이들을 변화시킬 수 있는 가장 좋은 방법, 즉 그들에게 가장 다행일 법한 일은 어떠한 계기로든 자신의 자아를 내려놓게 하는 것이다. 자아를 완전히 낮추는 삶을 살면, 더 명확한 시야를 갖게 되고, 자신이 행동하기보다는 주로 반응했다는 사실을 인식할 수 있게 된다. 겸손의 미덕이 영혼에 들어가면, 마침내 자신이 고립된 존재가 아니라 수백만 명의 형제가 있고, 각 형제의 마음속에는 같은 신성이 숨겨져 있음을 알게 된다.

미래 예측자

프랑스의 소설가 겸 평론가 아나톨 프랑스Anatole France는 이런 글귀를 남겼다. "아는 것은 아무것도 아니지만 상상하는 것은 전부다To know is nothing at all; to imagine is everything." 우리의 관심을 끄는 것은 미래를 예측하는 신뢰할 수 있는 지표가 된다. 실제로 다른 사람의 머릿속을 가득 채우고 있는 생각을 알 수 있다면, 그 사람의 앞으로의 삶에 대해 가장 내밀한 부분까지 정확하게 설명해 줄 수 있을 것이다. 점쟁이는 카드, 찻잎, 수정 구슬을 사용하든, 점쟁이와 점치는 사람 사이의 텔레파시telepathy(말·몸짓 등이 전혀 없는 조건에서 타인의 마음을 감지하는 일) 연결을 통해 미래를 예언할 수 있다. 우리가 품고 있는 생각은 우리에게 영향을 미치고 우리를 인도하는 힘을 가지고 있다. 그 힘은 본질적으로 우리가 생각하는 대로 행동하도록 강요하는 식으로 작용한다. 생각 속에는 생각을 행동으로 옮기는 것을 강요하는 '운동 충동motor impulse'이 있다. 이는 도덕적 또는 윤리적 관습보다 훨씬 상위의 법칙으로 작용한다. 도덕적 옳고 그름과 상관없이 생각은 같은 속도로 작동한다. 주유소를 털고 싶다는 생각을 계속하고 이 이미지를 몇 주 동안 머릿속에 담아두면 어느 날 주유소에서 총을 들고 주유기를 비울 준비를 하는 자신을 발견하게 될 것이다. 흔히 순간적인 감정폭발로 인한 '격정 범죄'를 저지르는 사람들은 종종 자신이 통제하거나 이해할 수 없는 강박에 이끌려 범죄를 저지른다고 설명한다. 이러한 강박은 그들의 생각에서 비롯된다. 정신적 화면에서 재생되는 생각이나 이미지는 결국 신체의 '운동 충동'에 뿌리를 내리면서 신체적 행동으로 전환된다. 각 개인은 의식의 심오한 영역에서 떠오르는 행동을 실행에 옮기게 된다. 법구경法句經, Dhamma-pada(인도의 승려 법구가 인생에 지침이 될 만큼 좋은 시구들을 모아 엮은 경전 – 옮긴이)은 우리에게 생각에 대해 경계하라고 충고한다. 이는 당연한 말이다. 우리가 마음속에 허용하는 것은 무엇이든 구체화 되어 우리 삶에 영향을 미친다. 삶의 본질은 생각이 현실로 나타난다는 사실에 있기에, 삶을 멈춰야만 그 법칙을 막을 수 있다.

명료한 사고

외부 세계에서 성과를 다급하게 기다릴 때가 있다. 이때, 성과가 나오기까지의 속도는 내면의 정신적 이미지의 수준에 영향을 받는다. 생각하는 것, 그 방법, 주제, 절차에 대해 우리는 잘 알지 못한다. 그래서 자신이 얼마나 생각을 잘하는 건지, 상상하는 이미지가 얼마나 선명한지, 얼마나 현실적인지에 대해 거의 고려하지 않는다.

우리 대부분은 모호한 사고방식을 갖고 있다. 우리는 무언가를 떠올릴 때, 그것은 우리에게 모호하고 그림자 같은 존재로 다가온다. 우리는 그 대상을 진정으로 인식하거나, 경험하거나, 느끼거나, 물리적으로 연결하거나, 깊이 흡수하지 않는다. 대신, 언어적 이해를 통해 그 대상을 막연하게 인식하게 된다. 우리가 '우리 집'이라고 말할 때 정신적 이미지는 실제 물리적 구조를 떠올리기보다는 세금, 외관 관리, 잔디 관리 또는 사교 행사와 같은 책임과 관련된 일반적인 생각을 떠올리게 된다. 개인적으로 중요하게 생각하는 정도에 따라 모든 것에 의미를 부여하지만, 의식 속에서 이미지를 떠올리는 경우가 거의 없다. 그런 식으로 생각하는 훈련을 한 적이 없고, 그런 이미지의 중요성을 제대로 이해하지 못했기 때문이다.

당신에게 익숙한 이미지를 떠올려 보라. 당신이 많은 시간을 보내는 방을 떠올려 보라. 그 방의 특정 의자에 앉아 있는 자신을 상상해 보라. 주위를 둘러보면 무엇이 보이나? 벽에 그림이 걸려 있나? 어디에 어떤 종류가 있나? 색깔은 무엇인가? 가구, 책, 서류는 어디에 있나? 먼지가 쌓여 있나? 조명은 어디에 있나? 어떻게 작동하나? 실제로 그 방에 있다고 느낄 정도로 강렬하게 그 방에 있는 자신을 바라보라. 사물들이 어떠한 색상인지, 얼마나 견고한지 상상해 보라. 며칠 동안, 이 작업을 해보라. 깜짝 놀랄 만한 경험을 하게 될 것이다. 이 명상을 하면서 마음속으로 이 방에 들어설 때, 어느 순간 실제로 그곳에 있다는 느낌을 갑자기 받게 될 것이다. 이 경험을 하게 될 때, 정확하고 생생하게 이미지를 떠올릴 수 있을 것이다. 그렇게 되면, 당신의 존재감이 크게 느껴질 것이다. 정확하고 명확한 정신적 시각화의 위력을 느낄 수 있을 것이다.

닫히지 않은 문

자, 이제는 추가 테스트를 통해 당신의 생각이 얼마나 불명확한지 확인하고, 생각을 더 또렷하게 만드는데 얼마나 큰 잠재력이 있는지 확인해 보라. 기혼자라면 지금 당장 배우자의 얼굴을 머릿속에 그려보라. 막상 떠올리기 어려워 당황할 수도 있다. 실제로 상상하는 배우자의 모습은 흐릿한 꿈과 같은 추상적인 이미지에 가까울 것이다. 상대방의 얼굴이 사진처럼 선명하게 머릿속에 떠오르도록 집중하라. 온 신경을 집중해 보라. 점차 그림이 선명해질 것이다. 곧 눈앞에 생동감 있고, 살아 있고, 활기찬 얼굴이 보일 것이다. 또한 손을 뻗으면 손끝으로 뺨을 만질 수 있을 것 같은 느낌이 들 것이다. 그러다가 저녁에 배우자가 "온종일 당신 생각만 했어"라고 말해도 당황하지 말라.

　이것은 이야기나 미신, 단순한 희망적인 생각이 아니다. 우리가 마음과 소통할 때, 인생의 가장 중요한 측면과 소통하는 것이다. 의식 속에는 아직 열리지 않은 잠재력이 존재한다. 이러한 잠재력은 아직 개발되지 않은 채로 남아 있다. 초자연적인 현상을 이해하려는 우리의 초기의 서투른 노력을 100년 뒤 미래의 연구자들은 흥미롭게 여길 것이다. 텔레파시와 투시, 예지력에 눈을 떴다는 것은 환상적인 힘과 인식의 거대한 창고로 들어가는 문을 겨우 열었을 뿐이다. 우리가 물질에 대한 정신의 본래 힘과 우리의 생각이 세상에 어떤 영향을 미치는지 깨달을 때, 올바른 길로 첫발을 내딛게 된다. 정신적 개념을 가시적인 현실로 바꾸는 강력한 기계적 구조를 완전히 이해하게 되면, 서두르는 사람보다는 명확하고 간결하게 생각하는 사람이 되기 위해 노력해야 한다는 사실을 알게 될 것이다.

정신적 불균형

우리는 머릿속으로 사물을 명확하게 그려내는 데 능숙해져야 한다. 또한 떠올리는 이미지가 우리 주변에서 보는 것만큼이나 실제적이고 생생하며 입체적이어야 한다. 꿈의 연구에 따르면, 어떤 사람들은 흑백으로 꿈을 꾸지만, 어떤 사람들은 컬러로 꿈을 꾼다고 한다. 어떤 사람은 무언극으로 꿈을 꾸고, 어떤 사람은 음향 효과가 가득한 꿈을 꾸기도 한다. 어떤 사람의 꿈에는 얼굴이 없는 사람들이 등장하고, 어떤 사람의 꿈에서는 항상 밤이고, 어떤 사람의 꿈에서는 항상 낮이다. 이러한 연구를 통해 무의식의 감정적 차단이 마음속의 사물을 완전히 시각화하는 데 방해가 된다는 사실이 입증되었다. 우리는 자신이 하고 싶은 일을 성공적으로 완수하는 모습을 상상해 보지만, 아무리 생각에 집중해도 자신의 그러한 모습을 온전히 그려내기는 어렵다. 예를 들어, 새로운 장소로 이사해야 하는 경우, 새집과 그 세부 사항을 머릿속에 그릴 수는 있지만, 그곳에 있는 자신을 떠올리기는 쉽지 않을 것이다.

이때, 시각화를 방해하는 것이 잠재의식이다. 두려움, 적대감, 분노가 생겨나면, 이사 가는 것에 대해 깊은 정신적 장벽이 생겨날 수 있다. 또한 이사를 상상하는 것이 어렵게 되고, '이사'라는 실제 사건이 물리적 세계에서 일어나는 데 걸림돌이 된다. 이러한 무의식적인 생각의 필터를 극복하기란 쉽지 않다. 이는 잘못된 자기 인식, 정신적 불균형을 나타낸다. 이러한 정신적 불균형은 존재의 더 깊은 영역을 탐구하기보다는 자아에 의식을 집중하기 때문이다. 외적인 모습이 자신의 삶을 지배하도록 내버려 두면, 작고 제약적인 힘의 영향을 받는 것과 같다. 결국, 우리는 잠재의식 속에서 흘러나오는 수천 가지의 작은 자극에 정신적으로 얽매이게 된다. 이러한 영향은 우리가 우리 자신으로 인식하는 실체인 자아를 형성하고 실체를 부여한다. 하지만 이 자아는 진정한 우리의 모습이 아니라 우리가 받아들여 진짜라고 생각하게 된 한계들의 집합체일 뿐이다.

무의식적 자극

현대 정신분석학에서는 개인의 정신적 불균형을 진단하기 위해 스위스의 정신의학자 헤르만 로르샤흐Hermann Rorschach의 검사를 사용한다. 의사가 복잡한 잉크 얼룩에서 감지되는 자연스러운 이미지를 분석하여 환자의 무의식적 우려를 진단하는 방식이다. 잉크 얼룩은 우연적이고 다양한 형태를 띠기 때문에 환자가 보는 이미지는 환자의 의식이 습관적으로 집중하고 있는 대상을 나타낸다. 즉 이 검사는 개인의 마음을 지배하는 생각에 대한 단서를 제공하고 심리학자에게는 신경증을 해석하는 방법을 제공한다. 진단의 기본 개념은 우리가 종종 마음속에 있는 기존의 생각에 따라 모든 것을 해석한다는 것이다. 따라서 삶 자체가 거대한 로르샤흐 검사Rorschach test(잉크 얼룩 같은 도형을 해석시켜 사람의 성격을 판단함 – 옮긴이) 그 이상도 이하도 아닌 것으로 밝혀졌다. 우리 주변의 모양, 형태, 소재는 무한한 의미와 잠재력을 지니고 있다. 그것들을 관찰하는 사람마다 각자의 생각에 따라 색과 특징이 달라진다. 어떤 생각을 품는지가 삶의 방향을 결정한다.

생각은 잠재의식에 저장된 고통의 기억 때문에 좌우되는 편이다. 따라서 자기만의 생각을 진정으로 선택할 수 있는 사람은 소수에 불과하다. 한편, 사람들은 대부분 자신을 잘못 파악하고 있으므로 어떤 생각을 해야 할지를 결정할 때도 자유롭지 않다. 그들의 자아감은 주로 사건과 관계에 대한 기억이다. 결과적으로 그들은 자신을 역동적인 실체, 막연하게 기억되고 희미하게 인식되는 관계로 형성된 자아로 간주한다. 자아는 실제로 무의식에 지속해서 반응한다. 자아의 한계에서 벗어난 더 넓은 자아가 있어야만 편견 없이 생각을 생성하거나 받아들일 수 있다. 우리는 자아를 너무 중요시하는 경향이 있다. 개성은 우리를 사로잡는 동시에 속이기도 한다. 개성은 그 의미 자체로 개인에게 국한되어 있다. 따라서 제한된 자아를 나타낼 뿐이다. 비밀 자아의 더 넓고 광범위한 관점에서만 개인의 마음이 삶에 대한 올바른 방향을 잡을 수 있다. 따라서 더 크고 포괄적인 관점에서 의미와 관계를 파악할 수 있으며, 이성과 추론이 아닌 즉각적인 지각으로 알 수 있다.

본능적 성능

자아는 자기중심적인 편협한 관점에서 생각한다. 자아의 생각은 내면보다는 외부 세계를 향해 있다. 미지의 세계를 탐험하고 발견한 것을 이해함으로써 사물을 이해하려고 노력한다. 자아 주변에는 끝없는 공간이 존재하기 때문에 자아는 결코 깊은 이해에 도달할 수 없다. 자아의 생각은 이미 알고 있는 것의 영향을 받고, 자아가 알고 있는 것은 지극히 개인적이고 미미한 해석에 기초한다. 따라서, 자아는 실질적으로 진정한 지식에 도달할 수 없다. 우리가 진정으로 현명해지고 내재한 힘과 이해력을 발휘하려면, 자아의 영향력을 어느 정도 내려놓고 더 넓은 의식을 받아들여야 한다. 항상 나 자신에게만 집중하는 대신 외부 또는 주변적인 관점에서 생각하는 법을 배워야 한다.

우리는 외부의 무언가, 우리 자신보다 더 큰 무언가에 의해 우리 안에서 생각이 자라도록 내버려 두는 법을 배워야 한다. '내가 어떻게든 혼자 해볼 거야'라고 생각하며 지나치게 일에 매몰되지 않는 연습을 해야 한다. 그 대신, 본능적으로 자신의 본성과 해야 할 일에 대한 이해를 토대로 일을 수행하는 방법을 터득해야 한다.

그런데 자아는 우리가 이런 식으로 행동하는 것을 방해한다. 자의식을 갖는다는 것은 두려움과 제한을 받는다는 의미다. 열심히 노력하지 않아도 무언가를 정말 잘하는 사람을 상상해 보라. 그들은 크고 열린 마음으로 자연스럽게 생각하고 행동하기 때문이다. 세부 사항에 너무 집착하지 않고 흐름에 따라 일을 처리하기 때문에 일이 쉬워 보인다. 마치 지나치게 생각하지 않고 일을 처리하는 데 도움이 되는 넓은 시야를 가지고 있는 것 같다. 반면 자존심과 자아에 관한 생각에 사로잡혀 있는 사람은 아무리 단순한 일이라도 두려움과 긴장에 사로잡혀 있다. 우리가 무언가를 정말 잘할 때, 그것에 대해 지나치게 열심히 생각할 필요가 없다. 크고 열린 마음으로 자연스럽게 잘 해낼 수 있기 때문이다. 하지만 열린 마음과의 연결을 잃고 사소한 행동 하나하나에 너무 많은 생각을 하기 시작하면 아무리 쉬운 작업도 엉망이 될 수 있다. 마음이 편안할 때는 일이 일사천리로 진행된다. 단 일에 대해 지나치게 생각하기 시작하면 일이 까다로워지는 것과 같다.

만족스러운 나날을 보내던 지네는
어느 날 두꺼비를 마주했다.

두꺼비는 지네에게 물었다.

"지네야, 어느 다리가 어느 다리를 따라가는 거냐?"

지네는 이 질문에 겁을 먹은 채 혼란에 빠졌다.

결국, 어떻게 달릴지 고민하며

도랑에 누워 깊은 고민에 빠졌다.

— 에드워드 크라스터Mrs. Edward Craster

흔히 외향적 사고 또는 주변적 사고라고 불리는 넓고 열린 시각으로 과제나 도전에 접근하면 무엇이든 해낼 수 있다. 누군가는 한 손의 집게손가락으로 30미터 높이의 기둥 위에 서 있다. 또 다른 사람은 나이아가라 폭포의 틈새를 가로질러 외줄 타기를 한다. 또 다른 사람은 도약판에서 뛰어내려 공중에서 공중제비를 세 바퀴 돌고 착지한다. 한 번에 12개의 공을 저글링Juggling(유희) 하는 사람도 있다. 이러한 공연을 보면서 사람들은 놀라움을 금치 못한다. '어떻게 인간이 이런 일을 할 수 있을까?' 의아해하면서 입을 다물지 못한다. 너무 많은 것을 생각할 필요 없이 업무를 수행하는 방법을 배웠기 때문에 가능한 것이다. 그들은 중심적인 자아에 관한 생각을 차단하고 외부에 서서 자신의 모든 행동을 연속적인 것으로 파악하고 끊어지지 않고 흐르는 하나의 움직임으로 보는 법을 터득했다. 그래서 팔과 다리가 움직이고, 근육이 함께 움직이며, 에너지가 사용된다. 이 모든 것이 넓은 마음속에 그려진 명확한 그림에 따라 진행된다. 마치 다른 사람이 길을 걸을 때 가고 싶은 곳만 생각하고 한 발을 다른 발 앞에 놓는 행위는 생각하지 않는 것처럼, 척추에서 무의식적으로 자신이

하고 싶은 일의 이미지에만 반응하여 행동할 뿐이다.

더 큰 자아 신뢰하기

많은 사람이 골프를 잘 치지 못하는 주된 이유는 골프 스윙을 여러 가지 작은 동작으로 분석하고 공을 치기 위해 준비할 때 이러한 동작 하나하나에 온전히 집중하기 때문이다. 척추가 부러지거나 힘줄이 끊어지지 않는 것이 신기할 정도다. 실제 타격에 집중하는 대신 다른 모든 것을 생각하기 때문에 공을 잘 칠 수 있다는 점은 매우 놀랍다. 골프에서 꾸준히 기준타수를 기록하는 사람들은 골프 자체에 지나치게 매몰되지 않는 기술을 터득한 경우다. 숙련된 선수는 공이 어디로 날아갈지 결정한 후에야 공에 접근한다. 공을 어떻게 칠 것인지에 대해서는 고민하지 않는다. 이 방법을 우리가 하는 모든 일에 적용할 수 있다. 어떻게 해야 할지에 대한 생각을 멈추라. 가고자 하는 방향에만 주의를 집중하면 된다. 일단 결정을 내린 후에는 실제 실행을 위해, 인간의 정신보다 더 광활한 신성의 정신을 신뢰하는 법을 배워야 한다.

여기에는 근본적인 심리적 이유가 있다. 뇌와 신체 기관을 생성하는 '지능'은 기관 자체보다 더 신뢰할 수 있다. 모든 활동에 인간적 추론을 적용하면, 그 자체로 제약이 되어, 행동에 한계와 실수가 따르게 된다. 무한하고 영원한 지성이 두뇌와 신체를 만들었고, 현재 우리는 그 지성의 영역 안에 존재한다. 그리고 우리는 그 지성의 피조물로서 행동할 뿐, 결코 두뇌와 신체에 대한 지배권을 주장할 수 없다. 우리는 자아가 행동과 생각을 이끌고 가지 않도록 제어해야 한다. 대신 우리의 생각과 행동이 우리 안에서 자연스럽게 발전하도록 해야 한다. 개인의 욕망과 관점에만 집중하는 것이 아니라, 대신 외부의 더 넓은 존재감에 전적으로 의존하여 생각이 우리 안에서 발전하고, 행동이 우리 안에서 발전할 수 있도록 자아를 내려놓아야 한다.

장자莊子(기원전 4세기경의 중국의 신비론자·철학자 – 옮긴이)는 이렇게 적었다.

술에 취한 사람이 수레에서 떨어지면 비록 다치더라도 죽지 않는다. 뼈와 관절이 다치는 건 다른 사람과 매한가지이지만 그 상처의 정도가 다른 건 술로 인해 의식을 잃어 마음이 무심해져 정신이 오히려 온전해진 탓이다. 그래서 수레를 탄 것도 떨어진 것도 알지 못해 삶과 죽음, 놀라움과 두려움 따위가 그의 마음에 끼어들지 않는다. 이 때문에 사물과 부딪쳐도 두려움이 없었다. 그가 술에 취해 이런 온전함을 얻어 오히려 이와 같은데 하물며 그가 자연에서 온전함을 얻는다면 어떠하겠는가?

우리가 추구해야 하는 것은 뇌, 이성, 기억과 같은 작은 부분을 사용하는 것이 아니라 내면의 자아 전체를 사용하는 것이다. 전체가 항상 개별적인 부분보다 더 중요하다는 사실은 분명하다. 또한 내면

6. 정신적 에너지

의 모든 측면을 사고와 행동에 활용하는 법을 배운다면 훨씬 더 효과
적으로 될 것이다. 기억하라. 마음 활동의 중심은 의식적인 사고에만
있는 것이 아니라, 그보다 더 높고 너머에 있으면서도 특정한 방식으
로 여전히 그 안에 있다는 것이다.

능동적인 마음

마음을 내버려두는 법을 배우면 자연스러운 방식으로 마음이 작동
하기 시작한다. 한계와 제약으로부터 자유로워져 능률과 활력도 크
게 향상된다. 자아를 내려놓은 채, 많이 애쓰지 않고 활동할 때 얻을
수 있는 이점은 상당하다. 우리가 자신의 불완전함을 깨닫는 순간은
고통스러운 자기 인식에서 비롯된다. 우리는 비밀 자아라는 거대한
존재의 바다에 몰입함으로써 자의식의 잔소리를 억누를 수 있다. 마
치 한 방울의 물이 망망대해에서 합쳐졌다가 사라지듯 서로 섞였다
가 사라진다. 우리는 인위적인 개인이 아닌 진정한 개인으로 변화하
고, 모든 행동과 생각은 신성으로부터 비롯된 자연스러움을 발산한
다. 상상할 수 없는 독창성과 창조적 힘은 우주적인 마음 안에 있다.
또한 자신 삶과 존재를 신뢰하는 법을 더 많이 배울수록 그 힘은 자
신 것이 된다.

　인간의 가장 놀라운 측면은 '마음'이다. 누군가를 신비롭게 만드
는 것은 그 사람의 마음속에 생각이 있다는 것, 그리고 생각은 눈에
보이지 않기 때문에 그 사람만의 독특하고 개인적이라는 점이다. 사

람들은 자신의 자아 안에서 다른 누구도 완전히 이해하지 못하거나 들어가지 못하는 세계에 존재한다. 이 내면세계는 그들만이 알고 있는 모양, 사건, 사람들로 가득 차 있으며, 그 의미는 종종 그들만이 이해하는 고유한 상징과 연결되어 있다. 그리고 그들의 마음속에 있는 이 세계는 물질적인 세계보다 더 큰 의미를 지닌다. 잠자리에 들면 물질적인 세계는 사라지지만, 잠을 자는 동안에도 마음속의 세계는 여전히 그들과 함께한다. 이러한 정신세계는 수면에서 더욱 큰 의미를 지닌다. 사람이 꿈을 꿀 때 그들의 생각은 여전히 일상적인 것들과 연결되어 있지만, 이제 이러한 생각은 상징적인 의미를 지닌다. 꿈을 꾼다는 것은 잠재의식의 갈등을 의식의 화면에서 행동으로 옮기는 것과 같다.

우리는 하루 24시간을 생각과 함께하며 생각을 멈추지 않는다. 우리의 생각은 실재하는 세계에서 경험하는 상황보다 수천 배나 더 많은 영향을 미친다. 인간은 근본적으로 정신에 의해 움직이는 존재다. 우리의 진화가 강력한 정신을 개발하는 것이 주된 목표였던 긴 여정이었는데, 그 과정에서 우리는 동물과 같은 특성이 몇 가지 간직하고 있다. 이러한 특성은 영리하고 사려 깊은 마음을 만드는 데 집중하던 시절을 떠올리게 하는 과거의 오래된 기념품과도 같다. 따라서 지금 우리가 가지고 있는 동물적 특성은 정교한 마음을 만들기 위한 더 큰 과정의 작은 조각들, 잔재일 뿐이다.

생각하고 인식하는 능력인 우리의 의식은 기본적인 물질에서 시작하여 그 물질을 제어하도록 진화했다. 하지만 여기서 흥미로운 점은 언젠가는 물질로부터 완전히 독립할 수도 있다는 점이다. 의식이 있다는 것은 우리의 육체를 넘어서는 더 높은 형태의 존재를 암시한다. 미래에는 우리의 의식이 육체에 국한되지 않는 방식으로 존재할 수 있으며, 이는 더 큰 존재의 가능성을 열어줄 수 있다. 태어나고, 성장하고, 나이를 먹고, 결국 죽음을 맞이하는 과정은 물리적 세계와 연결되어 있다. 하지만 정신은 더는 이 주기를 따를 필요가 없다. 그러나 마음은 절대적인 형태로 정착했고, 종류가 바뀌는 것이 아니라 정도만 변화한다. 진화를 통해 우리는 지적인 존재가 탄생과 죽음의 연속적인 순환에서 벗어나 진보에 가장 효과적으로 이바지할 수 있는 단계에 이르렀다. 이러한 단계는 의심할 여지 없이 진화 계획의 일부이다. 미래 어딘가에 예정되어 있을 수도 있고 지금 우리에게 다가올 수도 있다. 한편, 분명한 것은 구원에 이르기 위해서는 정신적 존재를 강조하고 육체적 속박에서 점진적으로 벗어나는 데 있다.

생각한다는 것은 행동한다는 것

지금까지 아무도 신체의 물리적 노화를 막을 수 없었다. 현재 모든 사람은 결국 육체적 죽음을 맞이할 수밖에 없다. 활동, 쾌락, 감각이 육체에 뿌리를 두고 있는 한, 결국 고통과 해체, 쇠퇴를 겪을 수밖에 없다. 그러나 육체에서 정신으로 초점을 옮길 때, 우리는 지속적인 성장의 과정에 자신을 개방하게 된다. 또한 깊은 개인적 성취감을 가져다줄 뿐만 아니라, 삶의 가장 깊은 욕망과 진화의 여정에 부합하는 것이기도 하다. 마음의 힘이 물질적인 것의 중요성보다 더 크고 뛰어나다는 것을 굳게 결심하는 것이 평화롭고 성공적인 삶을 살기 위한 중요한 첫걸음이다. 우리 몸은 외형적으로 노화하지만, 내면의 자아, 즉 영혼은 계속 성장한다. 결국, 자신의 정체성을 가장 내면에 있는 자아, 즉 비밀 자아와 통합할 수 있는 사람은 자신의 존재를 영원으로 연장하고 불멸의 형태를 달성할 수 있다.

머릿속에서 떠오르는 이미지는 필연적으로 행동으로 이어진다. 이것은 삶의 법칙이며, 우리는 이를 시작하거나 멈출 수 없다. 우리는 생각을 통제할 수 없으므로, 우리의 행동은 필연적으로 생각에 좌우된다. 정신적으로 생각하는 것은 무엇이든 행동으로 이어지는 경향이 있다. 그 행동이 부정적인 성격일지라도 마찬가지다. 인간은 역동적인 존재이므로 어떤 일을 하지 않기로 선택하는 것도 그 일을 하는 것만큼이나 중요한 행동이다. 성공하지 못할까, 봐 두려워하는 등 실패를 두려워하는 마음이 있으면, 기회를 잡거나 잠재적 위험이 있는 모든 것을 시도하는 것을 주저하게 된다. 그 결과, 우리는 종종 두려움이나 관련 감정이 불러일으키는 머릿속 그림이 행동을 취하지 못하도록 방해하기 때문에 기회를 놓치는 경우가 많다. 이러한 부정적인 감정은 잠재의식에서 비롯되고 자아의 영향을 받는다. 그러나 우리는 자아와 우주적 마음을 건강하게 연결함으로써 이를 극복할 수 있다. 표면적 자아를 버리고 더 광활한 존재인 비밀 자아와 통합함으로써 우리는 모든 것, 모든 사람과 하나가 되는 완전함을 얻을 수 있다.

6. 정신적 에너지

정신적 방해 요소 제거하기

우리는 습관적인 생각을 의식적으로 바꾸거나 마음속에서 특정 생각을 선택적으로 제거할 수 없고, 순수한 의지력으로 새로운 생각을 강요할 수도 없다. 생각은 우리 존재의 더 깊은 곳, 즉 우리의 의식으로는 거의 접근할 수 없는 영역, 대부분은 강압에 반응하지 않는 영역에서 비롯된다. 심리적 변화는 영적으로 깨어나지 않으면 불가능하다. 사고의 종류와 유형을 바꾸기 전에 먼저 자아에 대한 개념을 바꿔야 심리적 변화가 일어날 수 있다. 자아를 곰곰이 생각해 보면, 자아는 고립감에 뿌리를 두고 끊임없는 비교를 통해 자양분을 얻는 기만적인 올무임을 알 수 있다. 우월함에서 기쁨을 찾고 열등감에서 깊은 슬픔을 느끼며 탐욕, 박수 갈구, 권력 추구와 같은 이기적인 동기에 의해 모든 행동에 관여한다. 세상에서 가장 큰 병은 자아에 매몰된 채 만족하는 것이다. 자아에 갇히면 삶의 진정한 본질과 우리 자신의 잠재력에 눈이 멀어지기 때문이다. 우리는 패배나 환멸을 통해 자아가 불만족스러워질 때만 비로소 진정한 자아를 이해하는 데 가까워진다. 이러한 순간에 통찰력을 얻게 된다. 특히 자아에 대한 불만이 있을 때, 특히 패배나 환멸에 직면했을 때 깊은 자기 발견의 기회가 찾아오는데, 이때 시야가 넓어지고 우리 존재의 더 깊은 측면에 더 잘 적응할 수 있다. 이러한 성찰의 과정은 모든 개인을 심오한 수준에서 연결하는 보편적인 특성을 드러낸다.

잠재의식에 저장된 정신적 장애물과 자극을 제거하라. 시각화 능력이 크게 향상될 것이다. 자아와 비밀 자아 사이의 정신적 균형이

마음속의 마법

잘 맞춰진다면, 이러한 장애물과 자극을 제거할 수 있을 것이다. 또한 우리는 자아를 포기하고 삶을 신Divine에게 맡김으로써 이러한 균형을 이룰 수 있다. 그런데 이 과정은 생각보다 어렵지 않다. 우리는 애초에 우리의 존재에 대한 책임이 없는 피조물이지 않은가. 우리의 몸, 태어난 환경, 언어, 관습, 교육, 심지어는 우리 삶의 주변 사람들까지도 우리가 선택한 것들이 아니다. 이 모든 것은 전지전능한 조물주가 우리를 위해 결정한 것이다. 이 더 높은 힘을 전적으로 신뢰하고 자아, 행동, 마음, 능력, 재능에 대한 통제권을 포기할 때, 우리는 이러한 항복의 결과로 성장과 확대를 경험하게 된다. 조물주는 뜻하는 바를 위해 우리를 이용하며, 종종 우리가 스스로 달성할 수 있는 목표보다 더 효율적으로 목표를 달성한다. 자아를 비밀 자아에 내맡김으로써 얻을 수 있는 에너지는 엄청나게 많다. 우리 각자는 두 배의 힘을 갖게 된다. 우리는 갑자기 구속에서 벗어나 자유로워진다. 건강, 에너지, 자원에 한계가 없다.

놓아주기

한 젊은 여성의 사례를 들겠다. 그녀의 이름은 테리Terry였다. 그녀는 뛰어난 학생이었다. 그녀는 고등학교에서 전 과목 A를 받았고, 미국 서부의 명문 대학에 입학해 장학금을 받았다. 하지만 그녀는 끊임없이 두려움과 불안에 시달리며, 극도로 긴장하고 예민했다. 작은 소리에도 놀라서 펄쩍 뛰고, 낯선 사람 앞에서는 수줍어하고 어색해하며,

말할 기회가 주어질 때 혀가 마비되는 것 같았고, 고소공포증과 폐소공포증이 있다. 그리고 자주 아팠다. 대학을 우등으로 졸업했지만, 면접에서는 미끄러지기 일쑤였다. 그러나 그녀의 학점이 독보적이었던 그녀는 대기업 연구소에 취업하여 연구 부서에서 일했다. 그 후 뚜렷한 이유 없이 신경쇠약에 걸려 요양원에 갇히게 되었다. 몇 달 후 그녀는 요양원을 퇴소했지만, 너무 산만해져 생활에 적응하지 못했고, 친구의 안내로 종교적 수련을 위해 피정을 가게 되었다.

수련원은 태평양이 내려다보이는 절벽 위에 자리 잡고 있었고, 맑은 날에는 캘리포니아 해안선 160킬로미터 정도가 훤히 보였다. 갈색으로 물든 산타 카탈리나섬Santa Catalina Island의 둥근 모양은 마치 낙타가 바다에서 튀어나온 것처럼 보였다. 바다에서 불어오는 산들바람에 해초와 다시마의 짭짤한 내음이 실려 왔다. 테리는 돌 벤치에 앉아 아름다운 경치를 바라보며 몇 시간을 보냈다. 그러다 어느덧 자연의 웅장함에 자신이 작게 느껴졌고 자아가 가라앉는 것을 느꼈다. 그러던 중, 그녀의 조언자가 그녀에게 다가왔고, 두 사람은 돌 벤치에 앉아 대화를 나누었다.

조언자가 그녀에게 말했다. "많이 좋아지신 것 같네. 눈을 보니 알겠어. 너에 대한 집착을 내려놓은 것 같아."

"맞아요." 테리가 대답했다. "여기가 너무 평화로워서요."

"영혼이 제대로 중심을 잡으면 어디 있던 평화로운 거지."

"어떻게 하면 영혼이 중심을 잡을 수 있을까요?"

"자의식을 없애야지."

"자격지심이 있어선지 그렇게 하기가 매우 어려워요."

"자격지심도 망상이야."

그랬더니 테리는 이렇게 말했다. "선생님에게는 망상처럼 보일지 모르지만, 저에게는 망상이 아니에요. 모든 일에 두려움과 불안을 느끼고 있어요. 능력도 부족하고 잘 못 해낼 것 같아서요."

"네가 모든 일을 하는 주체라는 생각에서 벗어나. 너는 조물주의 쓰임대로 움직이는 도구일 뿐이야. 전지전능한 조물주가 뜻을 이루기 위해 너를 이용하는 것이야. 조물주의 힘은 주저하거나 불안해하지 않으며, 역동적이고 멈출 수 없으며 시간을 초월하는 힘이지. 이힘에 너 자신을 완전히 내맡길 수 있다면, 다시는 당황하거나 두려워하지 않을 것이야. 그리고 네 상상을 초월하는 일을 성취할 수 있을거야."

테리는 조언자의 말을 잘 들었다. 그 후 며칠 동안 그녀는 바다와 하늘을 바라보며 진리를 깨달았다. 기도원을 떠나 집으로 돌아왔을 때 병은 사라졌고, 이전에는 느끼지 못했던 몸과 마음의 활력을 경험했다. 그녀는 평온한 마음으로 일에 임했고, 사람들 앞에서 자유롭게 이야기할 수 있게 되었으며, 사람들과 기꺼이 어울렸고, 결국에는 그들을 이끄는 지도력마저 발휘했다. 현재 그녀는 리서치 회사를 창업하여 이끌고 있다. 그녀는 경제적으로 여유로운 삶을 살며 사람들로부터 존경받고 있다. 수년 동안 아픈 날도 없었다. 그녀는 모든 것이 종교적 깨달음 덕분이라고 말한다.

그녀는 이렇게 말했다. "예전에는 모든 일에 대한 책임이 전적으로 나에게 있다고 믿었어요. 그 책임감의 무게로 두려웠죠. 하지만 세상과 그 안에서 일어나는 일들, 그리고 제 삶이 저보다 더 큰 힘의 지배를 받고 있다는 사실을 깨달았을 때 한발 물러설 수 있었어요. 모든 것에서 위대한 지성의 작용을 관찰하기 시작했어요. 내가 이룬 줄 알았던 업적들은 사실 나를 넘어선 무언가에 의해 이뤄진 것들이었죠. 당신을 통해 작동하는 것처럼 나를 통해 작동한 거죠. 나는 그저 그것을 허용했을 뿐이죠."

완벽한 지도자

첫 번째 단계는 자기중심적 사고로 인한 한계에서 마음을 해방하는 것이다. 마음이 해방하려면, 삶을 비밀 자아에 넘겨주면 된다. 희망, 꿈, 야망, 재능, 그리고 자아 전체를 은쟁반에 담아 마음속 가장 깊은 곳에 숨겨져 있는 비밀 자아에 맡겨 보라. 그리고 이렇게 말한다. "자, 당신에게 맡깁니다. 내 삶의 주도권을 잡으세요. 난 당신의 말을 듣고, 당신의 지시를 따르고, 당신의 지시를 수행하겠습니다." 이러한 사고방식을 진심으로 받아들이면 삶이 즉시 변화할 것이다. 최고의 모험을 시작하게 될 것이다. 그 순간부터 마음속에 있는 이미지가 마음속에서 떠올린 그대로 세상에 나타나게 된다. 자아를 벗어나 자아의 중심을 경험한 적이 없는 사람들이 있다. 이기적인 결정으로 행동하지 않겠다고 선언하면, 자아 중심적 의지를 포기한 후, 진정 내려놓는 삶을 산다. 개인이 자신 행동을 독립적으로 추진하는 것이라고 믿는 것은 잘못된 생각이다. 우리의 행동은 평생 비밀 자아라고 불리는 내면의 힘으로 추진된다. 우리가 직면하는 어려움은 우리 자신에 대한 왜곡된 인식에서 비롯되고, 이는 잠재의식에 부정적인 감정이 축적되는 결과로 이어진다. 실질적으로 우리에게 진정한 동기를 부여하는 주체는 비밀 자아다. 우리는 부정적인 감정으로 무의식을 어지럽히는 망상적인 자아의식을 지닌다. 그 결과, 제한적이고, 결핍되고, 두려운 이미지가 마음의 상상력 화포畫布에 투영된다. 이럴 때는 우리 몸을 통해 흐를 수 있는 에너지의 양이 제한된다. 자아는 존재의 자연스러운 흐름을 방해하고, 왜곡된 상태에서도 우리는 영향력이 감소하고 비효율적이지만 여전히 비밀 자아의 인도를 받는다. 이렇게 명확한 이해나 통찰력을 얻은 사람은 수동적이거나 비활동적인 상태를 유지하지 않는다. 내면에서 나오는 강력한 힘 때문에 인간 무대에서 강력한 영향력을 발휘할 확률이 높다. 직접적인 행동을 취하지 않더라도 강력한 힘이 그들을 통해 작용한다. 그들은 갈등의 한가운데서 침착하고 자신감 있는 태도를 유지하며 그 힘에 순응한다. 그들은 자신이 무엇을 하고 있는지 정확히 안다. 그들은 전지전능한 힘이 쓰이도록 하는 도구이다.

생각의 힘

심리적 균형을 이루면 정신적 이미지가 얼마나 더 선명해지는지 놀라울 정도다. 마치 내면의 생각과 감정이 외부인 것보다 훨씬 더 현실적이고 깊이와 잠재력이 있는 것과 같다. 더 많은 차원, 더 많은 가능성의 세계가 열리는 셈이다. 사물을 더 깊이 이해하는 능력이 향상되면서 삼라만상에 공통의 의식이 있다는 사실을 깨닫게 된다. 마음속으로 무언가를 상상할 때, 우리가 물리적 세계에 어떻게 영향을 미치는지 이해하기 시작한다. 우리의 생각이 우리 안의 의식에 영향을 미치고 우리가 상상하는 대상의 의식에도 영향을 미친다는 사실을 알게 된다. 우리는 이 세상에서 어떤 것이든 먼저 머릿속에 그려지지 않고는 현실화할 수 없다는 사실을 깨닫게 된다. 또한 가장 단순한 행동에도 의미가 새롭게 부여된다. 펜을 잡기 위해 손을 뻗거나, 일어나서 문으로 걸어가거나, 전화를 받는 행위는 먼저 떠올리지 않고는 할 수 없는 행위다. 우리는 이 순서를 삼라만상의 자연스러운 원인과 결과로 인식하게 된다. 또한 우리가 상상력을 발휘하면 물리적 세계에서 일어나는 일에 반응하지 않을 수도 있다는 사실을 잘 알고 있다.

초인종 소리를 들었을 때 문을 열지 않는 것을 상상하면 문을 열지 않게 된다. 이처럼 사소한 상황에서도 우리는 중요한 교훈을 얻을 수 있다. 언제든 감각이 알려주는 대로 상상하지 않고, 정반대의 이미지를 상상하는 힘이 우리 안에 있다는 것이다. 그 단순한 깨달음으로 우리는 감각의 세계에 얽매이지 않고 깨달음과 절제를 갖춘 존재가 된다. 생각이 사물이 되는 과정은 만물이 만들어지는 하나의 지성에 뿌리를 두고 있다. 모든 개체는 의식을 보유하고 있고, 그 형태는 내재한 의식에 의해 결정된다. 하나의 최고 의식 안에서 사물에 대한 관념이 바뀌면, 애초에 사물은 관념에 불과했기 때문에 사물 자체가 바뀐다.

정신 이미지를 생성하는 마음의 능력은 자신에 대한 이해와 능력에 대한 내부 인식에서 영향을 받는다. 이러한 능력이 표면적 자아에서 비롯될 때는 최대의 능력이 발휘되지 못한다. 그러나, 그 능력이 최상위 지성Supreme Mind에서 비롯되면, 최고의 역량을 발휘할 수 있다. 영적으로 깨어나는 '영적 각성spiritual awakening'을 통해 우리는 명확하게 내면에서 이미지를 시각화할 수 있다. 그러나 중요한 깨달음이나 돌파구를 경험하기 전에 우리는 원하는 것에 대한 확신과 신뢰를 하도록 자신을 단련할 수 있다. 즉 큰일이 일어나기 전에도 우리는 목표를 향한 믿음을 갖는 연습을 할 수 있다. 위대한 영적 지도자 중 한 명이었던 예수는 우리가 믿는 대로 우리에게 이루어진다고 했다. 우리가 믿거나 생각하는 것이 우리에게 일어나는 일에 영향을 미친다는 의미다. 예수는 자신 행동과 비유를 통해 우리가 진정으로 그 가능성을 믿을 때 꿈이 이루어진다는 것을 보여주었다. 우리의 목표를 달성하는 것은 마음속에서 그 현실을 받아들이고 믿는 것에서 시작된다는 것을 깨우쳐 주고자 한 것이다. 꿈이 실현될 수 있다는 생각을 받아들임으로써 그 꿈이 삶에서 실현될 수 있는 길을 닦는 것이다. 위대한 업적을 이룬 사람들은 흔들리지 않는 자신감과 성공만이 유일한 결과라고 생각하는 마음가짐으로 노력에 임한다. 대담하고 자신감 있게 접근하면 개인 내면의 에너지와 통찰력을 발휘하여 어떤 상황에도 적응할 수 있다. 의심 없이 마음속으로 무언가를 명확하게 상상할 수 있다면 불가능한 일은 없다. 일을 실현하는 역할을 하는 우주적 잠재의식Universal Subconscious Mind은 우리가 의식적으로 투영하는 상상과 생각에 반응한다. 주저하지 않고 명확하고 긍정적인 비전을 마음속에 품으면, 무한한 가능성의 문이 열리고 우리 안에 있는 힘을 활용할 수 있다.

목표 시각화하기

우주적 잠재의식은 크든 작든 어떤 목표든 상상하는 그대로 현실로 가져올 수 있다. 하지만 현실적으로 원하는 것을 마음속에 그리기 위해 노력하거나 시간을 투자하는 사람은 많지 않다. 자신의 목표를 주도적으로 추구하기보다는 상황이 자기 삶의 방향을 결정하도록 수동적으로 내버려 둔다. 예를 들어, 최근에 새 차를 산 친구를 만나면, 자신과 가족에게 새 차가 이제 가장 갖고 싶은 물건이라고 말하려는 경향이 있다. 하지만 다음 날, 직장 동료가 새로운 직책으로 승진하면, 결국 가장 원하는 것은 새 차가 아니라 승진이라고 생각하면서 차에 대한 갈망은 줄어들게 된다. 다음 날에는 다른 욕망이, 그다음 날에는 또 다른 욕망이 떠오른다. 일주일 전의 갈망은 같은 반응을 불러일으킬 만한 일이 일어나지 않는 한 완전히 잊힌다. 마음속에서 다양한 욕망과 이미지를 자주 접하는 사람들은 잠재의식에 끊임없이 변화하는 생각을 보낸다. 그 결과 잠재의식은 불안정하고 초점이 맞지 않은 상태로 유지되어 특정 목표를 달성하거나 일을 완수하는 데 방해가 된다. 쉽게 말해, 마음과 욕구가 자주 바뀌면 방향성을 잃고 의미 있는 작업을 수행하는 데 방해가 될 수 있다. 자신이 원하는 것이 무엇인지 모르기 때문에 아무것도 이루지 못하는 것은 당연한 일이다. 무언가를 원하고 그것을 유지하려면 정신적 훈련이 필요하다. 모든 건 희생을 통해 얻어지는 것이다. 공짜, 쉬운 것, 단순한 것은 없다는 것을 이해해야 한다.

성공한 사람들은 지능, 신체적 건강, 부富 등 특별한 이점을 타고난 것처럼 보인다. 작은 영적 각성을 경험하고 나면, 우리는 사람들의 외형적인 성공 너머를 볼 수 있는 깊은 통찰을 얻게 된다. 그들이 오늘날의 유능한 개인으로 성장하기까지 수년간의 끈질긴 노력과 수고, 정서적 도전이 있었음을 알게 된다. 통제와 효율성은 결코 가볍게 얻어지는 것이 아니며, 자아를 포기한 결과물이기 때문이다. 자기중심적이고 자신의 관심사에만 몰두하는 젊은이는 도토리가 참나무와 무관한 것처럼 성공하는 사람과의 연결 고리가 거의 없다. 개인적 성장의 여정에서 성공한 사람들은 자아의 다양한 측면과 마주해 왔다. 어떤 면에서는 이러한 모든 측면을 다 갖고 있지만, 그 어느 측면과도 완전히 동일시하지는 않을 수 있다. 그들은 삶의 모든 측면에서 자신을 뛰어넘는 힘에 지속해서 의존한다. 또한 매일 적극적으로 그 힘을 찾고 그 힘에 연결해 있으려 한다.

확언

우리는 머릿속으로 무언가를 상상하거나 그려야 한다. 그리고 이렇게 시각화한 것은 삶에서 현실이 된다. 우리의 삶을 변화시키기 위한 핵심 도구는 상상력이다. 우리는 신중한 정신적 결정을 통해 시각화하는 기술을 개발해야 하고, 모든 사물을 생생하고 실체적으로 상상할 수 있도록 자신을 훈련해야 한다. 이를 달성하는 효과적인 방법은 매일 확언affirmation(목표, 의도 또는 신념을 반영하는 긍정적인 진술 또는 선언 – 옮긴이)의 시간을 따로 정하는 것이다. 취침 전 마음속으로 긍정의 말을 떠올리면 가장 효과적이다. 그러면 활동으로 인한 산만함 없이 잠재의식 속에 이미지가 사뿐히 자리 잡을 수 있다. 정신적 이미지를 긍정할 때는 성공이든 건강이든, 성격 개선이든, 더 큰 행복이든 무엇이든 달성하고자 하는 목표가 무엇인지 알아야 한다. 당신이 원하는 것을 이미 가지고 있는 모습을 생생하게 상상하라. 단 당신의 가치관과 일치하고 성취를 위해 시간과 노력을 기꺼이 투자할 수 있는지 확인하라.

명확한 계획을 세우고, 이를 실현하는 데 필요한 희생을 감수할 준비가 되어 있는가를 성찰하는 것이 중요하다. 우리가 머릿속에 그리는 그림은 거의 만질 수 있을 정도로 선명해야 하며, 느낌으로 투영되어야 한다. 그리고 그 이미지를 입으로 말한다. 이때 확언 문구를 만드는데, 짧고 명료한 문구로 작성하라. 목표를 시각화하면서 스스로 반복할 수 있도록 하라. 이렇게 긍정 확언의 과정에 참여하면서 의식적으로 몸과 마음을 이완하라. 무언가를 만들어 내는 것이 아니라 받아들이는 것뿐이라는 느낌을 지녀라. 이 일이 진정으로 당신의 마음속에서 일어나고 있다고 믿으라. 마음은 모든 진정한 원인이 존재하는 곳이다. 그리고 믿음과 기대감, 평온함으로 확언을 마무리하라. 마음속에 선명하고 분명한 이미지를 간직하면 그 이미지가 세상에 확실하게 드러난다는 사실을 기억하라. 원하는 것이 이미 실현된 것처럼 온종일 상상하고, 경험하고, 행동하라. 이러한 마음가짐을 가지면 마치 원하는 것을 소유한 것처럼 행동하게 된다. 또한 이러한 마음가짐의 변화는 원하는 상황을 자신에게로 끌어당길 것이다.

물리적 세계에 영향을 미치고 지시할 수 있는 능력이 마음에 생겨난다는 것을 느끼는 것은 놀라운 경험이다. 믿음과 시각화를 통해 원하는 상황을 현실로 만들고 나서는 외로움이 느껴지지 않고, 친구가 없다는 허전함도 사라지며, 무력감도 사라질 것이다. 모든 것에 대한 열쇠가 자신 안에 있다는 사실을 알게 될 것이다. 무한한 풍요와 행복, 성공과 성취의 문을 여는 열쇠가 당신 안에 있다. 당신의 마음과 상상력에는 이 모든 걸 실현할 힘이 있다.

7.
선택의 힘

100명에게 자신 삶이 자신이 원하는 대로 흘러갔는지 물어본다면 아마도 100명 중 단 한 명도 긍정적으로 대답하지 않을 것이다. 많은 사람이 자신의 다양한 측면에서 만족스럽지 못한 삶을 살고 있다. 하지만 어떠한 부분이 불만인지, 어떻게 하면 만족할 수 있는지, 그 방법을 몰라 애를 먹는다. 그들은 사건과 환경이 그들의 삶을 결정하도록 내버려 두었기 때문에 – 스스로 선택하지 않았기 때문에 – 지금과 같은 삶을 사는 것이다. 그들의 삶은 수많은 감각적 자극 때문에 형성된 것이다, 그들이 자발적으로 자신 삶에 관한 결정을 내리지 않는 한 그들의 환경의 지배에서 벗어나지 못할 것이다.

유일하게 진정한 행동

우리가 취하는 핵심적인 행동은 바로 '선택'이다. 우리의 성장과 성숙, 그리고 우리가 어떤 사람이 되는지는 인생의 여정에서 내리는 수많은 결정에 따라 형성된다. 우리의 선택에는 우리가 어떤 사람이 될지를 결정짓는 힘이 있다. 수레바퀴는 무수히 많은 바큇살로 이루어져 있다. 각 바큇살은 인생의 나아갈 길을 나타내고, 우리 각자는 항상 무한한 가능성의 중심에 서 있다. 자유롭고 신중한 선택을 통해 우리는 깨달음을 얻고 자신의 삶을 능동적으로 만들어 갈 수 있다. 우리가 내리는 선택이 상황에 대한 감정적 반응에 좌우된다면, 우리는 로봇이나 꼭두각시와 같은 삶을 사는 셈이다. 우리가 삶을 빚어내는 것이 아니라, 삶이 우리를 빚는 셈이다. 인간 진화의 궁극적인 목표는 단순히 자극에 반응하는 것이 아니라 내면으로부터 독립적인 사고를 하는 것이다. 이 방향으로 작은 발걸음이라도 내디딘다면, 영원히 자유로워질 수 있을 것이다. 미래의 자신에게까지 과거의 상황이라는 올가미를 걸고 스스로 옥죄일 필요 없다. 그들은 감각적 반응이라는 반동적 감옥에서 벗어나 어떤 방향으로든 성장할 힘이 있다는 완전히 새로운 사실을 깨닫게 될 것이다.

우리는 주변 환경과 관계없이 우리가 무엇을 생각할지 선택할 수 있다. 또한 의식이 무엇에 집중할지 선택할 수 있고, 이를 통해 우리가 성장할 방향을 결정할 수 있다. 궁극적으로 우리의 생각은 우리가 어떤 사람이 되는지를 결정한다. 이 놀라운 원칙은 우리가 주변 환경을 초월할 수 있도록 힘을 실어준다. 빈민가에서 성인이, 가난에서 부자가, 무지에서 깨달음을 얻은 사람이, 초라한 통나무집에서 한 국가의 지도자가 나올 수 있다. 인류의 역사는 도전에 대한 승리의 이야기다. 주변 환경의 제약을 받아들이지 않는 사람들의 이야기에서 그들은 자신이 만든 정신적 이미지에 의해 움직인다. 그들의 욕망은 시각화를 촉발하고, 시각화는 열망을 실현할 수 있는 행동으로 인도한다.

선형적 사고

자신 삶이 자신이 품고 있는 생각으로 결정된다는 사실을 인식하지 못하는 사람이 대다수다. 사람들은 상황이 자신 영향력 밖에 있다고 생각하거나, 상황을 깊이 이해하고 있어야 상황을 통제할 수 있다고 믿는 경향이 있다. 서구 사회는 감정을 통해 주변 환경에 영향을 미칠 수 있는 인간의 능력을 간과해 왔다. 서양 교육은 선형적 사고를 하도록 가르친다. 그러다 보니 우리는 사물을 하나하나 살펴본 후에야 전체적인 그림을 얻는다. 이때, 느낌이나 직관은 신경 쓰지 않는다. 한편, 고대 동양 사회에서 교육은 사물이나 관념의 기본 개념을 직관적으로 이해하는 데 중점을 두었다. 동양의 운동선수들은 직관을 통해 종목의 전체적인 동작을 이해하는 총체적인 접근 방식에 의존한다. 반면 서양 운동선수들은 다리를 구부리고, 팔을 구부리고, 엉덩이를 돌리고, 어깨를 돌리는 등 서로 연결된 작은 동작으로 종목을 세분화하여 분석하는 경우가 많다. 이러한 분석적 접근 방식은 활동에 대한 고유한 감각을 잃게 만들 수 있다. 따라서 서양 운동선수들이 숙달하려면 반복적인 연습을 통해, 잠재의식 속에 적절한 동작을 심어 시간이 지나도 의식적으로 생각하지 않고 수행할 수 있는 경지에 도달해야 한다. 춤을 가르치기 위해 바닥에 도표를 그려서 그대로 스텝을 밟으라는 방법은 어렵기도 하지만 비효율적인 방법이다. 리듬감, 움직임, 협응력을 포함하는 춤의 역동적이고 표현적인 특성을 포착하는 데 시각적 보조 자료는 한계가 있기 때문이다. 그러나, 음악에 맞춰 자연스럽게 리듬을 타도록 유도하는 방식은 오히려 많은 가르침 없이도 빠르게 감을 얻게 할 수 있다. 이러한 맥락에서 동양의 음악가들은 악보에 대략적인 표기법만 사용하여 멜로디를 떠올리게 하고, 느낌에 따라 연주하는 방식을 선호한다. 반대로 서양 음악가들은 복잡한 접근 방식을 따른다. 그들은 멜로디와 화성을 포괄적으로 표현하기 위해 이중 음계와 반음계를 사용한다. 그렇다고 해서 서양 음악 교육의 복잡성을 서양의 전반적인 교육 방식에 대한 비판으로 해석하지 않길 바란다. 이러한 복잡성을 지녔어도 서양에서는 여전히 영감을 주는 사상가와 천부적인 재능을 가진 운동선수를 성공적으로 배출하고 있기 때문이다. 분명 선형적 사고방식이 과학적 조사에 효과적이라는 점이 입증되었지만, 우리 주변 환경을 다루는 데 있어 유일하거나 최선의 접근 방식은 아니라는 점을 강조하고 싶을 뿐이다. 우리의 일상적인 상호작용은 너무 많고 다양하기에, 선형적인 방식으로 개별 요소를 분석하여 이해하려고 시도하는 것은 비현실적이다. 풍부하고 다양한 일상 경험의 복잡성을 파악하기 위해서는 총체적이고 직관적인 이해가 필요하다.

직관적 사고

은행 업무는 전적으로 이성에 기반을 둔 냉철하고 논리적인 업무라고 흔히들 말한다. 남서부의 저명한 은행가 중 한 명이 자신의 은행에서 대출 신청서를 처리하는 데 사용한 색다른 방법을 이용하여 신선한 충격을 준 적이 있었다. 물론 재무제표의 철저한 검토, 수입과 지출에 대한 면밀한 조사, 미수금에 대한 평가, 신청자의 사업 배경과 역량에 대한 문서화 등 필요한 서류 작업은 완료했다. 그러나 이러한 모든 요소를 고려한 후, 은행장은 심사 담당자에게 이러한 질문을 했다. "[대출 진행 여부에 대해] 느낌이 어떤가요?" 심사 담당자가 호의적이라고 보고하면 대출이 이루어지고, 호의적이지 않다고 하면 대출을 나중에 다시 검토하도록 하고, 부정적이라고 하면 대출이 거부된다. 이곳(내로라하는 금융 기관)에서의 의사결정은 주로 이성에 의한 분석 능력에 의존하기보다는 직관 때문에 이루어지고 있었다. 특히 이 은행의 손실률이 남서부 지역에서 가장 낮았다는 점이 흥미롭다.

그러나, 과거 서양 사회에서 직관은 학문적, 철학적으로 존중받을 만한 가치로 여겨지지 않았다. 따라서 서양에서는 그 가능성을 거의 깨닫지 못했다. 수학, 신학, 형이상학, 논리학 등 다양한 분야의 복잡한 계산을 통합하고 간소화할 수 있는 능력이 있기 때문이었다. 복잡한 과정을 보다 효율적이고 관리하기 쉽게 만드는 데 상당한 잠재력을 가지고 있다는 의미다. 선택에 능숙해지고 복잡한 문제를 해결하고자 할 때, 우리의 의식을 넘어선 위대한 지능에 맡겨야 한다. 그래야 완전한 심리적 효과의 상태에 도달할 수 있다. 즉 세세한 부분에 대한 통제권을 신성한 지능에 맡기는 것이 중요하다. 선택의 힘은 지각의 힘과 불가분의 관계에 있다. 우리의 선택은 우리가 사물에 대해 인식하는 잠재력에 의해 영향을 받는다. 그리고 인식할 수 없는 것에 관해서는 결코 결정을 내릴 수 없다. 모든 상황에는 다양한 잠재적 결과가 존재하지만, 우리는 우리의 제한된 의식으로 볼 수 있는 결과만 인식할 수 있다. 그 의식이 넓어질수록 더 많은 가능성이 보이고, 우리에게 열려 있는 선택의 폭이 넓어진다. 최상위 지성Supreme Mind에는 모든 가능성이 현실이 된다. 우리의 내면은 본질적인 합일essential oneness에서 무수한 변형을 만들어 내는 데 기쁨을 느낀다. 마치 이해하기 어려운 신비롭고 유쾌한 게임과도 같다. 이처럼 끊임없는 변화 속에 놓인 인간에게 가장 중요한 것은 정체되지 않고 지속적인 성장을 추구하며 평생 선택의 폭을 넓히는 것이다.

신성의 수행

한 가지만 안 사람에게는 선택의 여지가 없다. 그들에게는 다른 길이 보이지 않기 때문에 한 길로만 나아간다. 그들에게는 사방이 미지의 숲으로 둘러싸여 있다. 제한된 시야 때문에, 그들에게 눈앞의 경로에서 벗어나는 것은 상상할 수 없는 일이다. 지식은 빛을 발산하는 특징을 지닌다. 우리가 주변 환경을 더 깊게 이해할수록 그 환경을 더 친근하게 느낄 것이다. 또한 의식이 확장될수록 현재 가고 있는 길에서 벗어나는 무수히 많은 길을 인식할 수 있게 된다. 다양한 사람들만큼이나 구원에 도달하는 방법과 효과적인 삶을 사는 방식도 다양하다. 인간의 영혼은 우주적 자아의 숨겨진 본질로부터 사물의 세계로 진입하는 입구와도 같다. 영혼은 불완전하고 부분적으로 드러나 있으며, 삶이라는 자기 발견의 여정에 참여하고 있다. 이것이 바로 필멸의 영역 - 죽음의 영향을 받는 물리적 세계 - 에서 펼쳐지는 존재와 진화의 드라마이다.

선택한다는 것은 내면의 신성을 발휘하는 것이다. 영적, 정신적 성장의 발전은 오로지 자신의 선택을 통해서만 이루어진다. 이를 통해 우리는 지성과 인격을 모두 인식한다. 물질세계의 제약과 유혹을 극복할 수 있는 사람은 삶의 진화 무대에서 두드러진 존재로 자리매김하게 된다. 그들은 스스로 성장의 길을 선택하는 행위를 통해 내면의 자유를 발견함으로써 자신을 신성한 존재에 비유했다. 선택은 언제나 희생을 전제로 한다. 무언가를 선택할 때는 필연적으로 다른 가능성이나 대안을 거부하거나 포기하게 된다. 무언가를 포기하지 않고는 아무것도 성취하거나 얻을 수 없다. 이것이 바로 희생의 법칙이다. 이 법칙은 만물이 살아가고 성장하고 진화하며 열망하는 기반이 된다. 희생의 개념을 인정하고 이해하면 고통을 크게 완화할 수 있다. 다른 것을 포기해야만 한 가지를 가질 수 있다는 것을 진정으로 이해할 때, 우리는 모든 소유물을 느슨하게 잡고 언제든 놓아주도록 준비할 수 있다. 이러한 개념은 보편적인 지식의 원천에서 비롯된 것이므로 모든 사람이 함께 공유할 수 있는 개념이다.

고통과 성장

때때로 삶은 우리를 한계에 몰아넣는다. 해결할 수 없을 것 같은 문제에 얽매이며 엄청난 압박감을 느낄 때도 있다. 우리의 정체성은 정적이거나 고정되어 있지 않다. 현재의 한계를 뛰어넘고자 하는 우리의 야망에 의해 영향을 받는다. 우리가 인생에서 마주치는 도전과 고난은 자아의 껍질에서 벗어나고 능력과 이해의 폭을 넓히려고 노력하는 과정에서 생겨난 파편들이다.

칼릴 지브란Kahlil Gibran은 말했다. "활 쏘는 이는 무한한 길 위에 과녁을 겨누고, 자신의 화살이 보다 빨리 보다 멀리 날아가도록 온 힘을 다해 그대를 당겨 구부리는 것이다." 삼라만상에 대한 섭리는 제한된 인간의 지성으로는 알기 어렵다. 그 섭리는 직관적인 능력을 통해서만 어느 정도 드러날 뿐이다. 우리는 삶의 목적과 접근 방식이 궁극적으로 우리가 이해할 수 없는 더 위대한 존재의 손안에 있다는 사실을 알고 있다. 우리에게 부여된 진정한 소명은 이 존재, 이 위대한 힘과의 관계를 파악하고, 이 힘에 대한 완전한 믿음과 신뢰를 키우는 것이다. 그리고 우리가 어떠한 방향으로 인생을 살아갈 것인지 결정하는 것 외에는 우리가 좌우할 수 있는 것은 아무것도 없다는 사실을 깨닫는 것이다.

선택의 개념은 자유와 연결되어 있다. 그런데 인간이 진정한 자유를 소유한 존재인지, 운명의 힘에 좌우되는 꼭두각시인지에 대한 논쟁은 여러 종교와 철학자들 사이에서 반복적으로 논의되는 주제다. 세상을 바꾸고 인류 진화의 흐름을 주도하는 존재는 힘이 있다면,

인간의 최종 목적지와 그 목적지에 도달하는 방법을 정확히 알고 있을 것이다. 그 과정은 유한한 인간이 만든 그 어떤 것으로도 바꿀 수 없다. 세상에 일어난 모든 사건은 이미 예정된 것임이 틀림없다. 그 많은 우여곡절 끝에, 조물주가 염두에 둔 체계적인 전개를 통해서만 삶이 현재의 방향으로 발전할 수 있었기 때문이다. 사건들이 정해진 틀 안에서 일어난다 해도 우리 각자는 자유를 품고 있다. 우리는 주어진 상황에서 필요한 모든 역할에 대한 수행 능력을 이미 갖추고 있기 때문이다. 결국, 우리가 할 역할을 선택하는 것은 바로 우리 자신이다. 본질적 자아는 자신의 본질에서 모든 걸 생성한다. 실제로 보편적 자아는 삼라만상을 아우르기 때문에, 사람들이 처한 상황보다는 상황과 사건의 맥락으로 삶을 인식한다. 사건은 최상위 지성의 마음속에 있는 생각을 반영한다. 이 최상위 존재는 수많은 현현으로 나뉘어 각 사건의 다양한 측면에 적극적으로 참여하고, 각 상황에 가장 적합한 형태를 취한다. 모든 사건에는 비밀 자아라고 불리는 숨겨진 본질이 존재한다. 이 본질은 여러 가지 형태를 취하고 다양한 소임을 수행했을 때 다양한 가면을 쓴다. 비밀 자아의 진정한 본질은 서로 연결되고 통일되어 있지만, 그 다양한 표현은 제한적으로 인식하는 사람들에게는 서로 동떨어져 보일 수 있다.

영적인 힘 psychic energy 의 해방

이처럼 자아가 느끼는 비밀 자아와의 분리 감은 본성의 한계 내에서 기능하도록 우리의 정신적·영적 구성에서 의도적으로 조장된 환상일 뿐이다. 이처럼 우리는 분리되어 있다는 환상을 믿게 되지만, 이 환상을 반드시 따라야 할 필요는 없다는 점에 유의하라. 심지어 이 착각에 도전하고 극복할 수 있는 능력도 있다. 다시 말해, 비밀 자아와 분리되어 있다는 착각은 우리에게 부과된 것이지만, 우리는 그것을 의심하고 초월할 수 있는 내재적 능력을 갖추고 있다. 우리의 의식에 영향을 미칠 수 있는 능력이 우리 안에 있다는 사실을 깨닫는다는 것은 그 의식을 확장하여 우리가 선택한 모든 역할을 포괄할 수 있다는 의미다. 따라서 우리는 근본적으로 자유롭고, 각자가 자신의 운명을 지배할 힘을 지니고 있다.

결정을 내리는 행위는 우리 안에 내재한 영적인 힘을 해방할 뿐만 아니라 이전에는 인식하지 못했던 잠재된 능력과 기회를 드러내기도 한다. 결심하는 행위는 놀라운 현상이다. 결심은 마음속 깊은 곳에서부터 솟구치는 에너지를 이용해 결실을 보기 위한 여정으로 우리를 안내한다. 어떤 일을 하든 이루고자 하는 목표를 정하면 두 배로 잘할 수 있다. 간단한 일처럼 보이는 건널목을 건너는 행위도 교통 체증이 해소될 때까지 기다렸다가 건너겠다고 결정하면 한결 수월해진다. 맞은편에서 다가오는 차를 불안하게 관찰하거나 갑자기 길을 가로질러 돌진할 것에 대비해 긴장하며 인도를 걷지 않아도 된다. 그런 행동으로 인해 에너지를 소비하는 것은 쓸데없는 일인 것을 이해하게 될 것이다. 대신 확고한 결정을 내렸기 때문에 평정심과 인내심, 자신감을 유지할 수 있다. 이 기본적인 예는 인생의 모든 일에 적용될 수 있다.

목표와 목표 달성을 위한 접근 방식이 명확하지 않은 사람은 활동 도중에 부적절한 선택지를 고려함으로써 에너지를 낭비하게 된다. 어떤 사람들은 단호하게 결정하면 시야가 좁아지거나 시야가 제한될 수 있다고 주장한다. 주변을 볼 수 없어서 경로를 변경하지 않기 때문이다. 모든 잠재적 결과는 모든 상황에 항상 존재하며, 우리가 그 상황의 일부가 되기도 전에 이미 존재한다. 우리가 머릿속으로 상상할 가능성만이 우리에게 나타난다. 우리가 마음속에 떠올리는 이미지는 우리가 선택한 결과여야 한다. 의도한 목표와 다른 가능성을 인식하는 사람은 명확하고 확실한 결정을 내리지 못한 사람이다. 사람들이 주변 환경을 상상하고 해석하는 방식은 경험과 사건의 전개에 영향을 미칠 수 있다.

결정하라. 필요한 도구가 주어질 것이다.

의사결정은 일상생활에서 매우 중요한 부분이다. 예를 들어, 팀을 이끄는 감독은 라커룸locker room(호텔에서 손님이나 선수가 거처하는 객실)에서 팀원 한 명 한 명에게 승리를 향한 의지를 심어주려고 할 것이다. 이 중요한 결정을 내리지 못하면 어려운 상황에 직면했을 때 마음가짐이 패배감에 쉽게 휩쓸릴 수 있으므로 좋지 않은 결과를 초래할 수 있다. 무언가를 이루겠다고 마음먹으면 목표에 도달하는 데 필요한 도전과 희생을 견딜 수 있도록 정신적으로 자신을 단련하게 된다. 이를 위해서는 무엇보다도 강인한 정신력이 필요하다. 영국 해협을 헤엄쳐 건너는 것을 목표로 하는 선수라면, 피로가 쌓여도 흔들리지 않고 수영을 계속하겠다는 확고한 결심을 하는 것이 중요하다. 피할 수 없는 피로를 고려하지 않고 영국 해협을 수영하기로 했다면 그 결정은 불완전한 것이다. 진정한 결정은 피로를 인정하고 받아들이는 과정을 수반한다. 이러한 인식이 없으면 피로가 의식에 스며드는 순간 해협을 포기하고 싶다는 생각이 떠오르고 이는 실패로 이어진다. 진정한 결정은 피로를 포함한 어려움을 완전히 이해하여 어려움의 첫 징후에 흔들리지 않도록 하는 것이다.

성공을 보장하는 정신적 이미지는 어떤 도전, 장애물, 일탈도 견뎌낼 수 있는 확고한 신념을 마음속에 단단히 심어 놓은 이미지다. 이러한 내면의 확신은 큰 용기와 에너지를 불러일으킨다. 이는 성공하고 목표를 달성하며 효과적으로 일을 처리하는 사람들이 가진 정신적 이미지다. 많은 사람이 자신이 어떤 것을 원한다고 믿지만, 역경에 직면했을 때 자신의 정신적 이미지를 유지하는 데 필요한 결단력이 부족하다. 도전과 좌절을 견뎌내려면 무언가에 대해 강하고 진정성 있는 열망이 필수적이다. 계획이 좌절되는 것은 결코 성공할 수 없다는 신호로 해석하면 아무것도 성취할 수 없다. 우리가 내리막길을 선택하지 않는 한 우리의 열망을 달성하기는 결코 쉬운 일이 아니다. 목표를 높게 설정하면 오르막길은 피할 수 없는 도전이다. 따라서 노력과 인내, 어려움에서도 포기하지 않는 의지가 필요하다. 사람들이 산을 오르는 이유는 단순히 산이 존재하기 때문이 아니라 정상에 오르고자 하는 강렬한 욕구 때문이다. 도전을 극복하고, 환경을 초월하며, 모든 역경을 이겨내려는 타고난 추진력은 단순한 유기체에서 우주 탐험가에게 이르기까지 인류의 승리 여정을 이끈 원동력이다.

정신적 강인함

무기력함에 굴복해 야망을 잃기 쉽다. 따라서 우리는 자신에게 단호해야 한다. 빠르게 변화하는 인생의 여정에 동참하여 의미 있는 발전을 이루려면 그 과정에서 약간의 난기류를 견뎌낼 준비가 되어 있어야 한다. 우리는 현실은 고통이 수반된다는 사실을 알아야 하고, 고통을 견딜 준비가 되어 있어야 한다. 그런데, 우리는 모두 자신에게 너무 관대한 편이다. 그러나 도전의 도가니 속에서, 갈등에 맞서고 삶의 짐을 덜어냄으로써 내재적 힘이 길러진다는 부인할 수 없는 진실이 있다. 이러한 어려움을 포용하고 극복하는 것이 바로 회복탄력성과 인내력을 키우는 핵심이다. 신체적 건강은 규칙적인 운동과 특정 목표를 달성하기 위해 계속 몸을 움직이다 보면 지킬 수 있다. 마찬가지로 배움에 집중하고, 항상 성장을 추구함으로써 정신 건강을 달성할 수 있다. 수면은 치료법이자 자연의 경이로움이지만, 세상은 멍하니 누워 있는 사람이 아니라 세상에 나가서 행동하는 사람만이 정복할 수 있다. 목적이 있는 사람은 행동과 나태함 사이에서 고민할 필요가 없다. 마음속에, 성취에 대한 이미지를 가지고 있으면, 그 이미지는 행동을 취하도록 동기를 부여한다.

하지만 목적은 단순한 성과보다 더 중요한 의미를 지닌다. 목적이 없는 삶은 사람을 파괴하고 질병, 알코올 중독을 가져올 수 있다.

목적은 유기체를 묶는 응집력이다. 목적이 사라지면 유기체는 무너지기 시작한다. 활동적이고 참여적인 삶을 살던 사람들의 은퇴 후 생활에서 나타나는 현상이기도 하다. 정원 가꾸기, 골프, 낚시와 같은 활동만으로는 노년기를 함께 보내는 데 필요한 목적의식을 제공할 만하지 않다. 인간은 즐거움을 위해 만들어진 존재가 아니라 성취를 위해 만들어진 존재다. 쾌락을 추구하는 데만 집중하다 보면 얼마 지나지 않아 지적으로나 육체적으로 쇠퇴하게 된다. 감각마저 압도당하고 쾌락에서 즐거움을 끌어내는 능력을 잃게 된다. 다시 말해, 더는 쾌락을 즐길 수 없다. 평생을 일하다 은퇴를 앞둔 사람들은 대개 2~3년간의 강제적인 여가를 보낸 후 좌절과 혼란을 느끼고 다시 일할 기회를 필사적으로 찾게 된다. 일반적으로 이 단계에 접어든 사람들은 빠르게 쇠퇴하고, 성취의 영역에서 자신만의 입지를 구축하기가 어려워진다. 그 후, 그들은 쓸쓸해하고 고립되어 노년기의 영향이 본격화된다. 애초에 같은 직장이 아니라면 은퇴 후 다른 직장에서 계속 일할 수 있다면 얼마나 좋을까? 그래서 목적을 가지고 하루하루를 살아갈 수 있다면, 그래서 그들의 능력과 재능이 녹슬거나 분해되지 않고 끊임없이 사용되어 날카롭게 유지될 수 있도록, 그들이 발전하려는 위대한 인간 노력의 일부임을 느낄 수 있다면 얼마나 좋겠는가?

사용하거나 잃거나

모든 삶에는 분명한 법칙이 존재한다. '사용하거나 잃거나'라는 문구로 요약할 수 있다. 예를 들어, 오른팔을 3개월 동안 깁스로 고정하면 깁스를 제거할 때쯤에는 오른팔이 상당히 위축되어 있을 것이다. 몇 달 동안 규칙적으로 운동해야만 팔은 정상으로 회복된다. 나이가 들고 점점 더 활동적이지 않은 생활을 하게 되면 근육을 꾸준히 단련하지 못해 근육이 약해지고 축 늘어진다. 아랫배가 튀어나오고 엉덩이와 허벅지에 지방이 축적될 것이다. 길을 가로질러 전력 질주해야 하는 상황에서는 숨이 차고 '이러다 심장마비라도 걸리면 어쩌지?'라는 걱정마저 할 것이다. 신체 근육을 사용하고 운동하는 것을 게을리하면 체력이 저하되어 결과적으로 질병과 기능 장애에 취약해진다. 단 근육을 규칙적이고 체계적으로 사용하면 이를 예방할 수 있다. 우리 본성의 더 무형적인 부분도 마찬가지다.

우리는 삶에서 용기를 내야만 한다. 그렇지 않으면 용기가 우리를 버릴 것이다. 우리는 결단력을 발휘해야만 한다. 그렇지 않으면 결단력이 우리를 버릴 것이다. 적극적으로 의사결정을 내리지 않으면 시간이 지남에 따라 의사결정 능력이 저하되는 것을 발견하게 될 것이다. 성공과 성취뿐만 아니라 전반적인 정신 건강을 유지하기 위해서도 다양한 문제에 대해 정신적으로 확고한 입장을 지녀야 한다. 자기의 입장이 불확실하고 모든 문제에 쉽게 영향을 받는 사람은 정서적으로 상당한 압박을 느낄 가능성이 크다. 그들은 성공과 실패의 부침을 경험하면서 각 상황이 그들에게 끌어당기는 원인이나 동기를 이해하지 않고 움직인다.

자신을 믿고 자신의 운명을 신뢰하는 것은 모든 결정의 기초가 된다. 의심은 늙음과 죽음의 본질이다. 냉소주의, 비관주의, 절망은 실패, 질병, 재앙의 전조이다. 모든 것은 정신적 이미지와 감정적 투영에서 비롯된다. 모든 생명체와의 상호연결성, 비밀 자아와의 깊은 연결성을 인식하는 사람에게는 결심하고 굳은 결의를 다지는 능력이 자연스럽게 따라온다. 사소한 문제라도 결정하지 못하는 것은 비겁한 행동이고, 영혼에 해로운 영향을 미친다. 결정을 내리지 못하는 것은 실질적으로 항복의 한 형태다. 또한 갈등에 관여하기를 꺼리는 것이고, 우주에서 개인으로 에너지가 흐르는 것을 정신적으로 방해한다. 그러면 에너지가 흐르는 속도가 느려지고, 제약이 따르며, 고장과 성능 저하로 이어진다. 결정을 내리지 못한다는 것은 도덕적으로 취약하다는 것을 의미한다. 이러한 주도성 부족은 애지중지해야 할 대상이 아니라 극복해야 할 대상이다. 두려움을 극복하는 것은 두려움에 굴복하는 것이 아니라 두려움에 직접 맞설 때 이루어진다. 두려움은 마음이 비겁해지는 상태로, 직접적인 도전을 견디지 못한다. 따라서 용기를 내어 정면으로 두려움에 맞선다면 승리는 확실하다.

자신만의 행운 만들기

두려운 일에 도전하면 두려움이 줄어드는 사실을 느껴보면 놀랄 것이다. 결정할 수 없는 것이 무엇이든 일단 결정하고 나면 그 결정이 얼마나 옳았는지 다시 한번 놀라게 될 것이다. 우리가 느끼는 두려움은 우리의 결정이 옳은지 그른지에서 비롯되는 것이 아니다. 일단 결정을 내리고 나면 그 선택 약속을 지키고 인내해야 한다는 사실을 깨닿는 데서 비롯된다. 또한 우리가 결정을 내리지 못하는 것은 갈등을 회피하는 데서 비롯된다. 분노에 굴복하고, 게으르고 정신적으로 무기력해지며, 제한 없이 음식을 탐닉하고, 빚을 지고, 자신을 연민하고, 우울증을 경험하고, 외적인 요인에 책임을 전가하기란 쉽다. 하지만 화를 내지 않고 인내심을 갖고, 운동하고 몸을 건강하게 유지하며, 사업을 추진하고 돈을 절약하고, 자신 행동에 대해 전적으로 책임을 지고, 걱정하지 않고 믿음을 갖는 데는 용기가 필요하다. 많은 축구 라커룸 벽에는 "승자는 절대 포기하지 않고, 포기하는 자는 절대 이기지 않는다"라는 문구가 적혀 있다. 때때로 삶은 우리가 두려움을 품고 있는지 확인하기 위한 시험의 연속인 것처럼 보인다. 확실히 행운과 불운의 주기가 있다. 모든 카드 플레이어는 이를 알고 있고, 그에 따라 패를 사용한다. '설상가상', '불행은 혼자 오지 않는다'와 같은 속담은 길흉화복에 대한 인류의 오랜 인식을 잘 나타낸다.

자연이 선사하는 가장 어려운 시련은 우리의 개인적인 성장을 자극하고 촉진하기 위한 것이다. 이 논리를 알면 역경이 닥쳐도 다시는 포기하지 않을 것이다. 운이 불리하게 작용하는 것 같을 때야말로 노력을 강화하고, 용기를 내고, 웃으며, 두려움 없이 도전에 맞서야 하는 순간이다. 정신력을 한 단계 더 끌어올려야 할 때다. 끝까지 버티고 싸우라. 아무리 전망이 어둡더라도, 아무리 암울한 전망이더라도 그 안에 머물러야 한다. 최선을 다하고 무엇보다도 두려워하지 말라. 척추가 강철처럼 단단해지는 것을 상상하고, 굴복하지 않는 불굴의 의지를 내면의 저력에 호소하라. 자연이 당신을 지켜보고 있다. 비밀의 자아도 당신을 지켜보고 있다. 도전과 고난은 목적을 가지고 당신에게 부여되는 것이다. 두려움 없이 도전에 맞서고, 꿋꿋하게 버티고, 낙담하지 않는다면 인생의 근본적인 목적을 달성하는 것이다. 결국, 당신은 큰 기회와 축복을 누릴 수 있는 보상을 받게 될 것이다.

참과 거짓 행동

진정한 영적 동기와 거짓된 영적 동기를 구별하고, 비밀 자아의 뜻을 따르고 있는지 아니면 단순히 자아의 지시를 따르고 있는지 구분하기란 어렵지 않다. 신성의 뜻에서 비롯된 행동은 항상 활기차고 건설적이다. 부정적인 감정과 비관적인 관점이 없고, 내면의 신념과 완전한 평온함을 발산한다. 또한 우리가 올바른 길을 가고 있다는 확신을 준다. 반대로 자아에서 나오는 행동은 의심에 괴롭힘을 당하기 일쑤다. 자아가 주도하는 행동은 항상 특정 결과를 달성하는 데 초점을 맞춘다. 자아의 영향에 따라 행동할 때, 일에서 즐거움을 찾거나 일에 완전히 몰입하는 경우가 거의 없다. 우리는 종종 자아가 지시하는 목표를 쫓아 명성, 부富, 권력, 명예 또는 개인의 관심에 초점을 맞추는 경우가 많다.

진정한 영적 동기가 있었는지 그 여부를 알려면 그 동기에 의한 행동이 효과적이었는지 파악하면 된다. 비밀 자아에 의해 동기 부여된 행동은 언제나 효과적이기 때문이다. 비밀 자아, 즉 보편적 의지를 따르는 사람은 거부할 수 없는, 반드시 해야만 하는 일을 하는 사람이다. 반면에 자아의 충동에 따른 행동은 거의 효과적이지 않다. 자아

의지와 신의 의지가 우연히 일치하는 순간에만 효과를 발휘할 뿐이다. 이렇게 우연히 일치하는 일은 실제로 드물지만, 이런 일이 발생하면 당사자는 모든 일이 어떻게 일어났는지 완전히 잘못된 결론을 내리며 당황해한다. 자신의 성취가 자아 의지를 발휘한 덕분이라고 생각하기 때문에 계속해서 자아 의지를 발휘할 것이다. 그 후 얼마 지나지 않아 갑작스럽게 나락으로 떨어지는 경험을 경험하고 시작점으로 돌아가거나 더 낮은 곳으로 가라앉게 된다. 이렇게 되면 어느 방향으로 나아가야 할지, 다음에 어떤 행동을 취해야 할지 몰라 완전히 혼란스럽고 좌절감에 빠지게 된다. 자살의 유혹을 받기도 하고, 갑자기 재능과 능력을 잃고 술과 마약에 의지하기도 한다. 그러나 완전히 무너지기 전에 겸손이 뿌리를 내리면 당사자는 통찰을 얻고 더 건강한 심리적 관점에서 삶을 재건할 기회를 얻기도 한다.

총괄 대표는 위에 있다

짐Jim은 활기차고 의지가 강한 젊은이였다. 제2차 세계대전이 끝나고 제대한 그는 서해안의 한 도시에 있는 방송국에서 취직 제안을 받았다. 짐은 야망에 불탔고, 방송국에서 가장 높은 자리에 올라 시장을 선도하는 방송국으로 탈바꿈시키겠다고 다짐했다. 그는 지위와 번영을 동시에 추구하면서 열심히 일했고, 불과 5년 만에 두 마리 토끼를 모두 잡는 데 성공했다. 그는 마침내 방송국의 대표이사가 되었고, 방송국은 시장에서 선두 주자가 되었다.

물론 이 기간에 TV 업계 전체가 급성장했다. 회사 규모가 10배로 커졌고, 그 과정에서 고용된 직원들도 함께 성장했다. 그 후 광고 대행사, 라디오 방송국, 영화 스튜디오, 브로드웨이 무대 등에서 유능한 인재들이 영입되면서 경쟁이 치열해졌다. 새로운 인재들의 유입을 지켜보던 짐은 이들을 모두 뛰어넘어 더 많은 돈을 벌고 리더로 자리매김하겠다는 목표를 세웠다. 그는 24시간 내내 일했지만, 상황이 나빠지기 시작했다.

아무리 계획을 잘 세워도 항상 무언가가 계획을 방해했다. 아무리 꼼꼼하게 절차를 계획해도 예상치 못한 요소가 지속해서 등장하여 절차를 방해했다. 그는 자신이 운이 없다고 생각하기 시작했다. 실력이 떨어질 것 같았던 사람들이 놀라운 행운을 통해 그를 능가하는 경우가 수두룩했다. 그는 동료들에게 쓴소리하고, 의심하고, 적대적으로 변했다. 2년 후, 그는 해고당했다.

극도로 우울해져 거의 포기하려던 어느 날, 그는 우연히 책 한 권을 발견했다. 자신의 욕망을 버리고 더 큰 우주의 뜻에 자신을 맞출 때 얻을 수 있는 행복에 관한 내용이었다. 어차피 포기하려던 참이었기 때문에 그는 이 방법을 시도해 보기로 했다. 그는 정신적으로 항복하는 간단한 행위, 즉 자아를 내려놓는 행위를 통해 평화와 평온함을 경험할 수 있음에 놀랐다. 그는 최근에 설립된 TV 방송국에서 겸손하게 자리를 수락하며 재기를 위한 여정의 시작을 알렸다.

그의 친구들은 그가 변했다는 사실을 알아차렸다. 그가 이제는 선동, 불안 또는 논란을 일으키거나 조장하는 데 적극적으로 관여하지 않는다고 판단했다. 그는 특정 결과를 달성하기 위한 활동만을 추구하던 방식에서 벗어났다. 대신, 그는 과정 자체에 내재한 즐거움에 이끌려 업무를 수행하는 데 중점을 두었다. 그는 관용과 이해, 겸손의 자질을 갖추고 있었기 때문에 직장에서 그는 함께 있으면 기분 좋은 사람이었다. 몇 달 만에 책임 있는 직책을 맡게 된 그는 2년 만에 방송국을 이끌게 되었다. 짐의 사무실 문에는 '총괄 대표'라는 직함이 표시되지 않았다. 왜 그렇게 했는지 질문하자, 그는 "총괄 대표는 위에 있습니다"라고 설명했다.

영원한 근원

프랑스의 생물 물리학자이자 철학자 피에르 르콩트 뒤 노위Pierre Le-comte du Noüy는 이렇게 적었다. "각자에게는 타의 추종을 불허하는 운명이 부여된다는 사실을 명심하라. 가장 중요한 것은 우리 내면에는 신성한 불꽃이 존재하고, 그 불꽃을 무시하거나 *끄*거나 키울 수 있는 자유가 있다는 사실이다. 하느님과 더 가까워지려면 그분과 협력하고 그분의 목적을 위해 일하려는 진정한 의지를 보여야 한다." 의미있는 삶, 깨달음의 삶을 살고자 하는 우리가 지향해야 할 영적 상태이기도 하다. 시대를 초월한 우리의 근원을 알고, 근원과 어떻게 연결되어 있는지 인식하는 순간, 이기적인 자아가 지닌 제한된 관점을 넘어 더 큰 그림을 볼 수 있는 영감을 받는다. 그리고 그 영감에 따른 행동을 하고, 그에 맞는 태도를 지닌다. 선택의 능력 덕분에 자신이 원하는 방향으로 성장할 수 있다. 표면적 나를 벗어나면 우주적인 시야로 넓혀볼 수 있다. 또한 이렇게 확장된 인식 덕분에 기존에는 불가능했던 효율적이고 숙련된 업무 수행이 가능해진다.

비밀 자아에 완전히 몸을 맡기면 나태함이 당신을 휩쓸지 않을 것이다. 그러면 당신은 훨씬 더 활기차게 변할 것이다. 삶의 의미 없는 유형이 완전히 바뀌고, 알 수 없는 운명의 모습이 보일 것이다. 막이 올라가면 상황을 서두르거나 늦추고 싶은 충동이 없어질 것이다. 상황은 계획된 대로 일어날 것이고, 그러면 충분하다. 당신에게 더 큰 계획이 있다는 걸 알아차리면 그걸 통제하려는 아집을 내려놓을 수 있다. 이걸 받아들인다 해도, 행동에서 멀어지는 게 아니라 오히려 더 깊게 몰입할 수 있다. 당신이 포기하는 건 표면적 자아의 좁은 시각일 뿐이다. 겉으로는 활기차고 에너지 넘치는 느낌이 나지만, 속으로는 모든 문제에 대해 차분하고 자신감 있게 대처할 수 있게 된다. 트리말키오Trimalchio(페트로니우스가 쓴 장편 소설《사티리콘Satyricon》에 등장하는 인물이다. 그는 방탕한 로마의 젊은이로 등장해, 허세와 방랑벽을 보여준다. 하루아침에 부자가 된 트리말키오는 자신 친구와 아첨꾼들을 초대해 초호화 연회와 산해진미가 넘쳐나는 식사를 베풀며 자신의 부富를 과시한다 – 옮긴이)는 이렇게 말했다. "대지大地는 동그란 알 모양이고 중심에 자리하며 마치 꿀벌 집처럼 모든 좋은 것을 갖고 있다."

잠재의식 조절하기

우리가 감각 영역에 주로 신경 쓰는 동안, 결국 내면의 완전한 주인이 될 순 없다. 진정한 동기는 우리가 알지도 못하고 제어하지도 못하는 지하의 깊은 영역에서 나온다. 그래서 긍정적인 생각만으로는 종종 성과를 이뤄내기 어렵다. 우리를 이끄는 건 항상 잠재의식이고, 의식은 그냥 잠재의식을 대변하는 존재일 뿐이다. 의식이 더 독립적으로 보일수록, 잠재의식의 영향을 받아 도구로서 더 많이 작동한다. 잠재 의식에게 명령을 내릴 수는 없다. 이는 잘못된 영적 접근법이다. 잠재의식은 상황을 먼저 느낀 후에 받아들이는 경향이 있다. 또한 강요나 강압에는 잘 반응하지 않는다. 하지만 의식은 잠재의식에 명령을 내릴 수는 없지만, 잠재의식이 다르게 반응하도록 조절할 수는 있다. 두려움에 사로잡힐 때, 순수한 의지력만으로는 용감한 사람으로 바뀌지 않는다. 진정한 용기는 무의식에 작용하여 내면에서 용기를 일깨우도록 마음가짐을 키워준다.

이런 이유로 명상은 매우 중요하다. 명상을 통해 의식적인 마음이 잠재의식에 영향을 미치기 때문에 번영, 건강, 행복에 대한 인식을 바꿀 수 있다.

우리는 의식적으로 어떤 방향으로 나아갈지 선택할 수 있지만, 매일 내리는 구체적인 선택에서는 잠재의식이 끼어들기도 한다. 직감적으로 행동하고 생각하는 경향이 있어서 그런 것이다. 우리의 행동과 환경에 불만이 있다면, 우리는 잠재의식을 조절하여 다른 생각과 다른 행동을 불러일으킬 수 있도록 해야 한다. 우리는 우리 삶에 긍정적이거나 원하는 변화를 만들기 위해 스스로 노력함으로써 생각, 반응, 그리고 행동을 조절할 수 있는 능력을 지닌다. 꾸준한 명상 시간을 가지거나 우리가 지니려는 자질이나 특성을 항상 의식 속에 유지하면 그러한 능력이 발휘될 수 있다. 격렬한 상황에서는 무의식에 내재한 성격과 자아상에 의존해야 한다. 행동 중에 생각과 움직임이 자동적, 본능적으로 결정되어 진행된다.

숨겨진 사실 마주하기

강인한 내면의 힘이 있어야 삶의 모든 상황과 선택이 의식적인 의도가 아니라 무의식적인 영향을 통해 이루어졌다는 사실을 인정할 수 있다. 아픈 사람들은 종종 자신이 병에 걸리기로 적극적으로 선택했다는 사실에 충격을 받는다. 그래서인지 건강해지기로 마음만 먹으면 회복할 수 있다는 말을 들으면 당혹스럽게 느낀다. 사람들은 처음 긍정적 사고 조절이라는 개념을 접할 때 이를 시도하지만, 명확한 성과를 얻지 못하는 경우가 있다. 이는 긍정적인 사고 습관을 채택하려고 노력하면서도 자신의 질병을 인식하면서 무의식적으로 부정적인 시각을 유지하기 때문이다. 건강해지기로 선택함으로써 건강해질 수 있지만, 그렇다고 해서 한순간에 건강해지는 경우는 드물다. 처음에는 건강한 상태를 알아보고 받아들일 수 있게 의식을 조절하는 것이 중요하다. 그들의 질병은 몸이 좋지 않다는 느낌에 맞춰진 결과이다. 그런데 이러한 인식을 배제하고 대체해야 한다. 그러나 이 과정은 즉각적으로 이루어지진 않는다. 놀랍게도 때로는 다른 사람의 잠재의식이 내 영향력보다 더 강할 수 있다. 숙련된 최면술사는 엄청난 치유 효과를 낼 수 있지만, 그 효과는 대개 단기간에 머무른다. 최면술사가 심어 놓은 생각이 빠르게 흩어지고 질병을 일으킨 원래의 자극으로 대체되기 때문이다. 우리 의식은 처음에 질병에 대한 자극을 잠재의식에 심어 놓고, 사고 유형이 변할 때까지 계속해서 그렇게 잠재의식에 저장해 둘 것이다.

그림자 잡기

잠재의식을 회복하는 데 짧고 쉬운 길은 없다. 최면과 정신분석은 만병통치약이 아니다. 생각의 조절은 혼자서만 할 수 있으며 집중력과 지속적인 노력이 필요하다. 하지만 결국에는 내 삶의 주인은 나 자신이라는 큰 위안을 얻을 수 있다. 우리가 이루고자 하는 목표가 얼마나 자주 우리를 비껴가는지 궁금해질 것이다. 달성하려는 목표가 얼마나 자주 우리를 피해서 가는지 생각해 보면 흥미롭기까지 하다.

그림자를 쫓으면 그것은 계속 멀어질 것이다.
그러나 그것을 피하려 하면 그것이 당신을 쫓을 것이다.
마찬가지로 좋아하는 여자를 집요하게 쫓아다니면 그녀는 당신을 거부할 것이다.
그러나 그녀를 내버려 두면, 그녀가 당신에게 다가올 것이다.
— 벤 존슨Ben Jonson

우리가 의도하는 의식적인 목적이 패배하는 데에는 근본적으로 심리적 이유가 있다. 무의식적인 목적과 상충하기 때문이다. 만약 실패를 맞이한다면, 그건 의식적으로는 성공을 원하더라도 무의식 속에서 실패를 예상하며 바라는 성향 때문이다. 의식적인 마음은 그 자체로는 아무것도 할 수 없다. 항상 잠재의식의 영향을 받고 있다. 단 잠재의식을 조절하거나 단련할 수 있고, 이를 통해 의식적인 목표를 달성하는 데 도움을 받을 수 있다. 모든 결정은 잠재의식 속에서 형성되며, 저항하지 않으면 빠르고 쉽게 형성된다. 행동 중에 무의식적으로 결정을 내리면, 그 결정을 의식적으로 바꾸려고 하면 의식과 잠재의식 사이에 문제가 생길 수 있다. 결국, 선택은 잠재의식에 따라 결정된다. 두 마음이 서로 반대되는 선택을 하면 성공을 위한 노력에서 실패가, 건강을 위한 노력에서 질병이, 사랑을 위한 노력에서 증오가 자라날 수 있다.

　　의식적인 마음이 잠재의식에 영향을 미칠 수 있는 범위는 다음과 같다. 이를 통해, 우리는 자신이 되고 싶은 사람으로 살겠다고 의식적으로 결정할 수 있다. 간단한 의식 단련 방법을 통해 우리는 용기, 에너지, 충성심, 신뢰성, 사랑, 친절, 관용과 같은 선량한 미덕을 기를 수 있다. 우리가 원하는 특성에 집중하고, 상상력을 발휘해서 그런 생각들이 잠재의식으로 스며들도록 하면 된다. 이 단련을 지속적이고 규칙적으로 하면 결국 우리의 행동과 생각이 의식의 초점과 일치하게 된다. 이렇게 하면 모든 상황에서 본능적으로, 그리고 우리가 항상 원했던 방식으로 자연스럽게 행동할 수 있다. 우리가 열망하는 이상적인 모습에 집중하고 그것이 잠재의식 깊숙이 뿌리내리도록 함으로써 자신이 원하는 사람으로 변화할 수 있다. 우리는 마음속으로 만들어 낸 자아에 따라 행동하고 생각할 수 있다. 이는 자신이 원하는 사람으로 자신을 만들어 갈 힘에서 비롯되고, 항상 마음속에 담고 있는 이미지를 반영할 수 있게 된다. 이처럼 심리적 관점을 바꾸면, 우리는 원하는 것은 무엇이든 될 수 있다.

정반대의 충돌

의식적인 사고, 자기 인식, 그리고 선택을 할 수 있는 능력은 정말 경이로운 능력이다. 하지만 이러한 정신 능력은 우리의 생각, 결정, 행동에 책임을 져야 하는 의무를 동반한다. 러디어드 키플링Rudyard Kipling "실패하는 이유는 4천만 가지가 넘지만, 변명할 수 있는 이유는 단 하나도 없다"라고 했다. 마음의 자유로운 창조적 본질을 이해하면, 의식 속에서 생기는 이미지가 주변 세계에 반영된다는 사실을 금방 알게 된다. 시간을 갖고 용기를 내어 자신이 한 선택이 현실에서 어떠한 영향을 미쳤는지 파악해 보라. 당신의 삶에 찾아온 모든 건 당신이 내린 결정의 결과다. 이러한 관점이 잠재의식 속에서 발전하고 굳어지도록 내버려 두고 열린 마음으로 받아들일 수 있어야 한다. 부유하다면 풍요로움을, 가난하다면 가난을, 건강하고 활기차다면 건강을, 병들었다면 병에 대한 인식을 받아들인 것이다.

삶은 흑과 백의 극단인 상반된 힘의 끊임없는 충돌이고, 그 사이에는 회색 영역이 존재한다. 높고, 낮고, 넓고, 좁고, 어둡고, 밝고, 강하고, 약하고 – 항상 우리는 그 사이에서 선택한다. 우리의 선택은 우리가 어떤 사람이 되는지를 결정하고 삶의 사건과 상황에 영향을 미친다. 우리가 내리는 선택은 그 누구도 책임을 지지 않고 전적으로 우리에게 달려 있다. 우리의 삶과 운명을 결정짓는 선택은 우리가 내린다.

8.
반대 극복하기

세상에는 다양한 유형의 사람들이 있다. 미래의 남편을 점치기 위해 데이지 꽃잎을 따고 익숙한 주문을 외우는 어린 소녀의 모습은 인생의 문턱에 서서 자신의 운명을 찾아가는 우리의 모습과 닮았다. "부자, 가난한 사람, 거지, 도둑, 의사, 변호사, 상인, 사장." 어떤 일을 하며 살 것인가? 어떤 사람은 상인이 되고, 어떤 사람은 제조업에 종사하고, 어떤 사람은 교사가 되고, 어떤 사람은 예술가가 되고, 어떤 사람은 전사가 되는 등 사람들은 인생에서 다양한 길을 선택한다. 각자의 관찰과 경험이 선택에 영향을 미치기 때문에 개인마다 세상을 보는 시각이 다르다. 결국, 개인의 관점은 다양한 직업 선택에 영향을 미치며, 이는 각기 다른 인생 경로로 이어진다. 전사의 눈에는 저항 세력, 즉 '반대'가 들어온다. 그들에게 세상은 반대 세력으로 둘러싸여 있다. 세력의 충돌과 해결 속에서 자신의 역할을 찾으려 한다. 경쟁과 갈등은 장애물을 인식하는 것에서 비롯된다. 환경에서 적대감을 감지하면 모든 사람이 심리적으로는 전사가 된다. 교실, 전쟁터, 상점, 도서관 같은 어떤 분야에서든 모든 사람은 자신의 노력에 반대하는 상황을 마주하게 된다. 갈등의 긴장과 도전, 그리고 반대되는 힘과 생각을 해결함으로써 인간은 영적으로 진화하고 있다.

반대는 성장의 원동력

나와 부딪히는 반대의 상황, 즉 도전과 장애물은 인생의 자연스러운 부분이다. 삶에서 도전을 제거하면 햇빛이 없으면 시들어 버리는 식물처럼 금방 힘과 활력을 잃게 된다. 근육은 운동을 통해 튼튼해진다. 굳은살은 매일 힘든 작업을 하는 손을 보호한다. 마음도 마찬가지다. 규칙적으로 마음을 단련하면, 마음은 예리하고 적응력이 높아진다. 그러나 도전에 부딪히지 않을 때 허둥대고 좌절하며, 의도와 목적의 부재로 인해 삶의 체계가 무너지게 된다. 우리는 장애물을 만나, 극복하면서 성장한다. 열심히 노력하고 개선하고자 하는 열망을 키운다면, 우리는 더 나은 사람으로 성장하며, 완벽한 환경에서 있을 때보다 더 똑똑하고 지각력 있는 존재가 된다. 성장에 있어서 반대의 중요성을 깨닫게 되면, 우리는 반대를 부정하는 것이 아니라 이미 존재하는 반대를 찾아내고, 통찰력과 인식을 향상함으로써 반대를 극복하기 위해 끊임없이 노력하는 방법을 자연스럽게 터득할 것이다.

벽에 정면으로 부딪쳐서 벽을 무너뜨릴 사람은 없다. 우리가 반대에 직면할 때, 이해하거나 저항하기 어려운 신비한 힘에서 비롯되는 경우가 많다. 우리 자신의 관점이 가려져 있을 때 반대는 맹목적으로 보인다. 그런데, 반대에 대한 진실을 파악하면 반대는 더 존재하지 않는다. 우리의 노력은 벽을 허무는 데 집중할 것이 아니라 의식을 높여, 상황이나 문제에 진입ingress하고 빠져나가는egress 방법을 인식하고 이해하는 능력을 키워야 한다. 적대감 없이 열정적으로 반대를 수용하는 사람들도 있지만, 반대에 부딪혀 상처받거나 결국 돌아서 도망가 버리는 사람들도 있다. 증오, 적대감, 분노 같은 감정들은 우리를 반대하는 것들에 대한 우리의 시야를 가리게 만든다. 이런 마음 상태에서는 어려움에 대한 진실을 알아차릴 수 없다. 장애물의 본질을 이해하지 못하면 그 장애물은 더욱 강력해져 결국 극복에 실패할 수 있다. 따라서 무력이나 충동에 의존하기보다는 사려 깊고 전략적인 사고로 어려움에 접근해야 한다.

정서적 사각지대

모든 어려움은 사실상은 어려움이 아니고, 그것을 인식하는 사람들의 마음에 있는 정신적인 난관일 뿐이다. 그들은 장애물을 밀어내는 것이 아니라 이해하려고 노력함으로써 장애물을 극복한다. 궁극적으로 모든 어려움은 자신에 대한 잘못된 인식이라는 하나의 장애물로 요약할 수 있다. 즉 많은 어려움은 우리가 진정 누구인지 모르기 때문에 비롯되는 것이다. 저항을 극복하기 위해서는 먼저 자제력을 키우고 우리를 반대하는 것의 본질을 이해하는 데 초점을 맞춰야 한다. 친구가 당신과 같은 일자리를 두고 경쟁하고 있다고 가정해 보자. 이때, 마음속에 적대적인 감정이 키워지게 된다면, 결과적으로 직책을 잃고, 우정도 잃을 수 있다. 이러한 감정적 장벽은 업무의 본질과 최고의 방법을 파악하는 데 방해가 된다. 게다가 질투나 경쟁심과 같은 부정적인 감정에 사로잡히면 친구의 강점과 능력을 인정하는 데 방해가 된다. 감정에 눈이 멀어 그 친구도 그 직무를 효과적으로 유지하고 수행할 수 있는 능력이 있다는 사실을 인정하지 못한다.

반대가 이해를 방해한다는 사실을 깨닫는 것, 그 자체가 어려움을 이기는 중요한 첫걸음이다. 우리가 해야 할 일을 알고 나면 필요한 행동을 하기란 매우 쉽다. 의심과 혼란은 아무런 성과를 내지 못한다. 마음을 굳게 먹으면 비록 잘못 생각했더라도 일을 완수할 수는 있다. 이러한 사고방식은 잠재적인 오류가 있더라도 결단력과 행동의 긍정적인 측면을 강조하면서 능동적이고 창의적이며 세상에 관여하려 하는 것이 특징이다. 결단력 있게 행동하는 것이 우유부단하거나 주저하는 것보다 더 생산적이다.

갈등에 뛰어들 의향

모든 일에는 옳고 그른 방법이 있다. 그러나, 어떤 일을 처음 시도할 때 반드시 옳은 방법을 선택하지는 않는다. 주어진 상황에 적극적으로 임하다 보면, 상황을 더 잘 이해할 수 있고, 옳은 방법을 택할 수 있게 된다. 하지만 방관자처럼 멀리서 관찰만 하려고 한다면 상황을 제대로 파악하거나 이해할 가능성은 거의 없다. 상황을 이론적으로만 이해하게 될 뿐이다. 우리는 현 상황을 이해하기 위해 과거의 경험에 의존하곤 한다. 하지만 과거의 경험을 참고하는 것만으로는 현재 상황이나 구성의 실제 관계와 가능성을 명확하게 파악할 수 없다. 실제 경험을 통해서만 사물을 진정으로 이해하고 능숙해질 수 있다. 전문가나 장인이 되려면 이론적인 지식뿐만 아니라 적극적인 참여와 실천이 필요하다. 달성하고자 하는 목표가 무엇이든 실행에 옮기다 보면 실력이 향상되는 것을 느낄 수 있다. 숙달을 향한 여정은 가파른 언덕을 오르는 것과 같다. 다양한 도전을 극복하는 과정이 펼쳐질 것이다. 그 과정에서 만나고 극복하는 각 장애물은 이해도를 높이고 기술을 개발하는 데 자양분이 될 것이다. 해야 할 일에는 반드시 올바른 접근법이 있다. 그런데 주어진 과제를 적극적으로 수행하다 보면, 가장 효과적인 접근 방식이나 기술을 분명하게 파악할 수 있게 된다. 업무에서 성공을 거두려면 도전에 직면하고 반대에 맞설 준비가 되어 있어야 하는데, 이때 두려움, 적대감, 분노 없이 갈등에 접근할 수 있어야 한다.

삶을 정복하는 데 가장 필요한 자질은 용기다. 장애물에 겁먹지 않는 대담함이 없으면 역동적인 행동을 취하기가 매우 어렵다. 인간은 위험에 직면했을 때 세 가지 주요 반응을 보인다. 즉 도망치거나, 싸우거나, 얼어붙는 반응이다. 동물의 왕국에서는 이 세 가지의 증거를 모두 볼 수 있다. 위험에 직면한 사자는 싸우고, 위험에 직면한 영양은 달리고, 위험에 직면한 주머니쥐는 얼어붙는 반응을 보인다. 이러한 반응은 대개 한 사람에게서 모두 나타난다. 우리의 감정적 반응과 신념은 위협적인 상황에 반응하는 방식에 중요한 역할을 한다. 이때, 위험을 피하는 선택지는 두려움에 굴복하는 것을 의미하지만 얼어붙은 사람도 도망친 사람만큼이나 두려움에 굴복한 셈이다. 그런데 현대 사회에서 도피를 선택하는 사람은 거의 없다. 두려움을 느끼는 것은 옳지 않고 극복해야 한다고 배워왔기 때문이다. 사회는 용기를 가진 사람들을 존경한다. 우리는 보통 위험한 상황을 두려워하기보다는 다른 사람들이 우리를 겁쟁이라고 생각할 것을 더 두려워한다. 위협에 직면했을 때 두려움에 사로잡혀 털썩 주저앉은 채 그 자리에 가만히 머물러 있는 사람들이 대부분이다. 이것은 최악의 반응이다. 적어도 도망친 사람은 다음 날 싸울 수라도 있지만, 싸울 수도, 도망칠 수도 없는 사람은 끝도 없이 무너질 것이다.

두려움에 맞서기

현대 사회에서 우리는 끊임없이 두려움과 사투를 벌이고 있다. 생계를 위해 일해야 하고, 자신과 가족을 위해 돈을 충분히 벌지 못할 것이라는 두려움이 떠나질 않는다. 대기업에서 일하는 많은 이들은 자신이 단지 회사 매출을 올리는 수단에 불과하다고 느끼며, 자신이 대체할 수 있는 존재라는 인식이 강렬히 작용한 나머지 불확실성과 불안감에 허덕인다. 자신이 원해서 태어난 것도 아니고, 결국은 죽음을 피할 수 없다는 사실을 알고 있다. 이처럼 그들은 존재의 근본적인 측면을 넘어서는 것을 상상할 수 없기에, 영적인 차원에 관한 생각을 의도적으로 피한다. 일반적으로 이들은 주로 자아에 초점을 맞춘 삶을 살기 때문에 다른 사람과 끊임없이 자신을 비교하게 된다. 다른 사람보다 우월하거나 열등하다고 판단하고, 결코 동등하다고 생각하지 않으며, 자기 칭찬이나 자기비판의 악순환에 빠져 있다. 두려움은 그들의 끊임없는 동반자이지만, 그들은 종종 도망치지 않았다는 이유로 마치 자신이 두려움을 극복한 것으로 착각한다. 정작 두려움은 지속하며, 궤양, 고혈압, 심장 문제, 관절염, 암과 같은 신체적 증상을 통해 모습을 드러낸다. 위험을 피하거나 얼어붙지 않으려면 위험에 맞설 수밖에 없다. 우리는 위험을 정면으로 마주하고 우리 고유의 능력과 강점으로 극복해야 한다. 무엇보다도 우리의 몸과 뇌가 두려움의 감정으로 가득 차면 또렷한 사고가 불가능해진다. 따라서 두려움은 무조건 극복해야 한다. 두려움을 안고 있다는 것은 위험한 상황의 본질을 꿰뚫을 수 없는 껍데기로 자신을 감싸고 있는 것과 다름없다. 자신의 잠재의식으로부터 거리를 두고 마비되거나 도피한 상태다.

두려움을 정복한다는 것은 두려움을 통제해서 의식 밖으로 밀어내는 것이다. 이때 마음은 상황을 자유롭게 평가할 수 있다. 이를 통해 우리의 의식은 자아로부터 독립적으로 상황의 본질을 파악할 수 있다. 이렇게 함으로써 위협에 효과적으로 대처하고 위협의 심각성을 줄일 수 있다. 사자 조련사를 생각해 보라. 처음에는 사자가 우리에 들어가면 두려움에 얼어붙는다. 하지만 시간이 지남에 따라 지속적인 노출을 통해 머릿속이 하얘지는 상태를 극복할 수 있다. 조련사는 자신과 사자의 무의식 사이의 장벽을 이해하고 낮춤으로써 유대감을 형성한다. 결국, 사자는 조련사의 명령에 순종적으로 반응한다. 조련사는 진정한 관계를 형성하고 두려움을 훈련함으로써 한때는 위험했던 사자를 다루는 행위가 일상적인 일이 되는 경지에 도달한다. 이는 명백한 위협에 굴하지 않고 의식에서 두려움을 제거하면 용기와 담대함으로 무엇이든 극복할 수 있다는 교훈을 시사한다. 두려움은 자아에서 비롯된다. 장애물에 직면하기 전에, 무엇보다도 두려움을 극복해야 한다는 점을 인식하라.

이해력 높이기

마르쿠스 아우렐리우스Marcus Aurelius는 이렇게 썼다. "자신에게 어려워 보이는 과제를 정복할 수 있는 능력을 의심하지 말라. 인간이 할 수 있고, 하기에 적합한 과제라면, 당신도 충분히 할 수 있다고 믿어라." 도전을 극복하기 위해서 우리는 영적으로 성장해야 한다. 장애물은 주로 본성의 한계에서 나오는데, 이런 단점을 극복함으로써 앞에 놓인 도전을 이겨낼 수 있다. 모든 장애물은 실제로는 착각에 불과하다. 우리의 성격에서 어떠한 부분에 성숙과 이해를 도모해야 할지 알려주는 척도이기도 하다. 보통은 자신 행동 방식으로 특정 지점을 넘지 못할 때만 본인의 한계, 즉 자신이 하려는 의도에 대한 '반대' 힘을 느끼게 된다. 우리 앞에 다리가 놓여 있고 그 다리를 건너려고 할 때, 그 다리를 가로막는 장벽이 있고 통행료를 요구하는 사람이 있다면 우리는 저항심, 즉 '반대' 힘을 느낀다. 그러나 이내 우리는 다리를 건너려는 목표를 달성하기 위해서는 대가를 치러야 한다는 것을 분명히 알게 된다. 그러나, 반대나 도전에 부딪히지 않고 계속 전진하면, 순조로운 여정을 보장하는 공식을 발견한 듯한 생각을 하게 된다. 이처럼 우리는 문제에 대한 완벽한 공식을 찾으려고 하지만, 그런 것은 사실 없다. 이, 삶은 마치 폭풍우가 치는 바다를 항해하는 것과 같다. 처음에는 미지의 세계처럼 보일 수 있지만, 시간이 지날수록 그 깊이를 더 잘 이해하게 된다. 우리 각자는 자신만의 지혜를 가지고, 그것을 기반으로 이 넓은 바다를 항해하며 도전에 부딪히고 배우며 성장할 뿐이다.

모든 사람은 평등한 잠재력을 갖고 태어나지만, 성장하면서 각자 특별한 재능이 드러나면서 다른 모습으로 살아간다. 키, 지능, 대담함, 활력 등 여러 면에서 절대적인 불평등이 나타난다. 잠재력은 똑같이 출발하더라도 개개인의 발전은 각자 다르게 진행된다. 그래서 우리가 삶의 순간순간을 헤쳐 나갈 때 직면하는 도전은 우리의 이해 수준을 직접 반영한다. 우리가 할 수 없거나, 될 수 없거나, 볼 수 없는 것이 우리 삶에 문제로 다가온다. 만약 우리가 사랑에 관련된 문제를 겪고 있다면, 그건 우리가 사랑하기 어려워서다. 성공과 관련된 문제라면, 그건 우리가 불안정해서다. 건강과 관련된 문제가 있다면, 그건 우리가 영적이나 감정적으로 억압되어 있어서다. 우리는 무의식 속에 숨어 있는 도전을 극복하기 위해 다양한 방법을 동원하고, 때로는 우리의 입장을 정당화하기 위해 정교한 환상을 만들어 내기도 한다. 그러나 이런 시도가 실패하면 가끔은 우리가 만든 장애물에 가득 찬 세상을 상상하게 된다. 사랑받지 못한다고 느낄 때, 우리는 다른 사람을 도왔지만, 그 대가로 무시당했던 수많은 일을 떠올리는 경향이 있다. 건강이 염려되는 경우, 병약하고 문제 많은 장기에 미치는 원인을 어떻게 없앨 것인지를 장황하게 설명한다. 자신이 뚱뚱하면, 다른 사람들은 많이 먹는 것 같은데 희한하게 몸매가 날씬하다고 생각한다. 마찬가지로, 재정적으로 어려움을 겪고 있다면 다른 사람들은 일을 많이 하지 않고도 돈을 많이 번다고 생각할 수 있다. 자신이 심신이 약하다고 인식하면 심신이 강한 사람을 부럽게 여기지만, 도전과 불편함에 직면하여 몸과 마음을 강화할 용기를 내기란 쉽지 않다.

결정이 성장을 좌우한다

우리가 직면하는 모든 도전에는 새로운 차원으로 이해의 문을 열 수 있는 열쇠가 있다. 그런데 이 열쇠를 발견하지 못하면 우리의 성장은 저해되고 우리의 관점은 장벽에 갇히게 된다. 우리는 장애물이 보이면 뛰어넘을 수 있는지를 판단한다. 그 결정에 따라 운명이 결정된다. 장애물을 보고 아무리 높아도 뛰어넘을 수 없다고 결정할 수 있다. 아니면, 장애물을 보고 그 높이에서는 뛰어넘을 수 없지만, 그보다 낮으면 뛰어넘을 수 있다고 결정할 수도 있다. 아니면, 두 배만 더 높으면 뛰어넘을 수 있다고 생각할 수도 있다. 삶은 우리가 문제를 어떻게 바라보고 대응하느냐에 따라 끊임없는 도전 과정으로 이해될 수 있다. 누구나 문제에 부딪히지만, 그 문제에 대해 어떻게 대처할지는 각자의 손에 달려 있다. 하지만 도전에 맞서는 순간, 내적 성장이 보장되는 셈이다. 어떤 사람들은 자신의 어려움을 다른 사람들보다 더 순조롭게 헤쳐 나가는 것처럼 보일 수 있다. 단 오해의 소지가 있다. 정신적으로 성숙한 사람들은 자신의 어려움을 공개적으로 이야기하지 않고 내면화하여 침착하고 숙달된 이미지를 보여주기 위해 노력한다. 이들은 누구나 문제에 직면하며, 그 정도는 다를지라도 개인마다 비슷한 문제를 가지고 있다는 사실을 마음에서부터 받아들인다. 문제의 특성은 다르지만, 똑같이 의미 있는 문제로 간주한다.

심리적으로 견고한 철학은 종교적 신념에서 발견되는 경우가 많다. 하나같이 인생이란 현재의 이해를 넘어 우주만큼이나 광활한 목표를 향해 확장하는 열망의 연속이라는 진리를 강조한다. 좌절이나 목표를 향한 노력과 관계없이, 각자의 '산'에서 혼자 서 있는 사람은 없다. 개인적인 열망을 이루거나 어려움을 극복할 때도 서로 지원과 연결이 존재한다는 의미다. 우리는 우리 너머의 힘으로 삶을 유지하고, 삶을 살 수 있는 동력을 얻는다. 결국, 우리는 그 절대적인 힘에 굴복해야 하고, 그 힘을 이 땅에 표현하고 영향력을 행사하기 위해 노력해야 한다. 우주에서 일어나는 일은 개인의 상상을 훨씬 뛰어넘는다. 우리는 명확한 방향을 가진 힘에 지배되고 있고, 그 힘은 우리를 도구로 이용해서 자신의 의지를 세상에 실현하고 있다. 하지만 진정으로 감동적인 사실은 각자가 원하는 대로 되고, 상상할 수 있는 어떤 것도 이룰 수 있다는 점이다. 누구나 겉으로 보이는 모습에 국한되지 않고 상상할 수 있는 능력을 지니기 때문이다. 그 능력으로는

마음속의 마법

별에 손을 뻗을 수도 있다. 전지전능한 창조주와 똑같은 능력을 갖추고 있기에 가능한 일이다. 사실 그들은 자신 능력을 이해하는 역량이 부족할 뿐이다. 근본적으로 자기 자신을 창조한 셈이니 말이다.

인연, 그리고 이해

상황에 저항하면 사실은 우리 자신의 정신적인 걸음 막에 맞서는 것이다. 제대로 이해한다면, 반대로 보이는 것은 궁극적으로는 반대가 아니다. 각자의 인생은 어떤 위대한 목적을 향해 나아가고 있다. 그 목표를 이루는 데 작거나 중요하지 않은 것은 없다. 다이아몬드 뾰족한 부분이 수 톤을 견디듯이, 우리도 창조주에게 기반이 되는 지지대 역할을 한다. '최상위 지성'은 절대적으로 중요한 의도가 있고, 우리는 그 뜻을 따라갈 뿐이다. 그런데, 우리는 최상위 지성을 드러내는 존재라서 – 즉 최상위 지성의 형상을 나타내는 존재라서 – 우리에게는 자신의 운명을 조절할 수 있는 능력이 있다. 우리는 생각을 통해 자신을 스스로 변화할 수 있다. 우리는 성장의 방향을 결정함으로써 우리의 미래를 바꿀 수 있다. '우주적 정신universal mind'의 의도는 영적 깨달음enlightenment을 향한다. 비밀 자아는 우리 각자 안에서 숨 쉬고 있다. 내면의 본질인 비밀 자아가 각 개인의 고유한 자질과 특성을 통해 표현하고 드러냄으로써 자신에 대한 이해를 높이기 위해 노력하고 있다. 개인이 자신을 표현하는 자기만의 방식을 통해 자기 인식을 의도적으로 추구하거나 탐구하고 있다. 삶은 우리 욕망이나 자아를 채우기 위한 게 아니라, 더 나은 자기 인식과 지식을 찾고 발전시키기 위한 여정이다. 인생의 모든 장애물과 사건은 인생 목적을 향한 자양분이다. 우리가 추구하는 것은 돈이나 쾌락, 허영심이 아니다. 대신, 우리 안에는 발전하고, 현재의 자신을 뛰어넘고, 진정한 정체성을 발견하고, 직면하는 상황을 통제하고자 하는 타고난 욕구가 있다. 자신만의 삶의 경험을 이해하고 탐험하는 능력에 따라 운명이 정해지고, 그에 맞춰 특별한 삶의 길이 마련된다. 따라서 이해하고 탐험하는 역량을 바꾸어 운명을 바꿀 수 있다. 그러나 자아 의지라는 헛된 무기로 싸워서 바꿀 수는 없다. 소포클레스Sophocles의 비극(고대 그리스에서 가장 유명한 극작가 소포클레스의 대표적인 희극 중 가장 잘 알려진 운명, 예언, 인간 조건을 주제로 한 비극)에서 오이디푸스Oedipus는 자신의 비극적 운명을 피하고자, 강한 의지력을 발휘하여 결사적으로 노력한다. 부조화하게도 오이디푸스의 운명에서 벗어나기 위한 행동은 결국 그가 피하려던 바로 그 운명으로 이어진다. 감각과 이기적인 욕망을 중요시하고 따를 때, 거짓된 신을 섬기게 된다. 이처럼 잘못된 안내자를 따른다면, 결국 우리 자신을 해치거나 다른 방식으로 재앙을 불러일으키는 탈출구가 없는 상황으로 내몰릴 것이다. 비밀 자아는 우리 안에 개인 자아에 대한 망상을 심어 놓았지만, 그렇다고 돈키호테Don Quixote(동명 소설에서 주인공 돈키호테는 풍차를 사나운 거인으로 상상하는 망상적이고 이상주의적인 기사, 부조리한 상황에도 굴하지 않고 창을 들고 풍차를 향해 돌진하는 인물 ─ 옮긴이)처럼 비현실적이거나 무모한 방향으로 이끌리진 않는다.

자아─자기에 대한 망상이 우리에게 부여된 이유는 우리가 지닌

지식 – '부분'에 대한 지식에서 '전체'에 대한 지식 – 이 성장시켜야
하는 임무가 있기 때문이다. 이처럼 자신의 일부를 이해하는 것에서
전체를 파악하는 것으로 발전함으로써, 물질세계를 초월하는 궁극적
인 여정에서 비밀 자아를 적극적으로 돕는다. 섭리의 개념에서는 '예
정론'과 '인간의 자유'를 조화시킨다. 즉 모든 걸 지배하는 신은 자유
의 본질을 나타낸다. 이는 존재의 예정된 측면과 개인의 선택 능력이
공존한다는 의미다. 그러나, 개인의 자아에 지나치게 몰두하게 되면,
감각적 반응에 따른 개인 운명에 제약받게 된다. 삶을 바꾸는 유일한
방법은 우리 자신을 바꾸는 것이다. '자아ego'를 '자아에 대한 지식'과
동일시하는 한, 우리는 주인을 섬기는 것처럼 무의식적으로 최상위
지성Supreme Mind을 섬기게 된다. 우리는 종종 이러한 역학을 인식하
지 못한다. 단 당연히 우리는 이러한 현실을 알지 못한다. 대신 우리
는 삶이 우리에게 던져주는 고난에 저항하고 격렬하게 반대한다. 우
리는 상황을 정복하고 통제하려 한다. 그러다가 그렇게 하지 못하면
욕망을 좌절시키려는 음모가 있다고 지나치게 확신한다.

단련 과정

오이디푸스가 자아의 의지로 맞서 싸우다 파멸을 자초했듯이, 버
질Virgil의 〈아이네아스Aeneid〉에 등장하는 아이네아스는 신의 뜻에
복종함으로써 명예와 보상으로 자신의 운명을 완수했다. 아이네아스
는 트로이 사람들을 이탈리아로 이끌고 로마 제국의 기초를 세우라

는 신성한 명령을 받았다. 이 임명은 신의 도구가 되라는 뜻이었다. 그는 사명을 회피하고 싶은 유혹을 받았지만 결국 사명을 받아들였고, 신의 뜻에 따라 로마의 법과 평화의 황금기를 세상에 선보였다. 오이디푸스와 아이네아스라는 두 명의 고전 속 인물은 인류의 오래된 딜레마 – 개인적인 욕망과 세속적인 쾌락에 탐닉할 것인지, 아니면 자신을 넘어 무한하고 영원한 원칙을 추구할지 – 를 보여준다. 오이디푸스Oedipus의 길은 고통과 좌절의 길이지만, 아이네아스의 길은 깨달음과 평온의 길이다. 그러나 우리 안의 강인한 자아는 때로는 우리를 깊은 고통과 좌절의 길로 이끈다. 우리는 자아를 인정받고자 하는 자기 중요성의 한 형태와 잘못 연결 짓고 있다. 우리는 박수, 명성, 돈을 원한다. 그래서 모든 것을 목적에 따라 움직이는 '비밀 자아' 대신 이 세속적 가치를 신격화한다. 하지만 갈등과 고통의 영향력에서 벗어날 수 있는 사람은 아무도 없다. 깨달음의 길을 아무리 멀리 걸어왔다고 해도, 우리는 여전히 자아의 요구에 따라 때로는 막다른 골목길을 추구한다. 또한 잘못된 방향으로 나아가고 진리에 반대하도록 유도하는 여러 망상을 갖고 정신적 사각지대를 품고 있다. 필연적으로 우리는 고통과 좌절에 직면하게 된다. 이러한 진퇴양난을 정확하게 식별할 수 있을 만큼 깨달음의 길로 충분히 나아갔다면, 우리는 극복할 수 없는 장애물에 맞서 헛되이 투쟁하지 않을 것이다. 대신, 고통을 마주할 때, 이해의 장벽에 부딪혔다는 신호로 즉시 인식하게 될 것이다.

그것은 배움도, 은혜도, 장비도 아니다,

식은 죽 먹기도 아니다.

고통과 두려움의 쓰라린 꼬집음

그것이 피조물을 생각하게 한다.

— 러디어드 키플링Rudyard Kipling

심리적 또는 영적 세계

우리는 초감각적 지각의 힘을 갖고 있다. 따라서, 반대가 우리를 막다른 골목에 몰아넣는 것처럼 보일 때 깨달음을 얻기 위해 그 지각에 도움을 요청할 수 있다. 표면적 마음이 묶여 있는 거대한 영적 자아는 모든 사물과 모든 상황에 스며들어 있다. 이를 통해 영적 자아는 신비롭고 초자연적인 과정을 통해 상대의 본질을 꿰뚫을 수 있다. 듀크 대학교의 라인Rhine 박사의 초심리학 연구소는 마음의 초감각적 능력이 존재한다는 사실을 증명했다. 에드가 케이시Edgar Cayce의 심령 능력에 대해서는 수천 건의 문서가 증거로 남아 있다. 그는 개인과 우주적universal(보편적) 정신 사이의 불투명한 장벽에 때때로 문이 열리고 시공간과 한계를 넘어선 사물을 내면적으로 인식할 수 있음을 증명했다.

그런 사람이 바로 피터 허코스Peter Hurkos였다. 허코스는 겸손한 네덜란드인으로, 1959년 모든 권위 있는 프리시즌 예측 기관에서 LA 다저스가 전년도에 최하위를 기록한 후 2부로 강등될 것으로 예상했을 때 내셔널리그 우승할 것을 성공적으로 예측했다. 허코스는 자신의 예측 정확도가 87퍼센트에 달한다고 주장했고, 자신의 주장을 입증할 증거를 가지고 있었다. "이 재능은 신에게서 받은 것이다"라고 그는 말했다. 그는 전 세계 여러 국가의 경찰청에서 수배 중인 범죄자를 추적하는 데 고용되었고, 그의 예측 능력은 혀를 내두를 정도였다. 이 외에도 그는 여러 기업에서 보안 책임자로 일하면서, 장부에서 불규칙적이거나 일치하지 않는 부분을 찾아내며 장부 관리를 담당하기도 했다. 놀라운 재능을 지닌 그가 보여준 영적 능력은 사람들에게 미지의 영역으로 향하는 문을 열어주었고, 물질보다는 정신이 우위에 있다는 사실을 더 명확하게 나타냈다. 정신 영역과 의식 연구가 인간이 탐구할 가장 흥미로운 분야가 될 것을 알리는 신호탄이기도 했다.

스코틀랜드 의사 홀데인John Burdon Sanderson Haldane은 《과학과 철학The Sciences and Philosophy》에서 이렇게 적었다.

우리가 자연을 의식적 인식conscious perception과 분리하려고 할 때 자연은 우리를 조롱할 뿐이다. 의식과 분리되어 존재하는 물리적 세계는 존재하지 않는다. 버클리George Berkeley와 흄David Hume에 따르면, 우리가 뉴턴의 물리적 세계에 대한 개념을 전적으로 실재하는 것으로 받아들인다면, 그 존재를 이해하거나 확인하는 능력에 본질적인 한계가 있다. 그리고 지금까지 그들의 생각에 반박할 만한 논거는 제시되지 않았다. 우리가 물리적 법칙의 지배를 받는다고 인식하는 것들이 있다. 그런데 사실 이러한 것들은 우리가 불완전하게 보는 것일 뿐이다. 따라서 우리가 물질적 세계라고 생각하는 것은 실제로는 불완전하게 드러난 영적 영역이다. 이는 본질적으로, 물리적, 생물학적으로 보이는 것의 표면 아래에는 심리적 또는 영적인 세계가 존재한다는 것을 암시한다.

영적 세계보다 물리적 세계를 우선시하는 것은 환상에 실체를 부여하려는 것과 같다. 살다 보면, 난관에 부딪혀 좌절하고 분노할 때가 있다. 그 이유가 무엇일까? 그 어려움이 사실은 정신적인 개념이라는 점, 그리고 마음속에서만 그 개념을 바꿀 수 있다는 사실을 인지하지 못하기 때문이다. 모든 위대한 신비주의자들은 인류의 관심이 종종 엉뚱한 곳으로 향한다는 사실을 깨달았다. 엠마누엘 스웨덴보그Emanuel Swedenborg(1688-1772, 스웨덴의 신비주의자·자연 과학자·철학자 - 옮긴이)는 우리 안에 진정한 지각과 행동을 하는 '내적 존재'와 반응하는 '외적 존재'라는 두 가지 존재가 있다고 말했다. 내면의 본질을 충분히 이해하지 못하면 신체적 반응이 삶을 지배하게 되어, 모든 힘은 외적인 감각을 사용하는 데 흡수된다. 그렇게 되면, 진정한 지각과 진정한 행동을 특징으로 하는 내적 자아는 시간이 지남에 따라 점차 악화한다. 외부에서 오는 반응을 너무 신경 쓰지 말고 내면의 평온하고 밝은 감정, 그리고 신성한 목적에 집중하면 우리는 창조주와 하나가 될 수 있다. 창조주를 신경 쓰지 않는 삶, 분리되었다는 인식에서 창조주와 하나 됨(즉, 합일)의 상태로 전환된다. 개인과 신 사이의 인식된 분열이 극복되어 더 깊은 연결과 조화로 이어지는 영적 또는 형이상학적 깨달음에 도달한다.

철학자의 돌the philosopher's stone(전설 속에 존재하는 물질로, 값싼 금속卑金屬을 금으로 바꿀 수 있는 능력이 깃들여 있다. 오랫동안 서양 연금술의 최고 가치로 여겨졌다. 신비주의적인 연금술에서, 현자의 돌을 만드는 데 성공하는 것은 그것이 곧 '위대한 일'을 완수한 것이거나 또는 '위대한 일'을 완수하는 데 결정적인 전환점이 된다 – 옮긴이)의 비밀은 '합일'이 전지전능한 창조주, 즉 절대자의 표식이라는 점이다. 이 사실을 완전히 깨달을 때, 우리 자신과 우리가 만나는 각 장애물 사이에 존재하는 신비로운 유대를 이해하게 된다. 우리 자신과 분리되어 우리를 반대하는 것처럼 보이는 것은 실제로 우리 자신과 전혀 분리되어 있지 않다는 점을 인식하게 된다. 나아가, 같은 정신(창조주)이 깃들어 있고, 우리를 반대하는 것처럼 보이는 것이 실제로는 우리를 활기차게 하는 원리에 의해 활력을 얻고 있다는 사실을 알게 된다. 우리 자신의 본성 깊은 곳을 바라볼 수만 있다면 결국 각 장애물의 진실을 볼 수밖에 없고, 그러한 순간에 장애물은 사라질 것이다.

"얇은 통찰이다."

헨리 밀러Henry Miller는 이렇게 적었다.

사람들은 대부분 본능의 포로다. 사회는 좀 더 높은 수준의 추상적 사고에 도달하는 몇몇 개인들이 등장하면서 시작된다. 그리고 추상적 사고에서 법, 예술, 모든 사회적 창조물이 등장한다. 전문성은 직관을 토대로 한 재능이다. 복잡한 상황 속에서도 상황의 내적 측면과 외적 측면을 모두 인식할 수 있는 특별한 능력

마음속의 마법

이기도 하다. 따라서 직관은 가장 만족스럽고 적절하며 가장 높은 형태의 앎이다. 앎은 통찰이다.

어떠한 일을 할 때, '잠재의식'이 작업을 수행하도록 하라. 얼마나 많은 것을 성취할 수 있는지 알고 놀라게 될 것이다. 반면 아무리 간단한 일이라도 '의식적 정신'으로 접근하면 의외로 어려운 일이 될 수 있다. 삶 속에는 의식적 정신으로는 알기 어려운 특성들이 있다. 현미경은 우리가 현실 세계에서 보지 못하는 또 다른 세계를 보여주지만, 그 세계의 비밀을 밝혀내지는 못한다. 주의를 집중하여 사물을 자세히 관찰할 때, 우리가 인식하는 것은 빙산의 일각이다. 이처럼 제한된 시각은 의식적 관찰의 본질적인 한계로 인해 무수히 많은 숨은 특성을 파악하지 못한다. 두 발로 걷는 행위는 지나치게 생각하지 않고 걸으면 매우 쉬운 행위지만, 30미터 길이의 협곡을 가로지르는 0.6미터 너비의 좁은 다리를 걷는다고 상상해 보라. 한 걸음씩 디딜 때마다 심사숙고할 것이다. 그러지 않으면, 다리를 건너다가 다리에서 굴러떨어져 아래 계곡으로 떨어질 확률이 매우 높다.

우리는 잠재의식을 신뢰하는 법을 배워야 한다. 표면적 자아보다 섭리에 따라 자연스럽게 일을 처리할 수 있도록 말이다. 한편, 이성은 자신이 어떠한 상황에서 무슨 역할을 해야 할지 충분히 알지 못하기 때문에 신뢰할 수 없다. 삼라만상에 대한 완전한 지식은 '우주적 정신' 안에 있고, 또한 우리 안에 있다. 이 초월적 지성을 활용하여 각각의 문제를 해결하는 방법을 배우면, 극복할 수 없는 장애물이란 존재하지 않는다는 진리를 이내 알게 될 것이다. 우리는 이해의 장애물을 극복할 수 있는 내부 자원이 있다. 그래서 처음에 이해를 방해했던 장벽을 헤쳐 나갈 수 있다. 최근에 당신의 삶에서 내면의 이해가 부족하다는 성찰을 해 본 적이 있는가? 이는 쉽게 인식할 수 있다. 비슷한 상황이 끊임없이 되풀이되고 있는 것 같지 않나? 마치 눈보라 속에서 발자국을 따라가듯이, 우리는 결국 인생에서 익숙한 상황을 다시 마주하게 된다. 이는 삶의 여정에서 특정 경험에 대한 이해가 완성될 때까지 그 경험을 반복해야 하는 법칙이기도 하다.

영적 인식

사람들은 사랑의 하느님이 창조한 세상에서 왜 고통과 아픔이 존재하는지 의문을 품곤 한다. 그런데 모든 걸 창조한 '신의 지성master intelligence'은 삼라만상에 깃들여 있다. 또한 신은 자신의 존재를 다양하게 표현하면서 무한하고 영원한 본성을 다양하게 드러내려고 한다. 고통은 성장의 통로일 뿐, 그 외에는 특별한 의미가 없다. 한편, 쾌락은 고통의 부재라는 차원에서만 고통과 연관되어 있다. 기분을 좋게 하는 쾌락적 행동만 하다 보면 우린 한 지점에 머물게 된다. 쾌락은 자신에게 만족스러움을 느낀다고 신호를 보내는 행위나 상태이다. 쾌락이 삶의 목표일 때, 내면의 성장, 즉 영적 성장을 기대하기 어렵다. 최상위 지성은 무한의 길을 따라 목표를 내다보고, 우리 각자가 그곳에 도달하도록 이끌어 준다. 두뇌, 몸, 마음, 정신, 자아는 우리가 더 위대한 지능과 의지를 갖기 위한 도구이다. 정체성은 표면적 마음이나 자아가 아니라, 이와 같은 더 위대한 지능과 의지에 있다.

자아와 비밀 자아 간의 균형을 이룰 때 영적 깨달음에 도달한다. 결국에는 우리가 실질적으로 '하느님과 하나'라고 인식하는 것이다. '신과의 합일'이라는 표현은 영적인 개념이기 때문에, '나는 신이다'로 오해하지 말라. 우리가 갑자기 전체 우주를 조종할 수 있다고 믿는 건 옳지 않다. 하느님에 관해 얘기할 때는 우리가 쓰는 언어에 한계가 있다. 우리가 알고 있는 하느님은 신비로운 생명력과 같다. 우리가 신처럼 세상을 조종하려는 시도는 오히려 역효과를 일으킬 뿐이다. 그런 행동은 우리를 절대자에게서 떨어뜨리고 자아 중심적인 상태로 이끌어, 그래서 처음 깨닫게 된 영적 시각을 잃게 만들기 때문이다.

이 세계는 초능력을 가진 사람들이 이용하려고 만들어진 게 아니다. 대신, 비밀 자아가 드러날 수 있는 장소로 존재하고 있다. 깨달음을 얻은 사람들은 아는 자의 역할을 맡게 된다. 더 위대한 지성과 존재에 겸손하게 자아ego와 표면적 자기surface self를 종속시킴으로써, 그들은 효율성과 평온을 모두 얻어낸다. 단 자아와 표면적 자기로 세상을 바꿀 수는 없다. 현재의 세계는 반드시 거쳐야만 하는 변화의 결과이다. 즉 세계의 진화에는 필연성이 있고, 현재가 무엇이 되어야 한다는 당위성에 의해 형성되었다. 또한 과거는 현재의 요구 사항에 의해 형성되었다. 이기적이고 헛된 행동에는 그에 상응하는 개인적인 책임이 수반되고, 그 결과 위기나 위협이 곧 닥칠 수 있음을 암시한다. 전쟁이 벌어지고 있고, 전쟁에 대한 소문도 퍼지고 있다. 경제 위기와 정치 위기도 있다. 전염병과 질병, 그리고 범죄가 끊이질 않는다. 사람들은 종종 개인적이고 영웅적인 노력으로 재난을 예방할 수 있다고 성급히 믿으려 한다. 그러나 삶에 조금이라도 의미가 있다면 그 어떤 철학도 진리에서 멀어질 수 없다. 눈송이의 복잡성, 식물의 광합성 과정, 살아 있는 세포의 복잡한 생화학에서 드러나는 조물주의 지능은 세상과 생명 자체를 이끄는 원동력이다. 따라서 우리도 자신의 운명과 삶의 목적을 확실한 조물주의 손에 맡길 수 있다.

운명과 환경에 대해 호언장담하거나 세상을 재앙으로부터 구하는 것은 우리의 몫이 아니다. 우리가 맡은 일은 존재의 의미를 이해하고 그 의미를 해명하기 위해 노력하는 것이다. 그 과정에서 우리는 의식을 높이고 내면의 본질을 더 효과적으로 표현하는 도구, 비밀 자아의 발현을 위한 더 나은 도구가 될 수 있다. 우리가 이 위대하고 흥미로운 발걸음을 내디딘다면, 우리는 삶의 제1계명을 이행하는 것이다.

창의성은 깨달음을 얻는 삶의 지침이 된다. 우리가 최상위 지성에 자신을 맡길 때, 우리 각자가 고유한 도구이기 때문에 우리를 통해 이루어질 일 – 창조주가 우리를 통해 역사役事하는 일 – 이 고유할 것임을 깨닫게 된다. 우리 각자가 고유한 도구이기 때문이다. 공격적이거나 강압적으로 그 일에 달려들지 않고, 비밀 자아의 음성을 경청하고 일이 자연스럽게 전개되도록 허락한다. 반대로, 자아가 주도권을 잡거나 일의 원동력이 되도록 허용하면 어떨까? 두 주인 – 자아와 비밀 자아 – 을 섬기는 것이 가능하지 않기 때문에, 우리의 진정한 목적을 훼손하게 된다. 어떤 사람들은 창의성을 추구하기 위해 모든 걸 포기해야 한다는 강박관념에 사로잡힐 정도로 내면에서 창의성을 향한 깊은 충동을 느낀다. 이처럼 창의적 추구에 전념하는 과정에서 그들은 영적 깨달음을 얻는다. 매일 그들은 진정한 자아의 근원으로 돌아가 자신을 도구로 다시 헌신하고 우주적 정신universal mind이 자신을 통해 작용하도록 자리를 내어준다.

창작 활동은 기도이다

은행 직원으로 일하던 해리는 20대 후반부터 삶에 대한 불만이 점점 커지고 있었다. 그는 자신의 분야에서 승승장구하지 못하기 때문이라고 생각했고, 직업에 재능이 거의 없다고 느꼈다. 매일 같은 시간에 일어나 작은 아파트에서 아침 식사를 해결하고, 버스를 타고 출근해, 낮은 철제 난간 뒤에 있는 작은 책상에서 일한 후, 매일 같은 식당에서 점심을 먹고, 밤에는 집으로 돌아와 책을 읽다 잠자리에 들었다. 이와 같은 생활의 단조로움과 창의성이 빠진 이상이 그를 괴롭혔다. 그는 결국 반사회적인 사람으로 변했고 주변 사람들에게 짜증을 내고 분개했다. 어느 날 퇴근 후 집으로 돌아오던 그는 출발하는 버스를 쫓아가다가 미끄러져 바퀴 밑으로 넘어졌다. 두 다리가 부러져 절단 수술을 받아야 했다. 몇 주 동안 죽음의 문턱을 맴돌다 의식을 되찾은 해리는 사고로 인해 하루아침에 뒤바뀐 삶을 살게 되었다는 사실을 알게 되었을 때 이상한 반응을 보였다. 절망에 빠진 대신 오히려 행복해 보인 것이다. 그 이유를 묻자 "이유는 잘 모르겠지만 왠지 모르게 이제는 정말 나 자신이 될 수 있을 것 같아요. 신체 일부를 잃었지만 다른 무언가를 얻은 것 같아요"라고 답했다.

해리는 병원에서 퇴원한 후 해변에 작은 별장을 얻어 보험금으로 받은 적은 수입으로 생활했다. 그리고 그는 글을 쓰기 시작했다. 그는 온종일 타자기 앞에 앉아 수많은 원고를 썼다. 얼마 후 일부가 출판되었고, 3년 만에 그는 편안하게 수입을 늘릴 수 있었다. 작가로 서의 성공보다 더 눈에 띄는 것은 개인으로서의 변화였다. 그는 빛이 났다. 창의성이 자신에게 어떤 의미인지 이야기할 때 그의 맑은 눈동 자는 먼 곳을 응시했다.

"종교적이죠"라고 그는 말했다. "기도하는 것 같아요. 최고의 정 신 – 즉, 신의 존재 – 이 나에게 찾아와, 나를 대신해서 일하는 것 같 아요. 나는 온종일 여기 작은 집에 혼자 앉아 있지만, 내 인생에서 그 어느 때보다 스스로 이 세상에 필요한 존재라고 느껴요."

그는 방에 흩어져 있는 원고를 향해 손짓했다. "이 모든 것은 제 가 한 것이 아니라, 저를 통해 이루어진 것입니다. 사람들이 그것이 위대하다고 생각하든, 평범하다고 생각하든, 심지어 형편없다고 생 각하든 상관없어요. 저보다 위대한 힘이 저를 통해 일하셨고, 그 힘 은 저를 통해 작동합니다." 해리의 기쁜 표정은 내면에 일어난 엄청 난 영적 변화를 고스란히 보여주었다. "나는 직업, 건강, 다리 등 모 든 것을 잃었지만 그보다 훨씬 더 중요한 것을 발견했어요. 물질적인 것, 심지어 신체의 팔다리도 중요하지 않다는 것을 깨달았어요. 인생 에서 가장 중요한 것은 사람이 자신의 진정한 자아를 깨우치고 그 자 아를 위해 모든 시간을 봉사해야 한다는 것입니다. 저는 이 일을 할 수 있는 특권을 누렸고요. 그렇다고 깨달음을 위해 다리를 절단하는 것은 추천하지 않습니다." 그는 웃으며 유머 감각이 여전하다는 것을 보여주었다.

불굴의 정신

모든 갈등에는 끈기를 발휘하는 소수의 사람이 존재하고, 이러한 끈기는 거의 항상 승자와 패자의 차이를 나타낸다. 자신의 진정한 자아를 받아들이고 자신의 본성에 따라 행동하는 사람은 대담한 정신과 끈질긴 목표 의식을 가진 경향이 있다. 다시 말해, 사람들이 자신의 본모습에 충실하고 내면과 공명하는 목표를 추구할 때 용기와 끈기를 발휘하는 경우다. 그런데, 자신의 진정한 본성에 대해 불분명하거나 진정한 길에서 벗어날 때 목적을 상실할 수 있다. 반대로, 혼란 없이 진정한 본성에 대해 분명한 입장을 지닌 사람들은 의심을 없애고 본성의 모든 측면과 조화를 이루며 문제에 대처할 수 있다. 그들은 일을 잘 완수해 낸다. 그들의 낙관적인 선한 본성은 어떤 역경 속에서도 살아남는다. 절망과 우울은 그들의 영혼을 붙잡을 수 없다. 그들은 비밀 자아의 뜻에 따라 행동하겠다는 단순한 심리적 결정으로 본성에서 절망과 우울을 쫓아낸다.

누군가가 장애물을 극복하는 모습을 보면서 공감대를 형성하고 인류애를 느낀다. 포기하지 않는 사람, 패배했어도 계속 노력하는 사람, 우월한 힘에 맞서 최선을 다하는 사람은 무의식적인 집단 기억에 깊이 연결된 공감대를 불러일으킨다. 누구나 삶이 쉽지 않다는 것을 알고 있다. 또한 고통과 긴장을 통해 삶의 교훈을 배운다는 것, 깨달음을 얻은 사람이 갖추고 있는 것들은 어려운 경험을 겪으며 용기와 끈기를 통해 살아남은 세련된 자질인 것도 알고 있다. 용기보다 더 위대한 가치는 끈기, 즉 끈질기게 버티고 계속 노력하는 의지다. 인내심과 결연한 자세로 삶에 임하면, 결국 굳게 닫힌 문이 열리고 돌담이 녹아내린다. 한 방울의 물을 꾸준히 뿌리면 화강암도 닳아 없어진다. 연약한 꽃이라도 단단한 콘크리트를 뚫고 꽃잎을 태양으로 들어올린다. 끈질긴 노력에 저항할 수 있는 것은 없다. 끈기는 성취의 필수 조건이다.

외부의 자극에 마음가짐이 팔랑거리지 않도록 하라. 장애물이 있다고 해서 낙담하지 말라. 대신, 우리가 지닌 능력을 믿고, 우리가 구상하는 것은 무엇이든 이룰 수 있다고 믿어야 한다. 모든 장애물 속에 있는 것과 마찬가지로 우리 안에도 살아 움직이는 존재가 있다. 이 둘의 진정한 관계를 이해하는 것은 효과적인 성과를 내는 데 매우 중요하다. 효과적인 행동을 위해서는 내면의 확신, 즉 믿음과 직관의 융합이 필요하다. 이미지는 직관에서 비롯되며, 믿음은 그것을 마음속에 간직한다. 우리 각자는 반대에 부딪힐 때야 비로소 성숙한 발전을 이뤄낼 수 있다. 이 점을 알면, 압박과 고통의 시간에 감사하는 자신을 발견하게 될 것이다. 그 순간 우리는 더 높은 의식의 경지로 다가가고 있는 것이기 때문이다.

헛된 노력은 없다

열망하는 모든 이에게 반대는 찾아온다. 장애물을 만나면 우리는 성장의 시기가 다가오고 있음을 깨달으면 된다. 장애물을 외면하지 않고 공격하거나 없는 것처럼 취급하지 않는다. 타조는 임박한 위험을 피해 머리를 숨기고, 주머니쥐는 넘어져 죽은 척하지만, 깨달음을 얻은 사람은 사실을 외면하거나 노력을 멈추지 않는다. 힘든 순간들을 꾸역꾸역 참아내고, 자신의 마음과 의식을 들여다보며, 마주친 장애물을 제대로 인식하지 못하게 하는 방해 요소가 무엇인지 파악한다. 그들은 성장해야 하는 것으로 당연시하기에 성장할 것이고, 성장의 시기가 끝나면 장애물 너머에 있는 자신을 발견하게 될 것이다. 또한 자신이 걸어온 여정을 되돌아보면 그 길은 예전처럼 보이지 않게 된다. 한때는 알 수 없거나 어려웠던 복잡한 것이 이해되기 시작하고부터는 단순하고 명확해진다.

어떤 일을 하지 않는 이유는 수천 가지다. 게다가 각 이유를 정당화할 근거가 있다면, 각 이유는 타당한 이유가 된다. 우리가 새로운 모험을 시작하거나 새로운 행동을 시도할 때, 성공을 가로막는 장애물을 찾으려고 하면 사방에서 장애물을 발견하게 된다. 기억하라. 일을 완수하는 것 자체가 인생의 주된 목표는 아니다. 각각의 과제는 인간의 열망과 자기 인식을 시험하는 것일 뿐이다. 인간의 의식을 끊임없이 더 높은 수준으로 끌어올리는 것이 섭리요, 자연의 주된 목적이다. 물질적 목적은 목표라기보다는 부차적이고, 섭리를 향해 나아갈 때 방해가 되는 부작용이다. 세상의 시선에서 인정받거나 성공하는 것이 중요한 것이 아니라 이전에 시도했던 것보다 더 크고 의미 있는 일을 과감하게 시도하는 것이 중요하다. 새로운 영역이나 도전에 뛰어드는 행위는 그 자체로 개인의 성장과 의식의 확장을 가져다준다. 또한 당장 눈에 보이거나 예상한 방식으로 실현되지 않더라도 항상 어떤 형태의 보상이 있다.

보상은 행하는 과정에 있고,

이때 맛보는 영적 쾌거는

정복자가 얻는 보상이다.

— 헨리 워즈워스 롱펠로Henry Wadsworth Longfellow

자아의 정복

반대는 삶이 끊임없이 더 높은 수준의 인식으로 진화하는 시험대다. 이곳에서는 강력하고 우리를 인도하는 힘이 영적으로 성숙한 사람과 만나는 것에 초점을 맞추고 있다. 영적 진화의 과정은 우리를 형성하고 변화시키며 다양한 시련을 겪게 하고, 때로는 한계를 뛰어넘거나 심지어 우리를 깨뜨리는 도전적이거나 혁신적인 경험이 될 수 있다. 우리는 우리의 의식적 인식을 넘어서는 위대한 지능과 연결되어 있다. 우리의 여정은 이 지성과의 합일을 향해 나아가는 것이다. 그 길이 어렵고 고통과 시련을 수반하더라도, 이러한 어려움은 더 깊은 이해와 더 높은 인식으로 나아가기 위한 자극제일 뿐이다.

각 장애물의 정복은 곧 자아의 정복이기도 하다. 자기 수양을 실천하고 적극적으로 깨달음을 추구하는 사람은 극복할 수 없는 장애물이란 존재하지 않는다는 사실을 알게 된다. 우리의 정신적 또는 영적 상태는 어떤 도전이나 장애물을 극복할 수 있는 능력을 지니고 있다. 우리는 각각의 어려움이 우리 안에 존재한다는 걸 깨닫는 순간, 그 어떤 어려움도 우리 길을 막을 수 없다. 자아의 발전은 언제나 절제에 달려 있다. 우리가 해야 할 일을 스스로 하게 만들 때, 우리는 감각적 자아를 짧은 고삐에 묶어두고 우리의 운명을 이끌며 만들어 나간다. 불쾌한 일은 영혼의 성숙에 큰 도움이 된다. 우리에게 주어진 짐을 불평 없이 받아들일 때, 우리는 그 짐을 감당할 힘을 얻는다. 돈을 벌고 안락한 삶을 사는 데 치우친 철학은 결국 자아의 산물이기 때문에 영혼을 시들게 할 수밖에 없다. 선과 위대함에 이르는 쉬운 길은 없다. 항상 고난을 통해 도달할 수 있다. 자각과 강인함, 끈기와 충성심은 쉽고 단순한 정신 단련으로 얻을 수 있는 덕목이 아니다. 전투의 증표로 착용하는 훈장도 아니다. 주저하거나 두려워하거나 의심하지 않고 인생의 도전에 진심으로 맞서는 사람들은 이러한 미덕을 자동으로 보상받는다. 그들은 모든 걸 주었기에 모든 걸 얻는다.

기본 원칙

어떠한 경우에라도 자기만족을 위한 육체적 탐닉은 피해야 한다. 고통과 고난을 피하고 감각을 만족시키려는 사람들은 결국 그 감각을 무디게 하고 육체를 타락시킬 수밖에 없다. 에이브러햄 링컨Abraham Lincoln의 절제와 로마의 네로Nero 황제의 방종을 비교하면, 인생에서 어떤 선택을 하느냐에 따라 본성이 어떻게 성장하는지를 알 수 있다. 자신이 어떤 사람이 되고 싶은지 떠올려 보라. 떠올려지는 바로 그 이미지가 우리를 정의한다. 인생의 여정을 시작할 때마다, 우리는 각자 내면에 자신이 되고자 하는 사람의 이미지를 품고 다닌다. 우리의 삶 전체가 이 이미지에 의해 결정된다. 이미지가 링컨과 같다면, 우리는 자아 본성을 단련하고 내면에서 지침이 되는 원칙을 찾는다. 또한 점차 자아의 요구가 줄어들고, 감각적인 본성을 통제할 수 있으며, 비밀 자아가 사랑, 이해, 용기로 우리의 삶을 밝혀준다. 가장 중요한 사건들 속에서도 차분하게 움직이면서, 신이 우리를 선하고 위대한 목적을 위해 인도한다는 믿음으로 힘을 얻으며 안정을 유지할 수 있다.

당신에게 어떠한 장애물이 등장해도, 좌절하지 말라. 영적 성장을 위해 당신의 길에 놓여 있을 뿐이다. 정면으로 공격하지 말고, 그렇다고 외면하지도 말라. 장애물의 등장은 당신의 영적인 이해가 부족하다는 사실을 반영할 뿐이다. 침착하고 꾸준한 노력을 멈추지 말고 절망하지 말라. 결심이 흔들리지 않게 하라. 마음속의 이미지를 명확히 하라. 그리고 자신을 지탱하는 힘에 대해 믿음을 유지하라. 결국에는 더 높은 수준의 이해로 나아가게 될 것이고, 장애물은 사라질 것이다. 무엇보다도 나와 부딪히는 온갖 종류의 '반대'는 내적 성장을 위한 것임을 기억하라. 내가 효율적인 삶을 사는지는 삶에서 얼마나 많은 도전에 직면하고 극복했는지와 밀접한 관련이 있다.

9.
기술 개발

우리 각자는 마음속에 무한한 가능성을 품고 있다. 우리는 영원하고 무한한 존재를 표현하는 수단이기 때문이다. 러시아 철학자 우스펜스키P.D. Ouspensky는 말했다.

만물은 항상 존재한다. 연약하고 제한된 인간의 정신으로는 이해하거나 상상할 수 없는 영원한 순간, 영원한 지금Eternal Now만이 존재한다. 우리의 마음은 항상 한 방향으로만 가능성이 펼쳐질 것으로 믿고, 그 방향을 따르지만, 사실 모든 순간에는 매우 많은 가능성이 있고 모든 것이 실현되고 있는데, 우리는 그것을 보지 못하고 알지 못할 뿐이다. 우리는 여러 가능성 중에서 실현된 한 가지 결과만 볼 수 있고, 그렇기에 인간 마음의 빈곤과 한계가 존재한다. 그러나 우리가 지금, 이 순간과 다음 순간의 모든 가능성이 실현되는 것을 상상하려고 노력한다면, 우리는 세상이 무한히 성장하고 끊임없이 증식하며 헤아릴 수 없이 풍요로워지는 것을 느낄 것이다. 지금까지 우리 자신에게 그려왔던 평평하고 제한된 세계와는 완전히 다른 세계가 펼쳐질 것이다.

우주적 정신universal mind으로 향하는 명확한 길

우리는 원하는 모든 기술을 개발할 수 있다. 우리의 근본적인 본성은 의식 속에 형성되는 이미지와 일치하여 발전하는 것이다. 어떤 사람들은 의식의 한 측면에서 우주적 정신으로 향하는 명확한 통로를 가지고 태어난다. 이들은 재능을 갖고 태어난 사람들로 칭송을 받기도 한다. 발자크Honore de Balzac, 모차르트Wolfgang Amadeus Mozart, 아인슈타인Albert Einstein, 갈릴레오Galileo, 미켈란젤로Michelangelo가 대표적이다. 그런데, 이들은 본성의 한 부분이 초인적이지만, 다른 모든 면에서는 모든 사람과 똑같이 나약하고 무능한 시각을 가진 평범한 존재일 뿐이다. 이처럼 노력하지 않고도 우주적 정신을 선천적으로 이해하는 것은 때때로 축복이 아니라 저주가 될 수 있다. 이러한 인식을 가진 사람은 다른 영역에서도 통찰력을 얻을 수 있기를 기대하며, 이를 달성하지 못하면 좌절감을 느끼기 때문이다. 분노와 자기 증오는 이러한 불균형한 성격에서 비롯될 수 있다. 자신 귀를 자르는 반고흐Vincent van Gogh의 그림에서 알 수 있듯, 천재적인 재능을 타고난 예술적 기질이 있으면, 기분이 들뜨다가(조증) 가라앉는(우울증) 증상이 반복적으로 나타나며, 환희와 자기 비하를 번갈아 가며 겪기도 한다.

우리가 습득하는 기술은 삶에 기쁨을 주는 기술이다. 인생에서 기술을 익히는 것만큼 만족스러운 일은 없다. 우리가 잘하는 것은 무엇이든 인간으로서 우리의 위상을 높이고, 우리의 범위와 효율성을 높이기 때문이다. 태어날 때부터 죽을 때까지 우리는 수많은 기술을 습득하고, 매일 사용하고, 무의식적으로 수행하는데, 이는 기술이 우리 본성의 일부가 되었기 때문이다. 우리는 걷는 법을 배우고, 뛰는 법을 배우고, 말하는 법을 배우고, 읽는 법을 배우고, 도형을 배우고, 요리하는 법을 배우고, 바느질하는 법을 배우고, 운전하는 법을 배우고, 사업을 운영하는 법을 배운다. 우리가 어떤 사람이 되고 인간으로서의 효율성을 성숙시키는 것은 우리가 얼마나 많은 기술을 습득했는지와 직접적인 관련이 있다.

사람들은 "난 절대 기술을 개발할 수 없어요. 아예 재능이 없어요"라고들 말한다. 하지만 타고난 능력이 부족하다고 해서, 아무것도 안 하고 시체처럼 누워 있을 이유는 없다. 인생에서 가장 중요한 것은 정신적·영적 성장이다. 어느 지점에서 어떠한 기술을 배우건 상관없다. 중요한 것은 거기에 머물지 않고 발전하는 것이다. 마음속에 강한 욕망과 명확한 그림이 가득 차면, 우리는 그것을 현실에서 이룰 방법을 찾아보게 된다. 이를 토대로 뇌리를 떠나지 않는 것들이 결국은 우리 삶에서 실현될 거라는 믿음이 점차 강해진다.

현대판 피리 부는 사나이

황소개구리 목소리를 가진 여성은 카네기 홀에서 콘서트를 열지는 못하겠지만, 인생의 대부분을, 목소리를 다듬으며 가창을 배우는 데 보낸다면 언젠가는 꽤 멋진 공연을 할 수 있을 것이다. 우리 중 누구도 모든 면에서 완전히 발전할 만큼 오래 살지 못한다. 이러한 이유로 비밀 자아는 수많은 개인을 창조했고, 이 다양성을 통해 모든 영역에서 확장을 추구한다. 사람들은 자신의 타고난 능력을 파악하고 잠재력을 최대한 발휘할 수 있도록 그 능력을 키우는 데 집중할 때 성공할 수 있다. 그러려면 통찰력이 필요하고, 이를 위해서는 무엇보다도 정신적 막힘이나 장벽이 없어야 한다.

돈을 벌려면 무조건 사업 수완을 길러야 한다고 생각하는 사람들이 있다. 그러나 오히려 사업이 아닌 다른 분야에서 더 큰 만족을 얻을 수 있다. 우리 사회에 만연한 최종 결과를 우선시하는 사고방식은 우리를 실망의 길로 인도하는 피리 부는 사나이에게 비유할 수 있다. 결과만을 염두에 두고 일하는 사람은 행복하지 않고 일을 잘하는 경우도 거의 없다. 업무에서 즐거움을 찾지 못하고 성장 가능성에서 만족감을 느끼지 못한다. 이들은 목표에 도달하는 순간에만 의미를 찾기 때문에, 한순간 한순간이 지나가는 데 조바심을 낸다. 목표를 달성하지 못하면 일어나지도 않은 일을 위해 모든 걸 희생했다는 생각에 괴롭기만 하다. 애초에 달성하기 어려운 목표를 추구하느니 누워서 별을 바라보는 것이 더 가치 있는 일이라고 느낀다. 어린아이는 행복하게 환상을 좇으며 매 순간 기쁨을 찾을 수 있지만, 자신이 집착하는 망상이나 환상을 현실로 만드는 데 쏟았던 열정을 후회한다.

숙달을 향한 갈망

단순히 기술을 보유하는 것보다 중요한 것이 기술을 습득하고자 하는 열망이다. 기술을 연마하여 숙달의 경지에 오르고자 하는 열망은 내면의 주요 동기이자, 조물주와 합일을 꿈꾸는 영적 진화의 근간이다. 삶은 변동과 변화, 성장과 쇠퇴의 끊임없는 순환이다. 우리는 현재 상태를 유지하기 위해서라도 지금보다 더 나은 사람이 되기를 열망해야 한다. 단 현실에 안주하거나 지나치게 만족할 때 영적 쇠퇴나 악화가 시작된다. 숙달을 위해 노력하는 사람들은 지속적인 기대감과 도전을 경험한다. 모든 상황을 인격 향상의 기회로 여긴다. 또한 장애물에 부딪히면 자신의 지식이 부족함을 인식하고 즉시 그 틈을 메우기 위해 노력한다. 그들은 모든 유형의 지식이 서로 연결되어 있음을 인식하기 때문에 가능한 한 지식을 많이 습득한다. 결국, 그들은 한계에서 벗어나기 때문에 학습에 쉽게 능숙해진다. 또한 스펀지처럼 효과적인 작업과 행동에 필요한 지식을 흡수한다.

　무엇보다도 우리가 하는 일을 잘하기 위해서는 그 일을 사랑해야 한다. 결과에 상관없이 일을 좋아해야 한다. 결과에 연연하지 않고 행동 자체에서 만족감을 느껴야 한다. 큰 충격을 경험하였을 때 – 예를 들어, 죽음과 위험에 오랜 기간 노출되거나 사랑하는 사람을 잃는 경우 – 사람들은 종종 일에 몰두함으로써 위로를 얻는다. 몰입은 마음을 점유하여, 삶에서 깊은 기쁨을 발견하게 한다. 유치원 수업에서 손가락 그림을 하는 아이는 결과물도 모른 채 종이에 색을 칠하는데, 이렇게 온전히 몰입하다 보면 어느새 자신이 활동과 하나가 되고, 작품이 자신의 일부가 된다. 정신 병원에서는 환자들에게 이젤이나 바늘과 실, 심지어 정원에서 미술 작업을 하게 하는 것이 치료 효과가 있다는 사실을 발견했다. 이는 환자들이 당면한 과제에 자아를 포기함으로써 고통스러운 자아를 없애고 자신이 하는 활동과 하나가 됨으로써 자신을 완전히 벗어날 수 있기 때문이다. 우리는 특정 활동에 대한 내면의 사랑을 토대로 기술을 발전시킨다. 음악을 사랑하면 음악가가 되고, 글쓰기를 좋아하면 작가가 되며, 건축을 사랑한다면 건축가가 될 것이다. 사업을 사랑한다면 사업가가 될 것이다. 그러나 우리는 단순히 유명해지고 부자가 되고자 하는 욕망만으로는 아무것도 될 수 없다. 그러한 거짓 욕망은 자아의 산물이다. 거짓 욕망만 살펴봐도 실체가 없다는 것이 입증된다. 예를 들어, 사업가가 되기로 한 후, 어려움을 겪을 때 슬픔과 패배감을 느끼는 경향이 있다. 애초에 다른 사람보다 더 잘나거나 더 강해지려는 이기적인 욕망으로 사업을 시작했기 때문일 것이다. 사업을 사랑하는 사업가는 시련의 순간에 더 많은 이해와 숙련도를 키울 수 있기 때문이다. 사업에 대한 열정이 있기에 특히 가장 도전적인 측면을 즐기고, 따라서 힘든 순간에도 기쁨을 느낀다. 이들은 좌절이나 행운처럼 보이는 일에도 좌절하지 않고 최종 목표에서 벗어나 업무의 과정에 전적으로 몰입한다. 따라서 그들은 안정적으로 발전하게 된다.

마음속의 마법

행동으로 배우는 학습

어떤 일을 잘하는 법을 배운다는 것은 그 행동의 모든 파급효과가 잠재의식 수준까지 스며들어 무의식적으로 수행할 수 있을 때까지 끝없이 반복하는 것이다. 적절한 지식 없이 비행기를 조종하기란 어렵다. 특히 항공기 조종에 익숙하지 않거나 경험이 없고 지상에 있는 것이 더 익숙한 사람에게는 혼자서 비행기를 조종하는 것조차 상상하기 어렵다. 처음 놀이기구를 타면 처음에는 겁에 질렸다가, 이내 자연의 중력 법칙을 초월한 기분을 느끼며 짜릿함을 느낀다. 특히 놀이기구를 타고 풍경 위로 높이 솟아오른 아이들은 새가 된 기분을 느끼며 비행기를 탔던 경험과는 차원이 다른 비행을 경험하게 된다. 그런 다음 지상에서의 한계와 하늘을 향한 열망 사이의 틈을 메우고 항공기 기장이 되고 싶다는 열망을 키울 수 있다.

기장이 되기로 하고 조종사 교육 기관에 입학한 학생들은 처음 비행기를 조종할 때, 서툴고 어색하고 긴장하고 비효율적으로 운행할 것이다. 게다가 교관이 없으면 비행기가 추락하여 땅에 부딪힐 수 있다는 사실도 너무도 분명하게 알고 있다. 의지할 곳 없이 삶과 죽음 사이에 놓여 있는 이 상황은 그들에게 인생에서 중요한 경험 중 하나가 될 수 있다. 생소했던 영역을 이해하기 위해 꾸준히 노력한다면 언젠가는 숙달의 경지에 이룰 수 있을 것이다. 지금까지 알지 못했던 영역을 이해하고, 그 방향으로 성장하는 과정은 인간에게 필연적이다. 머지않아 이들은 자신의 인지적 한계를 뛰어넘어 쉽고 자신감 있게 비행기를 조종하며 혼자서 비행기를 조종하는 자신을 발견하게 될 것이다. 최고의 환희로 온몸에 전율을 느낄 것이다.

우리는 항상 실행을 통해 배운다. 책과 강의를 통해 아무리 많은 정보를 주입해도 기술의 달인이 될 수는 없다. 기술은 그 자체로 스승이며, 숙달을 꿈꾸는 우리는 모두 실습에 참여하는 수습생이 되어야 한다. 창의적인 일이든, 일반 관리 업무든, 회사의 경영이든, 아니면 단순노동이든 상관없이 자기 능력을 향상하려고 노력하는 사람들은 업무와 관련된 비결, 사실, 능력을 쌓아간다. 일을 좋아해서 그 일에 전념하다 보면, 결국에는 뛰어난 능력자가 되어 있을 것이다. 새로운 기술을 습득하려고 할 때 첫 시도는 대개 서툴기 마련이다. 자아에 대한 자각이 강한 사람은 낙담하여 더 이상의 시도를 포기할 수도 있다. 그러나 깨달음을 얻은 사람은 처음의 서투름에 낙담하지 않는다. 그들은 새로운 지식이 잠재의식 속에 뿌리내리기까지 시간이 필요하다는 것, 새로운 지식과 씨름하는 과정인 것을 이해한다.

잠재의식 교육하기

누군가 스케이트를 신고 얼어붙은 연못에 첫발을 내디딘다고 상상해 보라. 꽤 흥미진진할 광경일 것이다. 균형을 잡으려고 안간힘을 쓰느라 팔이 흐트러지고 발목이 뒤틀리기도 할 것이다. 똑바로 서기 위해 필사적으로 몸부림치며 균형을 잡기 위해 앞뒤로 흔들리는 모습이 긴장감을 자아내기도 할 것이다. 움직임을 시작하는 것도 멈추는 것도 마찬가지로 어려워 보인다. 빙판 위를 어떻게 헤쳐 나갈지 불확실하지만, 무조건 넘어질 것 같다는 예상을 쉽게 할 수 있다. 이 초보 스케이터와 올림픽 챔피언을 비교해 보자. 비교 자체가 힘들겠지만, 실제로 불가능하진 않을 것이다. 불과 몇 년 전까지만 해도 올림픽 챔피언도 초보에 불과했기 때문이다. 오늘날 이들이 선보이는 기술은 잠재의식이 어떻게 몸과 마음을 놀라운 조화와 완벽함으로 이끌 수 있는지를 입증한다.

어려운 일이나 평소에 잘 이해하지 못하는 일을 하려고 할 때는 먼저 의식적으로 주의를 집중하여 그 일을 파악해야 한다. 이 의식적인 노력 단계에서는 심리적인 긴장감이 발생하여, 무의식적인 과정을 일으키게 된다. 이러한 일련의 과정은 긴장을 풀고 문제를 해결하며 당사자에게 입체감과 통제력을 부여한다. 의식적으로 노력할수록 잠재의식에서는 더 많은 긴장이 생성되고, 잠재의식은 주어진 문제에 대한 해답을 얻기 위해 더 많이 작용한다.

어눌한 말투와 불확실한 전달력으로 어려움을 겪는 사람이라도 사람들 앞에서 강연하는 전문 강사가 되고 싶을 수도 있다. 그리고 그 목표를 향해 의식적으로 노력할 수 있다. 하지만 처음에는 의식적인 노력만으로는 의사소통의 한계를 극복하기 어려울 수 있다. 게다가 생각만으로는 자신감 있고 역동적인 전달이 어려울 수 있다. 이성적인 사고만으로는 원하는 효과를 얻을 수 없고, 광범위한 연구만으로도 만족스러운 해결책을 찾을 수도 없다. 그러나 같은 실수와 오류를 반복하며 연설을 계속하다 보면 무의식 속에 긴장감이 쌓이게 된다. 결국, 어느 날 축적된 경험과 무의식적인 조정을 통해 이전에는 느끼지 못했던 힘과 명료함으로 직접적이고 역동적인 연설을 할 수 있게 될 것이다.

노력을 본능으로 바꾸기

계속해서 자신을 발전시키려고 노력하면 능력은 자연스럽게 성장할 것이다. 발전이 더딜 수 있어도 꾸준한 노력이 중요하다. 실제 작업은 무의식적인 수준에서 이뤄지기 때문에, 발전 정도를 제대로 평가하기는 어렵다. 갑작스럽고 심오한 통찰의 순간에는 낮은 지점에서 높은 지점으로 빠르게 발전할 수도 있다. 최근 한 젊은 주부가 뛰어난 피아니스트가 되기까지의 이야기를 들려주었다.

저는 4년 동안 피아노에 매달렸어요. 여러 곡을 연주할 수 있을 정도에 이르렀지만 제가 치는 피아노 소리는 딱딱하고, 느낌이 없고, 리듬이 부족한 것 같았어요. 친구들을 위해 몇 번 연주했는데, 사실 친구들 앞에서 치는 것 자체가 민망했어요. 하지만 매일 연습했어요. 때로는 3시간씩 연습하기도 했어요. 이렇게 해도 실력이 거의 늘지 않았다는 게 황당하기도 했죠. 다른 분야는 항상 쉽게 배웠는데 피아노 연주는 너무 어렵더라고요. 결국, 저는 제게 음악적 재능이 없다고 확신하게 되었죠
어느 날 저녁 파티에서 친구가 저에게 한번 연주해 보라고 제안했어요. 거절하고 싶었지만, 갑자기 연주를 잘할 수 있을 것 같은 마음으로 설레었어요. 그 느낌이 어떻게 왔는지 모르겠어요. 간

단히 말하면, 그냥 마음속 깊이 연주를 잘할 수 있을 거라고 알았고, 음악과 나 사이의 관계가 느껴지기 시작하더라고요. 둘의 관계에 대한 통찰이 느껴졌다고 할까요? 피아노, 건반, 음표, 악보가 모두 한데 어우러져 저와 합쳐졌어요. 피아노 앞에 앉아서 연주를 시작하면 내가 아닌 다른 사람을 위해 연주하는 것이기 때문에 연주를 잘할 수 있다는 것을 알았고, 다른 생각을 할 필요가 없었죠. 피아노 앞에 앉았을 때 저는 제가 상상한 대로 정확하게 연주했어요. 손님들은 손뼉 치며 저에게 모여들었고 저는 저녁 내내 연주했어요. 그 이후로 연주를 잘 해왔고, 그 모든 과정이 저에게 큰 교훈을 주었습니다. 진전이 없어 보인다고 해서 절대 그만두면 안 된다는 것입니다. 노력의 시간이 본능과 합쳐지는 그 순간, 우리는 가장 무능한 초보자에서 가장 뛰어난 연주자가 될 수 있습니다.

사람은 마음속에 떠오르는 이미지에 이끌려 어떤 일을 시작하게 된다. 이처럼 이미지에 이끌려 시작할 때, 일의 성과에 몰두하며, 한 치의 미완성도 남기지 않기 위해 쉬지 않고 열정적으로 임한다. 하지만 이들의 동기는 특정 결과에 대한 욕구에서 비롯된 것이 아니다. 그들은 자기 일에 매료되어 완전히 몰입하고, 자신이 마땅히 해야 할 일을 하고 있다는 내면의 기쁨을 느끼며 행동에 임한다. 자신이 좋아하는 일, 그 안에서 성취감, 지식과 역량의 성장 등 자신이 원하는 모든 걸 얻을 수 있으므로 하루하루를 온전히 즐길 수 있다.

오늘을 잘 살펴라!

오늘이 바로 인생이요, 인생 중의 인생이라.

그 짧은 순간에

당신이라는 존재의 진실과 실체가,

성장의 축복과

행위의 아름다움과

성취의 영광이 모두 담겨 있다.

어제는 꿈일 뿐이요

내일은 환상에 불과하나!

오늘을 잘 살면 어제는 행복한 꿈이 되고

내일은 희망찬 환상이 된다.

그러니 오늘을 잘 살펴라.

이것이 새벽에 바치는 인사다.

— 칼리다사Kalidasa(고대 인도의 시인·극작가이다. 연대도 그에 관한 전기도 명확하지는 않으나 우자이니의 비크라마디트야 왕의 궁정 시인이었다고 한다 – 옮긴이)(산스크리트어에서 번역)

미래를 위한 유일하고도 진정한 보장

사람들이 가장 연마하고픈 기술 중 하나는 돈을 버는 기술이다. 그러나 돈을 버는 것은 기술이 아니라 기술의 결과일 뿐이다. 돈은 그 자체로 추구하기가 가장 어려운 대상임이 분명하다. 그렇다고 돈은 실질적으로 부정적인 단어가 아니다. 오히려 근면과 노력을 상징하는 긍정적인 단어다. 그러나 필요한 일을 하지 않고 그것을 얻는 데만 관심을 쏟으면, 그 진정한 의도가 왜곡되고 개인적인 성장이 저해된다. 헨리 포드Henry Ford는 말했다. "돈이 독립을 위한 유일한 희망이라면 절대 가질 수 없다. 이 세상에서 인간이 가지게 되는 보안이라 할 만한 유일한 것은 지식과 경험 그리고 능력의 축적이다." 젊은 시절 포드는 돈은 거의 없었지만 자동차에 대한 비전이 그를 지탱해 주었고, 그는 밤낮으로 일과 사색에 몰두하며 시간을 보냈다. 그러던 중, 미국에서 10가구 중 1가구가 자동차를 소유하게 되는 그날이 오자, 포드는 부자가 되었다. 그는 적극적으로 부를 추구하지 않았다. 수백만 명의 사람들에게 가치 있는 서비스를 제공하는 과정에서 부가 생겨났을 뿐이다. 현대 사회에서 부를 축적한다는 것은 많은 이들의 요구를 충족하는 과정에서 자연스럽게 따라오는 결과다. 내가 누군가를 위해 일을 할 때, 그들도 나의 호의에 대해 대가를 지급한다. 이 상호 교환의 기저에는 돈의 이동이 있다. 이 대부분 돈의 이동과 관련이 있다. 한 사람에게 서비스를 제공하면 – 즉, 그들의 요구를 해결해 주면 – 일정한 대가를 받고, 두 사람에게 그러하면 보상이 커지며, 천 명 또는 백만 명을 도와주면 부를 얻을 수 있다. 돈이 돈을 낳는다는 생각은 진리이다. 단 그 돈이 더 많은 부를 창출하는 데 적극적으로 활용되어야 한다. 축적한 자금을 발견과 창조를 촉진하는 활동에 투자하면 수익을 창출할 수밖에 없다. 모든 노력에는 보상이 따른다는 기본 원칙을 나타낸다.

효율적인 업무 수행은 의식적인 생각 없이 이루어지는 경우가 많다. 자아에 의한 행동과 제한된 지식에 의한 행동은 효과가 낮은 경향이 있다. 사과를 반으로 자른다고 생각했을 때, 그렇게 하지 못하지만, 반으로 자를 것이라는 생각을 하지 않을 때 오히려 완벽하게 반으로 자를 수 있다고 한다. 누구에게나 고유하고 독창적인 지성이 존재하고, 그 지성은 감각을 통해 얻는 통찰, 그 이상의 이해력을 지닌다. 우리의 마음이 이기적인 생각이나 행동에 영향을 받아 우리 자신을 보는 방식을 형성할 수 있다고 상상해 보라. 마음이 자신을 통제하거나 관리할 방법으로 구체적이고 변하지 않는 자아상을 만들어 내는 것이다. 그 결과, 우리는 자신을 오로지 '나'로만 인식하기 시작한다. 자연스러운 마음 상태에서 자아상ego으로 집중의 방향이 옮겨 가면 정신적 행동이 제약받게 된다. 이러한 변화는 우리가 어떤 정신적 작업에 자연스러운 마음을 갖지 못하게 된다. 자아에 반응하여 수행되는 모든 행동은 의도적이고, 쉽게 자극에 휘둘리며, 제한적이며, 불성실하다. 우리는 더 위대한 마음과 의지의 충동에 따라 행동할 수 있도록 의도를 내려놓고 자아를 내려놓는 법을 배워야 한다. 그렇게 함으로써 우리는 더 높은 수준의 마음과 의지로 자신을 개방할 수 있다. 경직된 계획과 노력을 버리고 상황에 따라 자연스럽게 행동할 수 있도록 마음의 자발성을 기르는 것이 중요하다.

마음속의 마법

자발적 행동

선불교의 주요 개념은 자발적이거나 의도하지 않은 행동이다. 한 선불교 수행자인 궁수는 3년 동안 화살이 저절로 날아가게끔 연습했다고 한다. 노력 없이 화살이 자연스럽게 날아가도록 말이다. 목표보다는 과녁과 화살과의 직관적인 연결을 따라 생각 없이 활시위를 놓을 수 있는 그 순간, 그의 양궁 실력이 엄청나게 향상됐다. 그런데 결과에 집중하고 의식적으로 그걸 통제하려고 하면 화살이 스스로 쏘도록 내버려 두는 능력을 잃게 되고, 그러면 점수가 급격히 떨어진다. 최종 결과에 과도하게 신경 쓰지 않고 너무 생각하지 않고 자연스럽게 움직일 때 진정한 성과가 나타난다는 것이다. 자발성은 완전무결한 절대자the Absolute를 나타내는 표식이다. 우주적 정신은 꼼꼼한 계획을 세울 필요 없이 언제나 각각의 문제에 대한 적절한 해결책을 내포하고 있다. 즉 즉각적이고 본능적인 행동으로, 직관이나 자동 반응 때문에 주도된다. 우린가 뭔가를 잘하면, 그건 의도적이고 의식적인 나 자신이 아닌, 그 이상의 힘에 그 일을 맡겼기 때문이고, 그렇기에 수월하게 마무리할 수 있다.

뭔가를 잘하려면 하려는 행동에서 한발 물러서야 한다. 기술을 배우고 연마할 때, 개인적인 책임과 의식적인 통제를 놓는 법을 습득해야 한다. 헨리 밀러Henry Miller는 이렇게 적었다.

예언을 묵상하다 보면, 우리의 운명을 형성하는 사건들에는 보이지 않는 유형이 있다. 역사, 철학, 과학, 예술, 종교는 이 신성한 거미줄에 대해 왜곡되고 무의미하며 심지어 우스꽝스러운 이미지에 불과하다는 것을 깨닫게 된다. 그러나 이 경험의 가장 흥미로운 점은 그 베일Veil이 벗겨지면 사건을 수정하거나 서두르거나 지연시키려는 모든 욕망이 무효가 된다는 것이다. 있는 그대로, 앞으로 있을 그대로, 될 그대로, 그것으로 충분하다. 더 큰 계획이 있다는 것을 잠시라도 인식하기만 해도 한 발짝 물러나 관망할 수 있다. 물러난다는 것은 정신적으로도 삶의 흐름에서 벗어나는 것이 아니라 더 깊이, 더 전심으로 뛰어드는 것이다. 이것이 참으로 신비롭고 신기한 일이다. 이때 포기하는 것은 삶에 대한 편협하고 자기중심적인 관점, 즉 자연의 흐름에 따라 움직이지 않고 거스르게 만드는 관점, 바로 그것이다.

공중에서 8개의 공을 능숙하게 다루는 곡예사를 보면, "정말 대단하지 않나요?"라며 감탄을 금치 못한다. 특히 의식적인 마음이 행동을 통제하고 있다고 가정한다면 놀라지 않을 수 없다. 의식적인 마음은 그 행동을 수행하기는커녕 거의 따라갈 수도 없다. 8개의 공을 저글링 하는 것은 잠재의식에 따라 이루어지는 것이고, 잠재의식은 기술이나 재능의 색채를 띠는 모든 활동을 지시한다. 그런데 이 마음은 여러 개의 마음이 아니라 단 하나의 마음이다. 따라서 모든 기술과 모든 재능은 개개인의 능력을 반영한다. 모든 책은 같은 작가가 쓰고, 모든 그림은 같은 화가가 그리고, 모든 음악은 같은 작곡가가 만든 것이다. 창의적인 노력이나 성공적인 공연 뒤에는 항상 같은 정신이 있다. 인간이 뭔가를 잘 해내면, 그건 뭔가 신성한 정신이 그 길로 안내했다는 사실을 반영의 안내를 반영한다. 그래서 의미 있는 삶을 살기 위해서는 영적으로 깨어 있어야 한다.

비밀의 문

우리가 자아 속에서 살고 행동하는 한, 우리는 가장 제한된 방식 외에는 우리의 재능과 능력을 발전시킬 수 없다. 무언가를 배우기 시작하면 먼저 자신을 비워야 한다. 흔히 눈 뒤에 존재한다고 생각하는 '나' 또는 자아는 이기적일 수 있다. 이기주의적 사고방식 때문에 우리의 인식을 지배해서 효과적인 학습 능력을 저해할 수 있다. 간단히 말해, 항상 자기 자신에 대해서만 생각하고 다른 사람과 분리된 존재로 여긴다면 새로운 것을 배우고 이해하는 데 어려움을 겪을 수 있다. 다른 전부 보다 필요와 견해를 우선시하는 사고방식은 무언가를 배우고 습득하는 데 방해가 된다. 자아의 주도에 의한 인간적인 노력, 그리고 자신의 비밀 자아에서 자연스럽고 충동적으로 행동이 일어나도록 허용하는 것 사이에는 큰 차이가 존재한다. 전자, 즉 자아가 주도하는 노력은 자아가 어떠한 결과를 염두에 둔 채로 전개된다. 다른 사람보다 기분이 나아지기를 원하거나, 다른 사람을 통제하고 싶거나, 두려움이나 적대감 또는 불안감을 느끼며, 관점과 지식이 매우 제한적인 채 말이다. 그런데 이렇게 어떠한 목적을 염두에 둔 행동은 성공할 확률이 매우 낮다. 그러나, 비밀 자아에 통제권을 내어주고, 비밀 자아가 이끄는 목적으로 다가갈 때, 성공으로 다가갈 수 있다.

기술을 익히려고 노력하지만, 발전 정도가 미미한 경우가 너무 많다. 발전이 더디다 보면, 결국 절망하고 포기한다. 너무 열심히 노력하던 것을 내려놓고 자아의 욕구를 충족시키는 데 집중하지 않을 때, 비밀 자아가 통제권을 갖기 시작하기 때문에 실력이 발전할 수 있다. 수많은 사례로 이와 같은 심리적 현상을 증명할 수 있다. 파스퇴르Louis Pasteur는 시험관과 현미경으로 부지런히 연구하던 중 극도의 절망감을 느끼던 시기에 가장 놀라운 통찰을 얻었다. 갈릴레오Galileo는 망원경이 비효율적이라는 사실에 절망하던 중 회전하는 태양계에 대한 발상에서 영감을 얻었다. 막다른 골목에 비밀의 문이 있는 경우가 많다는 사실은 모든 연구자가 알고 있을 것이다. 또한 예술 창작자들도 극심한 좌절의 시간을 거친 후에 최고의 작품이 나온다는 사실을 알고 있다. '동트기 전이 항상 가장 어둡다'라는 말이 있다. 비밀 자아가 우리를 지배하기 전에 우리의 자아를 '무無'의 상태로 만들어야 한다.

종이를 구겨서 방 건너편으로 던져봤는데, 그게 쓰레기통 정 가운데에 떨어져 놀란 적이 있는가? 다른 종이로 같은 걸 시도해 봐도 안 됐는데, 아마도 처음에 성공했다면, 그것은 그냥 운이 좋았기 때문이라고 생각할 것이다. 그런데 그건 사실 운이 아니다. 의식의 간섭 없이 – 즉, 무념무상인 상태에서 – 행동을 실행했기 때문에 가능했다. 사실상, 쓰레기통에 버려진 종이가 스스로 추진력을 얻도록 내버려 두었을 뿐이고, 종이를 던진 사람은 단지 충동의 매개체일 뿐이다. 바구니와 종이, 추진 힘이 정신적으로 통합을 이루면서, 종이 움직임의 모든 요소가 '하나'가 될 수 있었고, 그 안에서 일어나는 모든 작용은 완벽한 대칭을 이루며 정확히 가운데로 떨어질 수 있었다.

주어진 업무와 하나 되기

삼라만상이 서로 연결된 거대한 유기체 일부라고 상상해 보라. 자신이 다른 모든 것과 연결되어 있다는 것을 깨닫는다면, 이 거대한 집단 안에서 더 효과적으로 일할 수 있을 것이다. 그러나, 우리 자신을 별개의 개인으로 볼 때, 이기적인 욕망의 착각에 빠지고 결국 비밀 자아의 의도를 거스르게 된다. 자기중심적인 동기에 뿌리를 두고 이기적인 이유로 추구하는 모든 행동은 처음부터 실패할 수밖에 없다. 아니면, 기껏해야 평균 수준의 성공만을 거둘 수 있을 뿐이다. 모든 행동의 원동력과 영감은 우주적 정신universal mind에 존재하는 방대한 지식과는 대조적으로 제한된 이해에서 비롯된다. 기술을 습득하려면 그 기술에 완전히 몰입하여 비밀 자아와 일체감을 느껴야 한다. 개성이 강한 자아는 이러한 일체감을 얻을 수 없으므로 주어진 과제와 일체감을 형성하기가 어렵다. 자아는 근본적으로 분리되어 있다는 느낌을 바탕으로 번성하기 때문에 자기중심적인 사고방식으로는 완전한 합일을 느낄 수 없다. 그러나 온전히 활동에 몰입할 때 진정한 영적 만남으로 이어진다. 이러한 정신적 전환을 통해 우주적 정신에 깊이 몰입하여 당면한 과제와 하나가 되기 때문이다. 특출난 기술이나 재능을 가진 사람들은 매일 외부의 걱정을 잊는 연습을 한다. 무슨일을 하든 어떤 선택을 하든 세상의 준거기준에 합당할 필요 없다고 믿으며 너무 괘념치 않는다. 오로지 자신의 뛰어난 능력에 몰두하며 새로운 활력을 찾는다. 자기 기술을 활용하는 행위는 그들에게 매일 반복되는 자아 갱신의 경험이자 영적으로 비밀 자아와 연결되는 원천이다. 헨리 데이비드 소로Henry David Thoreau는 이렇게 적었다. "꿈을 향해 당당히 나아가고, 자신이 상상한 삶을 살기 위해 노력하는 사람은 뜻하지 않은 시점에 예상치 못했던 성공을 맛볼 것이다."

고통에 맞서 싸우기

성취를 가로막는 모든 장벽은 마음속에 있다. 교육이 한계나 경계를 부여하고, 역사적 사건은 종종 인간의 꿈과 야망을 방해하거나 꺾을 수 있는 특정 기준을 설정한다. 다시 말해, 교육 체계와 역사적 맥락이 의도치 않게 개인이 성취하거나 열망하는 것의 범위를 제한할 수 있다는 의미다. 오랫동안 사람들은 1.6 킬로미터를 4분 안에 뛰는 건 사람이 할 수 있는 최고 속도라고 믿었다. 근데 호주의 러너들이 새로운 생각을 제시했다. 그들은 정신적 장벽을 허물었고, 이제 많은 사람이 4분보다 빠르게 달릴 수 있게 되었다. 이 새로운 철학은 인간 활동의 모든 영역에 쉽게 적용될 수 있다. 고통을 정신적 제약이라고 받아들여 고통을 이겨낸다는 개념이다. 이 수련 방식을 따르는 사람들은 정신력이 육체적 피로를 이겨낼 수 있다고 믿으며, 한계를 넘어 뛰기 위해 자신에게 동기부여를 한다. 모든 장벽에서 해방할 수 있게 하는 철학 개념이다. 우리가 마주치는 모든 장애물을 극복한다는 원칙만 있다면 우리에게 불가능한 것은 없다. 성공의 가장 중요한 요소는 강한 목적의식과 결단력이다. 뛰어난 권투 선수가 살아온 배경은 주로 생존을 위해 끊임없이 투쟁했던 경우가 많다. 정·재계에서 성공한 여러 지도자는 시작은 미약했지만 흔들리지 않는 헌신을 통해 성공을 거두었다. 천국은 자기 일에 열정을 쏟는 자에게 찾아온다. 전적으로 몰입하면, 자기중심적인 관점을 버리고 우주적 정신의 힘과 창의성을 전달하는 통로가 된다.

끊임없는 열망

자신이 세운 목표가 얼마나 유용할지, 어떻게 알 수 있을까? 사고방식의 제약을 얼마나 해소할 것인지에 따라 유용성을 판단할 수 있다. 우리는 이전보다 더 높은 목표를 세움으로써 자신의 한계를 뛰어넘을 수 있다. 진정으로 중요한 것은 구체적인 목표 자체가 아니라 더 높은 곳을 지향하는 마음가짐이다. 목표를 달성한 후에 더 높은 목표로 바꾸지 않으면, 기존 목표는 오히려 제약일 수 있다. 뭔가를 이루고 나서 자기 칭찬과 도취에 빠지는 것은 자기 발전을 방해하는 것이다. 자기도취가 심해지면, 자아도 커져서 그 사람은 이제 내적으로 성장하기 어렵다. 자신을 뛰어넘으려고 노력하지 않으면 퇴보할 것이다. 지금보다 더 나아지려고 노력하지 않으면 지금처럼 좋은 상태를 유지하는 것조차 불가능하다. 계속 발전하려는 노력 없이는 쇠퇴만 남게 된다. 삶은 성장과 쇠퇴의 역동적인 힘으로 이루어져 있고, 모든 게 정적이지 않다. 모든 객체는 어떠한 방향으로든 움직이고 있다.

몇 년 전에 한 청년이 교통사고로 목부터 하반신까지 마비돼서 오른손 집게손가락만 조금 쓸 수 있는 상태로 살아남게 되었다. 그는 침대에서 누워서 자기 상황에 대해 생각하다가 오른손 집게손가락으로 뭐라도 할 수 있게 뭔가 자신만의 기술을 개발해 보기로 했다. 그래서 그는 침대 위에 타자기를 설치해 놓고 오른팔을 타자기 앞에 늘어뜨려 집게손가락으로 자판을 칠 수 있게 했다. 그가 처음 시작했을 때는 정말 느리고 집중력과 결단력이 많이 필요했다. 한 문장을 입력하려고 몇 시간을 애썼다. 그러나 몇 주, 몇 달이 지나자, 그는 한 페이지, 두 페이지, 마침내 열 페이지 이상을 타자할 수 있게 됐다. 1년 후, 그는 타자에 능숙해졌을 뿐만 아니라 침대에 제대로 앉아서 할 수 있게 되었다. 현재 그는 목발을 사용하여 이동하고 있으며 전신 재활 프로그램을 시작했다. 그리고 현재, 재활 과정에서 상당한 진전을 나타내고 있다. 그런 끈기와 목적은 아주 냉혹한 사람의 덕목이라고 생각할 수 있겠지만, 사실 그는 매우 겸손하고 유머 감각이 좋다. 어떻게 이렇게 놀라운 성과를 얻었느냐는 질문에 대해 그는 "정상적인 몸을 갖고 태어났는데, 내가 이 몸을 엉망으로 만든 거죠. 처음의 상태로 되돌리려고 노력하는 것이 그나마 내가 할 수 있는 최소한의 노력이라고 생각해요"라고 대답했다.

사람들은 극지방의 광활한 무인 지역을 탐험하고, 깊은 바다를 탐험하고, 하늘 높이 날아오르고, 지구 너머의 영역으로 모험을 떠났다. 인간의 마음과 노력에서 불가능한 영역이 존재한다고 감히 누가 말할 수 있을까? 우리 안에는 우리가 사는 세상보다 더 나은 세상을 상상할 수 있는 능력이 있고, 우리는 그것을 찾기 위한 시도를 멈추지 않는다. 상상력은 우리를 옭아매는 속박으로부터 우리를 해방하는 도구이기 때문에 소중하게 다루어야 한다. 마음속에 형성된 이미지는 필연적으로 그 실현에 영향을 미치는 작업으로 우리를 인도한다. 따라서 우리는 시각화할 수 있는 것은 무엇이든 될 수 있고, 상상할 수 있는 것은 무엇이든 할 수 있다.

내면의 수용

기술은 이미 그 기술을 가지고 있다는 믿음으로 길러진다. 이미 기술을 보유하고 있다는 내재한 자신감은 실패 따윈 없는 것처럼 행동할 수 있게 한다. 우리는 여전히 무능의 시기를 겪을 것이지만, 그러한 무능함이 머물러 있지는 않을 것이다. 모든 상황 속에서 이미 현실로 인정한 내면의 비전을 통해 온갖 두려움과 무능감을 극복할 수 있다. 우리가 어떤 기술이나 능력을 목표로 할 때 그것을 내면으로 받아들인 후에야 성취할 수 있다. 우리 누구나 잠재력과 위대한 자질을 지녔지만, 자신에 대한 정신적 이미지 때문에 꽃피우지 못하는 경우가 많다. 현재의 자신만을 붙잡은 채 변화하지 않는다면, 발전의 기회를 놓치게 된다. 더 발전하기 위해서는 자기 자신을 더 나아진 상태로 생각해야 한다. 내 몫이라고 생각하는 이기적인 의미가 아니라, 모든 게 내면의 이미지에서 나오는 더 큰 영적인 의미를 깨달아야 한다. 이러한 영적 자세를 취함으로써 자아는 자신의 한계에 갇혀 있던 자신을 해방해 더 넓은 존재와 능력의 현실을 믿을 수 있게 된다.

숙련도가 높다는 것은 더 중요한 마음과 의지를 작동시키는 발판이 된다는 의미다. 자기중심적으로 세상을 통제하려 하거나 표면적 마음에서 행동하려는 시도가 본격화되면, 자아가 자신을 제어하는 난관에 빠진다. 자제력이 완벽에 가까워지면 오히려 좌절감을 느끼기도 한다. 자제력의 본질은 평소 행동에서 무언가를 억제하는 것이기 때문이다. 제어는 무언가가 평소와 같은 성향이나 행동하지 못하도록 막는 것을 의미한다. 인간의 본성과 조화를 이루며 행동한다는 개념은 여러 측면에서 반대에 부딪힌다.

일부 종교 및 사회단체에 따르면 인간의 본성을 자유롭게 풀어놓는 것은 메뚜기 떼를 풀어놓는 것과 같다. 이 단체들은 인간의 본성이 신보다는 악마와 더 밀접하게 연관되어 있으며, 인간의 원초적 본능을 통제하려면 법 제도와 억제가 필요하다고 믿는다. 따라서 우리는 세상에 한 면을 보여주는 동시에 다른 면을 고독 속에 감춰야 하는 두 얼굴을 가진 존재로 살아가야만 한다. 이러한 양면성은 현재까지 발견된 모든 미생물보다 더 많은 정신적, 신체적 건강 문제의 원인으로 지적되고 있다.

나답게 살기

우리는 사람들 앞에서는 특정 이미지를 보여주지만, 사적인 공간에서 혼자 있을 때는 다른 모습으로 있다. 우리가 세상에 보여주는 모습과 실제로 가지고 있는 모습이 다르다는 인식은 우리 모두를 두려움에 떨게 하는 집단적 사회적 인식이다. 대다수는 자신을 표현하는 것을 두려워한다. 카멜레온처럼 우리는 환경에 맞게 색을 바꾼다. 우리 의견은 다른 사람들이 어떻게 생각할지에 대한 기대에 따라 형성되고, 행동 유형은 다른 사람들이 어떻게 행동할 것으로 기대하는지에 따라 정해진다. 또한 우리는 언제나 외부 환경에 반응하여 생각한다. 그렇기에 자신의 감정을 거의 잘 알지 못하며, 타인의 눈에 비친 자신 이외의 자아를 전혀 느끼지 못한다.

셰익스피어William Shakespeare는 이렇게 적었다. "자신에게 진실하라. 그러면 꼭 밤이 낮을 따르듯 남에게도 거짓을 행하지 못하게 된다." 자신의 본성에 따라 행동하는 것이 중요하다. 진실하고 진솔하게 살 때, 당신은 신성the Divine을 표현하는 명확한 통로가 된다. 우리 각자에게는 고유한 개성이 부여되어 있다. 그 개성이 억제와 두려움에 의해 방해받지 않는 한, 다양하고 중요한 것을 표현할 수 있지만, 불안으로 주눅이 들거나 제약을 느끼면 자신을 전혀 표현할 수 없다. 차단된 우주 에너지의 흐름이 내면으로 향하게 되면, 체크무늬 개와 옥양목 고양이처럼 자아의 반대되는 측면이 서로 충돌하고 소모하게 된다. 즉 내면의 본성에서 자기 파괴적인 작용이 일어난다.

새로운 일을 시도하는 것이 두려워 배움을 멀리하는 사람들이 너무나도 많다. 그 안에는 자아와 직접 연결된 거짓된 자부심이 있다. 자아는 겸손이 부족하므로 실수를 허용하지 않고, 다른 사람보다 부족하다는 생각을 용납하지 못하기 때문에 새로운 일을 시작하지도, 어떠한 일의 초보자가 될 가능성도 꺾어 버린다. 간단히 말해, 자아는 자신이 다른 사람보다 덜 숙련되거나 덜 중요해 보일 수 있는 상황을 피해버린다. 우리가 자아 – 자신을 제거하고 자신을 신의 뜻과 행동의 도구일 뿐인 것을 받아들일 수 있다면, 다른 사람들의 의견에 대해 최대한 겸손하고 남들의 시선을 신경 쓰지 않고 기술을 배우기 시작할 수 있다. 혹여 비웃음을 당하더라도 부끄럽지 않을 수 있다. 사람들이 우리를 놀려도 당황하지 않고 대처할 수 있다. 또한 우리는 자신을 비웃을 수 있고, 자신을 조롱할 수 있다. 우리는 당장 어려움에 직면했어도 결국 우리가 열망하는 기술을 습득할 수 있다는 강한 이념과 신념을 가지고 있다. 그 과정에서 어려움에 부딪히더라도 우리의 결심은 변함없다. 두려움은 자아만 느낄 수 있고, 자아는 우리의 본성에 종속되어 있다. 따라서 우리는 두려움이 없다. 우리는 용기, 끈기, 신념을 가지고 모든 일을 한다. 우리가 꾸준히 창작 과정에 매진하면 결국 문이 열리고, 신이 우리의 손을 인도하기 때문에 놀라운 창조물이 우리를 통해 만들어진다. 어떠한 것을 열망하든, 그 기술의 대가가 당신 내면에 있다는 사실을 기억하라. 이미 그 대가를 내면에 간직한 사람들은 가장 위대한 사람들이다. 일을 그 대가에게 맡기고 자신은 한 발짝 물러나면, 곧 능숙한 지식과 기술로 성과를 내는 자신을 발견하게 될 것이다.

마음속의 마법

10.
나만의 재능 만들기

창의력에는 비밀이 숨어 있다. 창의적인 사람들은 종종 삶의 수수께끼 같은 현상에서 깊은 유대감을 느끼는 경향이 있다. 그들은 흙에서 자라는 꽃과 같은 자연스러움을 작품에서 보여준다. 그들은 정신적, 영적 관계에서 하나가 되어 자신이 하는 일의 일부인 것처럼 느낀다. 위대한 예술가는 자신의 작업과 완벽하게 어우러져서 자신 행동과 존재가 작업과 매우 밀접하게 연결되어 있다. 그래서 사람이 어디에서 끝나고 일이 시작되는지 구분하는 것이 거의 불가능해진다. 칼 융Carl Gustav Jung에 따르면, 파우스트Faust를 만든 건 괴테Johann Wolf-gang von Goethe뿐만이 아니라 파우스트도 괴테를 형성하는 데 중요한 역할을 했다. 둘은 서로 엮여 있어서 각자가 서로를 나타내는 것이다. 파우스트가 괴테의 연장선에 있는 것처럼, 괴테도 파우스트의 연장선에 있다.

예술가 화신

재능은 개인과 업무의 완벽한 조화를 의미한다. 유명 화가의 명작에
는 그 화가의 정수가 담겨 있듯이, 뛰어난 그림에는 화가의 본질이
담겨 있다. 뛰어난 재능을 발휘하는 사람을 볼 때, 우리는 최고의 정
신과 기술을 발휘하는 모습에 일종의 황홀감을 느낀다. 누군가의 재
능을 감상하는 것은 보는 사람들에게 일종의 종교적 경험이다. 재능
을 감상하는 순간, 비밀 자아와 개인 사이의 교감을 형성하기 때문이
다. 우리가 일상적으로 접하는 세계의 경계 밖에서 활동하는, 눈에 잘
보이지 않는 초능력적 존재가 살아 있다. 원자 너머에는 더 의미 있
는 힘이 존재한다. 인간 두뇌의 능력을 뛰어넘는 고매한 지능이 있다.
저 너머로 통하는 문이 있는데, 그 문이 열리면 자신 능력을 훨씬 뛰
어넘는 뭔가 이상한 힘에 사로잡힐 수 있다. 예술가의 내면에서 특별
한 재능, 즉 비범한 능력을 지닌 존재가 능력을 구현하는 장면을 목
격한다. 그들은 특정한 작품 세계를 통해 헤아릴 수 없는 신의 힘과
지혜, 아름다움을 우리에게 직접 드러낸다.

재능 있는 사람들은 보편적 정신universal mind과 특별한 관계를
맺고 있으며, 이 정신은 개인의 자아에 영향을 받거나 변화하지 않고
작동한다. 작품에 대한 공로는 전적으로 그 사람에게만 있는 것이 아
니라, 그 너머에 있는 더 높은 힘에 있다. 전능한 그 힘이 그들을 도구

로 삼아 작품을 만들게 한 것이다. 모든 사람은 본질적으로 예술가이다. 이기적인 본성을 버리고 신의 창조적 재능이 자신을 통해 작용하도록 허용할 때 비로소 개인으로서 완전한 성취를 이룰 수 있고, 개개인의 연마된 본성을 통해 가장 잘할 수 있는 일을 해낼 수 있다. 반대로, 자아에 집중하고 이기적인 욕망과 만족에 얽매여 살면 영적인 깨달음을 얻거나 창조적인 사람으로서 자신의 재능을 성취하는 것이 불가능해진다. 물질주의는 우리의 일상에 깊숙이 뿌리내려 있다. 세상의 잣대로 더 나은 사람이 되고 싶고, 더 많이 갖고 싶고, 물질적으로 편안하게 살고 싶은 욕망은 존재의 긴 여정에 눈을 멀게 한다. 우리의 짧은 삶이 중요하고 소중한 이유는 물질적 편안함 때문이 아니라, 삶이 우리를 여러 모험으로 이끄는 여정이기 때문이다. 우리가 누구이고 어디서 왔는지, 그리고 삶과의 관계가 무엇인지 알아가는 걸 주된 목표로 삼을 때까지는, 외부 세계에서 우리를 자극하는 압력에 따라 짧은 순간 동안 완전한 무의식과 맹목적인 반응에 휘둘려 살게 된다.

창의적 시야 (비밀 자아)

우리 안에 있는 창조적인 면을 깨닫게 되면 내면의 영혼은 깊은 감동하게 된다. 그 순간, 우리는 물질적인 추구에만 몰두하는 삶이 가져오는 문제점을 분명히 알고 있다. 우리는 항상 나 자신이라고 생각했던 이미지, 즉 자아가 실재하지 않음을 깨닫게 된다. 그리고 자아에서 비롯된 욕망은 우리를 혼란스러운 길의 복잡한 미로로 인도하여 깨달음의 기회를 놓치게 할 수 있다. 우리는 더 길을 잃지 않기 위해, 보편적 정신에서 비롯된 내면의 빛에 따라 삶을 살기 위해 소유, 명성, 안락함을 포기할 수 있다. 이러한 강제적인 고행을 통해 우리는 비밀 자아를 섬기는 데 온전히 몰입할 수 있다. 세례 요한John the Baptist이 불멸의 영혼, 예수를 찾아 광야를 헤매는 것은 프랑스 화가 고갱Paul Gauguin이 직업과 가족을 포기하고 남해의 한 섬에 유배되어 그림을 그리는 것과 다를 바가 없다. 누구나 창의적 시야의 영향력을 경험해 본 적이 있으며, 어떤 어려움이 있더라도 각자가 창의적 시야를 위해 전심전력으로 헌신하는 것이 중요하다.

신의 창조적 본질을 깨닫게 되면, 우리는 강하게 신의 도구가 되어야 한다는 욕구에 사로잡힌다. 그때부터는 이 창조적인 힘을 진심으로 섬기는 데 방해되거나 막을 길은 없다. 창의적인 과정은 의식적으로 통제할 수 있는 것이 아니라 잠재의식과 관련된 내면의 강력한 힘이 주도한다. 진정한 창의성은 구상과 영감이 자유롭게 흘러나오는 잠재의식 영역을 활용하는 것이다. 이 창의적인 힘이 우리의 존재를 지배할 때, 의식적인 의도는 덜 중요해지고 예술적 과정에 심오하고 즐겁게 몰입할 수 있게 된다. 진정한 창의성은 일상적이고 의식적인 사고를 넘어서는 것이며, 이를 통해 우리는 보통 사람들이 상상할 수 있는 것 이상의 놀라운 업적을 이룰 수 있다.

공통 의식

'신비로운 참여participation mystique(개인의 의식이나 주변 세계와 동일시하는 상태에 있다는 '인식하지 않는 상태'를 말한다 – 옮긴이)'란 예술 창작의 이면에 숨겨진 힘을 의미한다. 이때, 비밀 자아는 예술가의 개인 자아를 삼켜 버린다. 이 과정에서 예술가는 무한한 아름다움과 다양성, 우주적 정신의 복잡한 본성을 표현할 수 있는 통로가 된다. 의식적인 의도를 가지고 일을 할 때 진정으로 잘 해내는 사람은 없다. 효율적인 행동은 항상 생각하지 않은 자연스러움의 결과다. 우리는 자신 행동을 다른 사람의 행동과 분리하여 객관적으로 분석함으로써 일에 능숙해지는 것이 아니라, 해야 할 일과 자신을 완전히 동일시함으로써 능숙해질 수 있다. 새뮤얼 테일러 콜리지Samuel Taylor Coleridge는 이렇게 적었다. "나는 어린 시절부터 추상적인 것에 익숙해져 왔다. 어떤 면에서는 유난히 내 관심을 끄는 사물을 무시하거나 이해하지 못했다. 대신 인식을 전달하고 공유함으로써 대상과 정신적으로 연결되어 몰입하는 데 익숙했다." 예술 창작의 핵심은 다른 사람의 경험과 관점에 몰입하는 것이다. 진정한 예술적 표현은 단순한 관찰을 넘어서 상대방의 삶과 감정과 깊게 연결되어야 한다는 의미다. 우리가 의식적인 의도와 자아의 분리되고 독특한 욕망의 충동에 따라 무언가에 영향을 미칠 때, 수천 킬로와트의 전력을 사용할 수 있는 경기장에서 촛불 하나에 의지해 공연하는 것과 같다. 제한된 지식과 의식으로는 진실하고 효과적인 작품을 만들 수 없다. 자아의 의도와 사심이 가득한 '의도적인' 예술 작품은 밋밋하고 쓸모없으며, 남용된 구상만 표현하고 진정한 예술적 가치가 없다. 이러한 창작물은 자아가 접근할 수 있는 지식의 요소를 혼합한 것으로 볼 수 있지만 진정한 예술 작품으로 인정받을 수는 없다. 글쓰기 분야에서는 출판된 간행물, 미술에서는 상업적 목적의 포스터 제작, 음악에서도 오로지 돈을 벌기 위한 활동을 하는 것과 같다. 이러한 사람들은 예술가의 탈을 쓰고 있지만, 실제로는 자신의 재능을 지식적으로 타락시켜 자신을 파괴하고 있다.

우리는 모두 본성의 어느 한 영역에서 지금까지 존재했던 것만큼이나 큰 재능을 가지고 있다. 재능이 발현되지 않았다면 그것은 우리의 이기적인 본성이 그 재능을 손상했기 때문이다. 아무리 오랫동안 댐이 존재했어도, 아무리 이기적인 본성을 단단히 통제했어도, 댐을 깨고 힘을 풀어놓으면 우리는 최고 수준의 재능을 실현하고 '예술가 화신'으로 살아갈 수 있다. 내면으로 시야를 돌리고 이기적인 욕망에서 이기적인 본성을 해방하는 것이 가장 먼저 해야 할 일이다. 우리 자신보다 더 큰 힘에 우리 존재 전체를 내어주고, 특정 목표나 의도 없이 그 힘이 우리를 활용하도록 허용하면 진정한 힘이 나타난다. 그때 우리는 모든 상황에서 자연스럽게 대처하며 모든 노력에서 올바른 지침을 가지고 행동하며 삶을 살아갈 수 있다.

영적 위치

엄청난 행복을 느끼려면 심리적으로 자아를 제대로 조절하는 것이 중요하다. 쓸모가 있다는 느낌, 즉 우리가 최선의 방식으로 일하고 있다는 뿌리 깊은 확신이 우리 영혼에 자리 잡게 된다. 종교인들이 말하는 '은혜'나 '은총'을 받은 느낌과 같다. 이 시점은 예술가에게는 창의력이 샘솟는 시기이고, 사업가에게는 생산성이 극대화되는 지점이다. 이때가 바로 운동선수가 뛰어난 실력을 뽐낼 수 있는 시기이다. 각자는 표면적 정신보다 훨씬 뛰어난 지능과 재능의 충동에 따라 주어진 일을 하게 되는데, 이때 자아와 비밀 자아의 관계는 사랑스러운 부모를 따르는 행복한 자녀의 관계와 같다. 자아 – 비밀 자아가 조율하는 시간과 그에 따른 창조의 시간에 대해, 프리드리히 니체Friedrich Nietzsche는 이렇게 적었다.

어떤 최고 권력자의 통로 또는 대변인 역할을 완전히 배제하기는 어렵다고 생각된다. 계시의 개념이 이런 경험을 간결하게 설명해 준다. 간단하게 말하면, 뭔가가 갑자기 분명하게 보이고 들리는 강렬하고 파괴적인 경험과 관련된 것이다. 그런데 자신이 적극적으로 찾지 않아도 되고, 그냥 받아들이기만 하면 된다. 출처를 의심할 필요 없이 말이다. 번개처럼 생각이 떠오르는데, 고민이나 선택의 여지가 없다. 이 모든 게, 마치 자유, 자율성, 힘, 그리고 신성한 영향력이 폭발하듯 자연스럽게 벌어진다.

미지의 무의식 영역으로 나아가기 위해서는 용기가 필요하다. '이기적 자아'라는 작은 배를 버리고 수평선 너머에 있는 '비밀 자아'라는 미지의 섬으로 헤엄쳐 가려면 대담함과 담대함이 필요하다. 이기적인 본성을 버리지 않고 마치 그것에 의해 구원받을 수 있는 것처럼 집착하는 사람들이 많다. 자아를 따르는 사람들에게는 고통과 좌절, 무능함만이 보상으로 주어지지만, 물에 빠진 사람이 지푸라기라도 잡는 심정으로 거짓 우상에 집착하는 경우가 많다. 가끔 사람들은 동경하는 세속적 환상phantom의 존재를 인정하는 데 너무 익숙해져 있다. 그래서 실제로 속았다는 걸 깨닫더라도 그 상상 속에서 떨어져 나가기 어려운 경우가 많다. 그러나 무의식의 미개척 영역으로 들어가려면, 세속적 환상과의 이별은 피할 수 없게 된다. 마침내 그들은 죽음에 이를 때 비로소 자아 - 자신을 완전히 버릴 수 있게 된다. 궁극적으로 그들은 무한하고 영원한 무언가의 자비와 은총에 자신을 내맡겨야 한다는 것을 깨닫게 된다. 이 전지전능한 힘은 인간의 탄생을 책임지고 죽음의 과정까지 인도한다.

대담한 행동은 치명적이다

불운, 일탈, 질병, 그리고 미숙한 기술은 주로 불안해하는 사람들에게 영향을 미친다. 보상은 항상 대담한 사람들에게 돌아가고, 용기 있는 이들은 모든 걸 통제할 수 있는 듯하다. 이는 명백한 사실인데도 불안해하는 이들은 편안한 동굴, 즉 안전지대에 머물러 있으려 한다. 조금이라도 안정감을 벗어나기를 거부하고 더 큰 기회와 긍정적인 경험을 추구하기 위해 미지의 세계로 모험을 떠나는 것을 주저한다. 그러나, 자신에게 주어진 기회를 잡을 용기가 있다면 운명에 의해 버려

지지 않을 것이다. 우주는 열망하는 자의 편에 서 있다. 새에게 날개를, 물고기에게 지느러미를 주고 줄타기 꾼의 발가락에 마법을 걸어 주기도 한다. 프랑스 초현실주의 작가 르네 크르벨René Crevel은 "과감한 도전을 피하는 삶은 죽은 삶이다"라고 했다. 비밀 자아는 도전의 횃불을 든 이들을 정말 소중하게 생각한다. 섬세한 내적 진화 과정에서, 도전을 두려워하지 않는 용기 있는 사람들은 강력하게 전진한다. 용기와 결단력을 가진 사람들의 내면에는 강력하고 멈출 수 없는 힘이 있다. 이 힘은 무한하고 전능한 원천에서 나오기 때문에 이러한 사람들은 쉽게 방해받거나 노력을 중단할 수 없다. 무한하고 전지전능한 힘에 이끌려 나가는 것이기 때문이다. 반면 대담한 행동이나 열망을 피하며 자기 자신을 보호하려는 사람들은 그러한 심리적 선택으로 몸과 영혼의 활력이 다 빠져나가고 있다. 궁극적으로는 성장을 피해버렸기 때문에 언젠가는 무너져 내리게 된다.

자아를 내려놓고 보편적 정신의 의식과 연결되는 모험을 떠나겠다고 마음먹는 것은 인간이 경험할 수 있는 가장 흥미로운 여정이다. 익숙한 삶의 터전을 떠나 눈에 보이는 것 넘어 미지의 세계로 모험을 떠나는 것이기 때문이다. 그러나 일단 이 첫걸음을 내디디고, 물질세계에 대한 반응을 멈추고, 몸과 마음이 비밀 자아를 향하게 하면, 우리는 내면의 기쁨과 평온함에 단번에 압도당할 것이다. 표면적 자아만이 두려움을 알 수 있으며, 자아가 종속되면 두려움도 종속된다. 자아는 자신을 분리된 존재로 보기 때문에 잃을 것이 생길 수밖에 없다. 비밀 자아와 자아가 분리되어 있다는 생각을 떨치고, 두 자아가 통합되어 있다는 인식을 하는 순간, 우리는 더 잃을 것이 없기에 두려운 자체를 느끼지 못한다. 모든 것의 일부이자 모든 생명의 일부라는 느낌은 형언할 수 없는 만족감을 불러일으키는 영적 상태다. 신비주의자들이 말하는 엑스터시ecstasy(심리 감정이 고조되어 자기 자신을 잊고 도취 상태가 되는 현상), 예술가들이 말하는 창의성, 성도들이 말하는 종교적 계시가 바로 그것이다. 누구라도 도달할 수 있는 만족의 상태이다. 일단 비밀 자아와의 합일 상태에 도달하면, 우리가 신의 무한한 본성을 표현할 수 있는 재능을 떨칠 수 있는 발판에 서게 된다.

형이상학적 모험

종교적 계시와 창작 활동은 근본적으로 비슷하다. 둘 다 제한된 시각을 넘어선 우주에 대한 포괄적인 이해를 가져다주는 형이상학적인 여정이다. 이런 경험들은 시간, 공간, 그리고 개성의 제약을 넘어서서 영원한 개념과 완전한 의미에 초점을 맞춘다. 우리 각자에게는 내재한 능력이 있고, 삶의 본질은 창의성을 표현하는 것이기 때문에 영적 인식이 성장하기 시작할 때 우리의 재능도 살아난다. 진정한 영적 각성은 진정한 재능과 어우러져 있다. 이를 통해 우리는 성숙한 나무가 열매를 마음껏 떨어뜨리듯이 일을 즐기며 할 수 있어 이런 상태에서는 다른 사람의 기대에 영향받지 않고 본능과 직관을 따를 수 있다. 우리는 종종 편애에 수반되는 기만과 불성실을 인식함으로써 진실의 핵심에 더 가까이 다가갈 수 있다. 우리는 모든 행동과 사고에서 이러한 편견을 완전히 버림으로써 우리에게 잠재된 놀라운 재능을 일깨울 수 있다.

　예술은 우리 본연의 보편적인 본질을 나타내는 상징을 매개로 우리와 소통한다. 예술을 통해 우리는 우리 기원에서 비롯되는 기쁨과 일치감을 조금이나마 인식할 수 있다. 예술은 우리가 향하는 거대한 운명의 작은 조각들을 감지하도록 도와준다. 언젠가 우리는 영적으로 완전히 깨어날 것이고, 그 결과 지금처럼 소수의 사람처럼 평범한 신자가 아니라 진리를 아는 자, 진리에 대한 원인을 제공하는 자, 철저히 깨달은 자, 사실상 신이 될 것이며, 심지어 잠재적인 신이 될 것이다. 이렇게 내재한 재능을 인식하는 데서 나오는 사고방식은 고의적인 행동이나 사고가 아니라 지속적인 발견을 추구하는 삶의 태도이다. 창의적인 작가는 어떤 것을 '창작하겠다'라는 생각으로 펜을 잡는 것이 아니라, 무엇이 자신을 통과하여 종이에 나타날지 보기 위해 펜을 잡는다. 자신의 재능을 진정으로 사용하는 사람은 재능이 자신을 사용하도록 내버려 두기 때문에 그렇게 할 수 있다. 이때 올바른 마음가짐은 무엇이든 생겨나는 것이므로 시작하거나 멈출 필요가 없다는 것이다. 무엇이 다가올지, 어떻게 생겼는지 알 필요 없이 그저 열린 마음으로 받아들이면 된다. 자세히 보려고 애쓰지 않아도 된다. 그렇게 하면 그것이 무엇인지 안다고 생각할 수 있고, 그런 정신적 집착이 생겨나면, 다시는 유연하거나 창의적으로 성장하지 못하고 발전 없이 머물러 있게 될 것이다. 위대하고 선하고 지속적인 모든 것은 비밀 자아의 무의식적 과정에서 솟아나며, 우리가 더 큰 마음에 감동할 때 우리는 우리 자신의 재능을 발휘할 수 있다.

하느님, 인간이 마음속에서만 생각하는
그런 생각으로부터 저를 지켜주소서.
영원한 노래를 부르는 사람은
골수 속에서 생각하나이다.
— 에이미 로웰Amy Lowell

창의적인 노동

무수한 면모를 지닌 비밀 자아는 수많은 문을 통해 접근할 수 있다. 이 문 중 하나가 열리고 그 얼굴이 드러나면, 일종의 비범한 재능인 창의성이 개인을 통해 솟구칠 것이다. 인간은 잠재의식 지능의 광활한 영역의 표면을 드러내는 부분적인 존재일 뿐이며, 그 표면을 자각하지 못하는 경우가 많다. 그러나 각 개인이 보편적 정신과 닿을 방법이 존재한다. 이러한 연결이 이루어지면 개인은 자신의 고유한 재능을 계발하여 신의 특정 측면을 세상에 표현할 수 있다. 자신을 제한하지 않는 한 재능이 부족한 사람은 없다. 그러나, 개인이 자신의 인식을 자아에 국한하면, 잠재의식의 깊숙한 곳까지 닿을 수 없다. 창의적인 노력에 필요한 영감과 동기를 얻으려면 잠재의식이 필요한데 말이다.

우리는 모두 각자의 고유한 개성을 갖고 있다. 개성은 비밀 자아가 우리의 재능을 발현하기 위해 사용하는 수단이다. 그런데 안타깝게도 현대 산업 사회에서 각자의 개성은 크게 위축되고 있다. 그런데 우리의 교육은 순응하도록 가르친다. 산업용 기계를 작동하려면 인력이 필요한데, 이때 근로자들의 움직임은 예측할 수 있어야 하기 때문이다. 사회적 관점에서 예측 가능성은 각 사람에게 같은 사회적 양심을 심어줄 때 가장 효과적으로 도출할 수 있다. 그 결과, 대다수가 개인적으로 선택한 일상이 아니라 사회가 강요한 일상을 따르고 있다. 그들의 신념과 의견은 집단에 의해 형성되고, 삶의 일부로 받아들인다. 사고방식은 수동적으로 형성된다. 이렇게 외부의 힘에 영향을 크게 영향을 받으며, 자신이 지지하는 정당, 자신이 속한 노동조합, 그리고 자신이 거주하고 있는 국가, 도시, 지역 사회의 제도와 신념을 따라가고 있다. 그렇기에 어떤 상황에 대해서도 객관적으로 판단하질 못한다. 항상 기존의 관념에 영향을 받아서 행동할 뿐이다. 그런데 이렇게 편향된 입장으로 판단하면 성장의 기회를 놓치게 된다. 무언가를 판단하거나 결정할 때 이러한 태도는 매우 자아 중심적이다. 아무것도 바뀌지 않는 이러한 삶은 완전히 정체된 채 잘못된 방향을 향하고 있다. 궁극적으로 진리는 철저하게 따져보면 절대적일 수 있지만, 각 개인에게 있어 진리는 개인적인 경험이다. 개인에게 유익한 것이 모든 사람에게 유익하지 않을 수 있으며, 모든 사람에게 좋다고 여겨지는 것이 개인에게는 최선이 아닐 수 있다. 사람들이 공동체에서 함께 살아가는 한, 사회적 양심은 여전히 중요하지만, 개인의 성장과 책임감을 위한 여지를 허용해야 한다. 현재로서는 사람들을 무분별한 추종자로 만들어 사회적 양심의 목적 자체를 훼손할 위험이 있다. 반면 개인의 의견과 사상을 존중하는 움직임도 여기저기서 드러나고 있다. 특히 대기업들은 공장에 '의견 제안함idea box'을 설치하는 것이 긍정적인 결과를 가져온다는 사실을 체감하고 있다. 직원들이 자신이 근무하는 회사에 대해 창의적으로 생각하도록 동기를 부여하면 업무 성과가 향상될 뿐만 아니라 궁극적으로 기업의 전반적인 성장에도 이바지하기 때문이다. 인간은 온종일 볼트(수나사)에 너트(암나사)를 끼우는 것과 같은 반복적인 작업에는 본래 적합하지 않다. 단순 반복 작업은 기계의 몫이기 때문이다. 하지만 더 효율적으로 일할 수 있는 수단이 있다면 그런 일을 묵묵히 견뎌낼 수 있을 것이다. 단 실직의 가능성이 엄습해 온다면, 애초에 견디려고 노력하지 않을 것이다. 반대로 단순 반복 업무가 더 나은 일자리나 더 높은 수입으로 이어진다는 믿음이 있어야 묵묵히 버틸 수 있을 것이다.

산업 발전에서의 문제는 주로 노동자와 경영진 간의 이해관계 충돌에서 비롯된다. 처음에는 노동 조직이 노동자를 착취로부터 지키기 위해 생겨났는데, 이제는 변화에 대해 거부적인 경향이 생기며 변질되기도 했다. 특히, 기술 발전으로 특정 직업을 대체할 수 있는 현실을 거부하는 경우가 많다. 그리고 '생산 제한 행위feather bedding(실업을 피하기 위한 노동조합의 관행 – 옮긴이)' 같은 관행들이 여러 산업에서 효율적인 운영을 방해하는 큰 걸림돌이 돼 버렸다. 성공적인 산업 발전의 열쇠는 조직화한 노동이 아니라 미래지향적인 경영 방식에 있을 것이다. 인력을 창의적인 공정에 투입하고, 각 근로자를 개별적으로 인정하고 보상하며, 조직의 모든 구성원이 성과를 공유할 수 있다. 이러한 산업적 사고방식이 확립되면 노사의 목표가 일치하고 각 개인이 자신의 업무에서 창의적인 역할을 맡게 되므로 노사가 한마음이 될 수 있다.

생산성

창의적 능력을 최대한 활용하려면, 무언가를 생산해야 한다. 즉 넋 놓고 있지 말고 뭔가를 해야 한다. 자아를 떨쳐놓고 비밀 자아가 이끄는 대로 움직이면, 전에는 불가능하다고 생각했던 일들을 이루게 된다. 오르지 못할 산도 없고, 정복하지 못할 광야도 없다. 창의적인 정신을 가진 사람이 신성한 힘이나 영감과 같은 더 큰 무언가와 연결되면 지칠 줄 모르고 지속해서 창의적인 결과물을 만들어 낼 것이다. 토머스 칼라일Thomas Carlyle은 이렇게 적었다. "비록 가장 비열한 종류의 일이라도, 네가 일을 시작하는 순간에는 네 온 영혼이 진정한 조화를 이루는 것이다. 생산하라. 만약 그것이 물질의 미세한 것에 지나지 않는다면 신의 이름으로 그것을 생산하라. 당신의 손이 할 일을 찾았다면 최선을 다해 생산하라." 우리는 너무 억제되고 억압되어 자신만의 고유한 성격을 표현할 수 없다. 자기 통제적인 본성은 항상 사람들이 자신이 어떻게 행동하기를 기대하는지를 생각하며 행동하게 한다. 자기 자신을 알지 못하기 때문에 자신이 진정으로 어떻게 느끼는지 알지 못하고 타고난 개성이 아닌 욕망에 이끌린 목표에서 나오는 감정을 받아들인다. 돈을 벌려고 뭐든 다 참는 사람들은 억압과 억제에 갇힌 전형적인 경우다. 그들은 하급자에게 형편없이 행동하고 상급자에게 아첨하며, 결과적으로 도덕적 가치가 왜곡돼서 비밀 자아를 완전히 억누르게 된다. 그러니 모든 부분에서 창의적이거나 자발적인 행동을 하는 법을 망각해 간다. 돈을 버는 것이 인생의 궁극적인 목표가 되지 않게 하라. 탐욕의 신으로 대표되는 부富를 강박적으로 쫓는 것은 파괴적인 결과를 초래할 수 있기 때문이다. 하지만 삶의 다양한 측면에서 무언가를 성취하고 달성하는 것은 중요한 삶의 목표다. 종종 이러한 성공은 금전적 이득을 가져오기도 한다. 우리 각자의 주된 삶의 목표는 본연의 모습을 되찾아 받아들이고, 진실하게 살며, 타고난 자질과 조화롭게 행동하는 것이어야 한다. 우리는 우리보다 더 큰 힘으로 이 땅에 배치되었고, 신의 형상을 인류에게 반영하기 위해 각자의 특별한 모습으로 나타났다. 우리 본연의 역할을 다하고 이 신성한 이미지를 반영하기 위해서는 이기적인 욕망과 자아에만 집중하여 자신을 억압하지 않는 것이 필수적이다.

업무를 효과적으로 수행하기 위한 핵심은 자발성이다. 우리는 논리적 사고에만 의존하지 않고 감각을 가지고 행동할 때 탁월한 능력을 발휘한다. 이성도 중요하지만, 이성은 제한된 이해의 영역 내에서만 작동한다. 이성에만 의존하여 행동한다는 것은 가장 기본적인 사실에 의존하는 것을 의미한다. 반면에 본능적이고 직관적으로 행동할 때 비밀 자아를 위한 통로가 열린다. 그러면 우리는 모든 지식과 지성, 힘을 지닌 원천인 비밀 자아의 인도를 받을 수 있다. 자발적으로 행동하고 생각할 때, 당신은 진실로 당신 자신이 되고, 그렇게 되면 삶이 100배는 더 효과적이고 즐겁고 창조적으로 흘러간다. 반면 의식적으로 통제하려고 하고 계획하는 사람은 내면 신성Divine의 활동을 억압하게 된다. 즉 내면에 있는 신비로운 힘을 억누르게 된다. 어떤 재능도 의식적인 마음이나 자아에 따라 나오지 않는다. 그래서 자기 삶을 완전히 통제당하는 사람은 진정 창의적일 수 없다.

본경기에 들어가기

자신을 내려놓아라. 억압과 두려움을 떨쳐버리고 나 자신이 돼라. 자연스럽게 자발적으로 생각하고 행동하는 법을 배우면 삶의 조화와 대칭이 들어오고 타고난 재능을 발견할 수 있다. 무의식적으로 흘러가는 일상에서 더 나은 나를 찾고, 놀라운 가능성을 발견할 수 있게 된다. 노력과 꾸준한 연습을 통해 나만의 독특한 경험을 만들어 나가며, 더욱 풍요로운 삶을 살 수 있을 것이다. 대다수는 자신의 재능을 억누르기 마련이라서, 재능을 발휘할 적절한 틈새를 찾지 못하게 된다. 재능을 자연스럽게 발휘할 수 있는 일을 하려면 용기가 필요하다. 옆에서 다른 사람의 성과를 지켜보며 비판하는 건 쉽지만, 막상 본인이 용기를 발휘하기란 쉽지 않다. 미식축구에서 악명 높은 '먼데이 모닝 쿼터백Monday Morning Quarterback(미국에서 제일 인기 있는 스포츠 중 하나인 미식축구가 주로 일요일에 열리는데, 다음날인 월요일 아침, 미식축구를 관람한 사람들은 직장에 출근해 마치 전문가가 된 듯이 지난 경기에 대해 자신의 의견을 표출한다. 이를 두고 미식축구에서 작전을 지시하며 경기를 풀어나가는 포지션인 쿼터백Quarterback에 비유한 것이 먼데이 모닝 쿼터백의 유래이다 – 옮긴이)'처럼, 일의 결과가 나온 후에야 그 일에 대해 전문가처럼 자신의 의견을 개진하는 사람들이 있다. 예술계에서 흔히 비평가란 예술가가 되지 못해 그 결과에 불만을 품은 사람이라고 생각하기 쉽다.

　미국 작가 풀턴 오슬러Fulton Oursler는 이렇게 적었다.

스무 살이 채 되지 않았던 수년 전 어느 겨울날 밤, 나는 '볼티모어 아메리칸Baltimore American' 방송국의 뉴스룸에서 타자기를 두드리고 있었다. 한 복사 담당 아르바이트생이 내게 편집장실에서 호출이 왔다고 전했다. 편집장은 대머리에 흰 콧수염을 늘어뜨린 괴팍한 유머 감각을 지닌 노인이었다. 그는 회전의자에 기대어 내게 물었다.

"자네 피아노 치는가?"

"아뇨. 못 칩니다."

"바이올린은?"

"못합니다."

"노래는?"

"못합니다."

"그러면 리릭 극장으로 가서 콘서트를 취재해. 우리 음악 평론가가 방금 죽었어. 이제 자네가 그 일을 맡게 될 거야."

과거를 분석하는 것처럼 미래를 쉽게 예측할 수 있다면 모두가 성공할 수 있을 것이다. 불확실한 상황에서 위험을 감수하는 사람들의 실수를 쉽게 지적할 수 있다. 그러나 창의성을 발휘하려면 상당한 개인적 위험을 감수해야 한다. 유능하고 잘 준비된 개인이 되기 위해서는 격렬한 도전과 위험을 헤쳐 나가는 것이 필수적이다. 이러한 정신상태에서 삶의 근본적인 요소를 완전히 인식하면 비밀 자아의 진정한 의도를 명확하게 파악할 수 있다. 이를 통해 우리는 자기중심적인 행동과 생각의 속임수를 재빨리 꿰뚫어 보고 일관되게 신성Divine의 도구로 행동할 수 있다. 세상의 시선에 무관심하면서 동시에 영적 연결을 인정할 때 우리의 진정하고 특별한 정체성이 드러난다. 이를 통해 우리의 삶 전체가 우리를 통해 가장 잘 표현되는 최상위 지성의 특정한 측면을 반영할 수 있다. 그렇게 우리는 우리의 재능을 발견한다. 예술, 과학, 경영, 전쟁, 정치 등 어떤 분야에서든 – 손이 꼭 맞는 장갑에 잘 맞는 것처럼 – 인생에서 자신의 고유한 위치나 역할('틈새시장')을 발견하면 그 안에 자연스럽게 녹아든다. 우리와 우리의 지정된 역할이 서로를 위해 만들어진 것처럼 느껴진다. 또한 이런 이상적인 조화 속에서 우리 행동과 기여는 우리 역할에 완벽하게 맞아떨어지게 되어 있어서, 그 구분이 어려울 것이고, 그 결과 원활하고 효과적으로 일을 수행하게 될 것이다.

뜨임Tempering(담금질로 경화된 강철에 인성toughness(외력이 가해졌을 때, 힘에 저항하는 성질)을 가할 목적으로 시행하는 열처리 공정 – 옮긴이)

모든 창의적인 사람들은 불을 가하는 단련 과정, 즉 '뜨임'을 거쳐야 한다. 그런 후에야 외부 압력을 버티거나 저항하는 기질을 강화할 수 있다. 인생은 조심스러운 손길로 다룰 수 있을 만큼 섬세하지 않다. 주변을 둘러보면 자연은 엄격한 시험을 통해 선호하는 대상, 즉 축복받은 대상을 선택한다는 점이 보일 것이다. 그들은 갈등의 도가니에서 사자의 심장을 가진 자들로, 영적 진화의 깃발을 들고 앞으로 나아간다. 가장 힘든 도전에 즐겁게 맞서는 사람들은 결국 비밀 자아의 목표를 실현하는 데 가장 효과적인 수단이 된다. 용감한 그들은 멋진 업적을 이루고 중요한 사건에서 주요한 역할을 하는 사람들이다. 근육이 운동을 통해 강해지고 머리가 연습으로 더 예리해지듯이, 용감한 마음도 경험을 통해 강해진다. 그런데 용감한 마음이라 해도 방치될 경우, 정말 빠르게 위태로워질 수 있다. 행동을 취하거나 자신을 표현하는 것을 억압하고 주저하는 것은 우리가 직면할 수 있는 외부의 도전보다 우리의 잠재력을 제한하는 데 더 큰 영향을 미친다. 외부의 장애물보다 자신이 부과한 제한이 더 큰 제약이 될 수 있다는 의미다.

말을 실행에 옮기는 게 쉬웠으면 누구나 다 완벽한 사람일 것이다. 생각 속에서 두려움, 불안, 적대감을 없애는 건 정말 어렵고, 특히 자아가 우리를 지배하고 있을 때는 더 그렇다. 물 흐르듯 섭리에 따라 살려면 충동 대신에 이성을 중시하고, 자아 주도적으로 일을 추진하지 않고, 삶을 신성Divine의 연장선에서 살아야 한다. 균형 잡히고 조화로운 삶을 살기 위해서는 이성적 사고가 기본 원칙이 되어야 하고, 감정에 휘둘려 의사결정을 하지 않도록 해야 한다. 행동과 생각은 억지로 시작하기보다는 삶에 대한 마음 챙김과 성찰을 통해, 그리고 강요받지 않은 상태에서 생겨나야 한다.

재능을 펼치려면 영적으로 깨어 있어야 한다. 사람들은 이 소중한 특별한 능력을 지닌 채 태어나지만, 만약 영적으로 깨어 있지 않으면 그 재능을 표현하는 데 어려움을 겪게 된다. 자신 능력을 인정하고 활용하지 않으면, 상충하는 욕망이나 잠재력이 서로 끊임없이 싸우기 때문에 내적 혼란으로 어려움을 겪을 수 있다.

나답게 살기

데일Dale 청년의 이야기다. 그는 제2차 세계대전 당시 미 해병대에 소속되어 다섯 차례의 작전에 참전해 용맹하게 싸웠다. 입대 전 그는 미술을 전공했고, 그의 초기 유화 작품은 그의 예술적 재능을 한껏 드러냈다. 그러나 해병대에서 겪은 위험과 재난으로 그의 태도는 바뀌었고, 제대 후 그는 유형의 소유물을 얻는 것이 자신이 원하거나 우선시하는 것이라는 명확하고 확실한 결론에 도달했다. 그가 물질적인 것을 얻기로 마음먹자마자, 광고 대행사에서 기획 담당자로 일을 시작했다. 시간이 흐르면서 예술 감독까지 승진해서 꽤 풍족한 생활을 할 수 있었다. 근데 외적으로는 성공해 보이지만, 그는 만족스럽지 않았다. 게다가 예술에 소홀해지고, 칵테일 바를 자주 가다 보니 자주 취해서 자러 가는 일이 늘었다. 결국, 밤낮을 가리지 않고 술을 마셨다. 그의 측근들은 그가 깊은 분노를 품고 있다는 사실을 알게 되었다.

데일의 마음속 깊은 곳에 자리 잡은 분노는 어느 날 관절염 발작으로 나타났고, 의사는 그에게 집에 가만히 누워 지내며 안정을 찾아야 한다고 권유했다. 그가 입원하는 동안 미술 학교 시절의 오랜 친구이자 지금은 화가가 된 친구가 데일에게 병문안을 왔고, 둘은 대화를 나누었다. 그러던 중 데일의 친구는 그의 호화로운 아파트를 구경했다.

"녀석, 꽤 많이 벌었구나." 친구가 말했다.

"맞아." 데일이 대답했다. "2만 달러에 상여금도 많아. 기본적으로 원하는 건 다 누리며 살지. 너는 살 만해?"

친구는 "1년에 3,000달러라도 벌면 감지덕지야. 너희 집에 남는 공간이라도 빌려서 작업실로 쓰면 금상첨화겠네"라고 호탕하게 웃으며 말했다.

"그러면 왜 포기하지 않아?" 데일이 물었다. "우리 광고 대행사로 들어와. 연봉 만 달러부터 시작하게 해 줄게."

데일의 친구는 고개를 저었다. "아냐. 됐어." 그가 말했다. "지금 이대로 행복하거든."

"진심이야?" 데일이 물었다.

"응."

"진심으로 행복하다고?"

"당연하지. 넌 안 행복해?"

"이보다 더 비참할 수는 없지."

"그럼 변화해야 할 사람은 바로 너 아닌가? 내가 아무리 가난해도 날 불행하게 만드는 직장에 계속 다니고 싶지는 않아. 요즘 그림은 안 그리나 보네. 아파트 전체에 화가畵架(그림을 그릴 때에 그림판을 놓는 틀)나 화포畵布(유화를 그릴 때 쓰는 천)가 보이지 않네."

"진작에 포기했지." 데일이 대답했다.

"네 말을 요약하면, 넌 그림을 포기했고, 지금 움직이지도 못하고 앓아누워 지내고 있고, 돈은 많은데 불행해졌다는 거네. 내가 한마디만 할게. 우리 집 바로 옆에 원룸이 하나 있는데 월세가 30달러야. 직장을 그만두고 거기 들어가서 다시 그림을 그리기 시작해 봐. 내 추측이 빗나가지 않는다면 그게 너의 병을 치료할 수 있을 거야."

친구가 떠난 후 데일은 곰곰이 생각했다. 그날 저녁 그는 붓과 유화물감을 구해 그림을 그리기 시작했다. 일주일이 지나자, 그는 그림에 깊이 빠져들었고 관절염 통증도 사라졌다. 그는 아파트를 나왔고 덜컥 주변 원룸으로 이사했고, 지금까지 그림을 그리고 있다. 그는 물감으로 얼룩진 작업복을 입고 환하게 웃으며 말했다. "작년에 2만 5,500달러를 벌었는데, 화가에게는 큰돈이지만 그래도 입에 겨우 풀칠할 수 있는 정도였죠. 그런데 가난이 그리 신경 쓰이지 않았어요. 난 그저 그림을 그리고 싶었거든요. 그림을 그릴 때면 내 일부인 무언가를 하고 있다는 느낌이 들어서 완전히 행복해요."

창의력과 경쟁력

서머셋 모옴Somerset Maugham은 이렇게 적었다. "예술가는 일정한 경계 안에서 자신의 삶을 형성할 수 있는 고유한 자유를 누린다. 한편, 의학이나 법조인들은 각자가 선택한 전문 분야에 발을 들일지 말지에 대한 자유로운 선택권이 부여되지만, 한 번 선택하면 직업적 규칙과 기준에 얽매인다. 하지만 예술가에게는 자신의 길을 스스로 정의하고 창조할 수 있는 자유가 있다."

비밀 자아에 삶을 내맡기면 신성Divine을 표현하는 데 가장 적합한 내면의 통로가 깨끗해지고 강화된다. 그러면 당신만의 고유한 재능이 드러날 것이다. 성장의 길이 열리고, 그 안에서 완전한 자유를 얻는다. 사회적 지위나 인맥과 거의 무관하다. 당신의 마음과 능력은 물질적이고 세속적인 것과는 독립적으로 성장한다. 마음과 능력을 비밀 자아에 맡겨놔서, 당신에게 가장 적합한 방식으로 활용할 수 있게 되었기 때문이다. 우리 각자는 예술적 접근 방식으로 삶을 살아갈 때 개인적, 사회적 측면에서 가장 큰 성취감을 느낄 수 있다. 그렇다고 반드시 화가나 작가가 되라는 말은 아니다. 모든 일에 임하는 태도에서 경쟁보다는 창의성에 초점을 맞추는 예술적 사고방식을 택하라는 의미다.

경쟁의 세계는 이기적인 욕망으로 움직인다. 경쟁은 다른 사람보다 앞서고 싶은 마음에서 비롯되기 때문이다. 자기가 뛰어나다고 입증하려는 열망이 가득한 사람들은 세상을 적대적인 시각으로 보고 다른 사람을 적으로 여긴다. 삶의 본질과 의미에 대한 편협한 이해는 득보다 실이 많은 경향이 있다. 물질적 성공은 덧없고, 우월한 존재가 되는 데 무게를 싣는 사람은 결국 패배에 직면하기 때문이다. 육체와 마찬가지로 자아는 생겨나고, 번성하고, 쇠퇴하고, 결국 소멸하는 생애주기를 거친다. 따라서, 자아에 휘둘려 야망을 추구하는 사람은 결국 패배와 해체를 초래하는 주기를 겪을 수밖에 없다. 물론, 자아가 정점에 도달한 순간 – 하루 중에서 밝은 정오에 도달한 순간 – 은 눈부실 정도로 멋져 보일 수 있다. 그때는 능력이 최고조에 도달한 사람이 자신감 있게 세상에 도전할 정도로 자신감도 넘친다. 그런데 중천에 뜬 해도 곧 저물 듯, 이 시기는 참으로 짧다. 삶이 흘러가면서 한낮의 활기는 사라지고, 시간이 흐름에 따라 그림자가 늘어나면서 생생한 기억도 흐릿해진다. 이것이 바로 자아와 성취만을 의존하는 게 장기적으로는 지속하기 어려운 이유다.

삶의 모든 부분에 자유롭고 완전하게 참여하려면, 고귀하고 웅장한 내면의 진화, 즉 영적인 진화가 삶에 대한 태도의 중심이 되도록 넓은 시야를 지녀야 한다. 더 넓은 시야로 경쟁에 뛰어들면, 겉으로 보기엔 각자의 경쟁에 몰입하는 것 같지만, 경쟁의 동기에서 큰 차이가 있다. 경쟁에서 추구하는 바가 다른 사람보다 우월하거나 더 나은 사람이 되고자 하는 이기적인 욕망에 뿌리를 두고 있지 않기 때문이다. 그보다는 비밀 자아를 표현할 수 있는 더 큰 그릇이 되는 데 마음을 쏟는다. 우리는 모든 상황에 사용되는 그릇이지, 그 그릇을 진두지휘하며 사용하는 주체가 아니다. 또한 모든 사람과 근본적으로 하나라는 것을 인식한다면, 손익의 잣대를 적용하지 않고 적대감 없이 경쟁에 뛰어들 수 있다. 우리가 누구를 이기건, 누구에게 지건, 그 모든 대상을 공평하게 바라볼 수 있다. 그 사람이 우리를 이기든 우리가 그 사람을 이기든, 우리는 그 대상을 우리 자신 안에서 인식하는 것과 같은, 변하지 않는 본질을 구현하는 존재로 인식하기 때문이다.

항복은 궁극적인 통제권을 획득하는 길

진정으로 창의적인 태도는 자아가 경청하되 명령하지 않는 수동적인 태도이다. 개인이 신과 합일이 되려고 할 때, 행동 결과에는 단순한 자아 주도적인 의지로는 이룰 수 없는 놀라운 힘이 녹아든다. 반면 자아 중심의 의지는 이해하지 못해서 극복할 수 없는 장애물에 계속해서 부딪혀서 결국엔 개인적인 붕괴로 이어질 수 있다. 자아가 의지력을 앞세울 때가 있다. 이때는 열쇠로 열면 되는 문을 무리하게 부수려고 하는 것과 같다. 깨달음, 즉 혜안enlightenment을 얻은 사람들은 창의적이기에 재능을 지닌 사람이다. 이들은 자신이 주위 모든 것과 연결되어 있다고 느낀다. 창의성은 만물과의 일체감을 통해 주입되기 때문이다. 이들은 어려움이나 반대에 마주할 때, 자기 내면의 뭔가를 더 잘 이해해야 한다는 뜻으로 받아들인다. 그들은 그냥 밀어붙여서 문제를 해결하려고 하지 않고, 정신적으로나 영적으로 그 문제가 진정 무엇을 의미하는지 깊이 파악하려고 노력한다.

> 내 스승님은 모든 것을 아시고, 모든 것을 보시는 정복자이시며,
> 무한한 주인이시다.
> 세상의 모든 이들을 불쌍히 여기시는 의사이시며,
> 이 진리들을 가르치신 분도 바로 그이시다.
> — 장노게長老偈(고승들의 시와 찬가를 모은 책으로, 그들의 깨달음과 수행 경험을 담고 있다–옮긴이)

인생에서 큰 어려움을 만났다면, 그건 중요한 교훈을 얻을 좋은 기회다. 배가 바닷속 숨은 위험을 몰라 좌초하는 것처럼, 우리가 단순히 감정이나 생각에만 의지하면 문제가 생길 수 있다. 이런 일을 피하기 위해선 좀 더 깊이 생각하고, 더 좋은 조언을 구하는 게 필요할 것이다. 마치 인생이라는 배를 숨은 위험에서 벗어나게 해 줄 더 능숙한 항해사가 필요한 것처럼 말이다. 배가 좌초됐다면, 배를 구하는

유일한 방법은 이 바다를 잘 아는 선장한테 지휘를 맡기는 것이, 항복이야말로 진정으로 통제력을 얻는 방법이다. 많은 고통과 어려움에 직면할 때, 그것은 깨달음의 순간이 될 수 있다. 우리는 종종 자신의 욕망과 생각에 너무 사로잡혀 끊임없이 '나'에 대한 생각에 매몰되어 있다. 이렇게 매몰된 상태에서는 삶과 지식에 이해가 제한될 수 있다. 하지만 상황이 힘들어지면 자기중심적인 생각에 작은 균열이 생기게 마련이다. 이 균열은 오히려 전화위복이 될 수 있다. 이 균열을 통해 새로운 이해의 빛이 비쳐, 짧지만 예상치 못한 순간에 더 명확한 인식과 통찰력을 얻을 수 있기 때문이다. 마치 우리가 직면한 어려움으로 인해 갑자기 사물을 새로운 방식으로 보는 것과 같다. 그런 다음 자신 삶과 자아가 자신보다 더 큰 무언가의 손에 달려 있으며, 그동안 표면적 정신에 휘둘려 온 정체성은 망상illusion이었다는 사실을 깨닫고, 완전한 자유를 얻는다. 창의적인 사람은 잘 익은 과일이 가득한 나무와 같아서 곁에 있는 것만으로도 예상치 못한 가능성과 혜택을 가져다준다. 그들은 물질적인 것뿐만 아니라 사고와 창조의 방식에서도 구상과 가능성을 무한히 공급하는 것처럼 보인다. 게다가 그들이 하는 모든 일에 특별하지만, 보편적인 특성을 부여한다. 이러한 보편성은 그들의 창의성이 더 넓고 심오한 수준에서 공명하며, 평범한 구상을 초월하고 보다 근본적이고 인간적인 수준에서 연결된다. 진정 가치 있는 건 효과적이고 창의적이다. 이런 것들은 자연스럽게 자라고 퍼져서 자기 자리를 찾는다. 이런 선함이나 가치는 우리 모두의 마음속에 있는 강한 창조적 충동에서 나온다. 이런 가치를 제대로 살리는 사람들은 삶을 예술적이고 창의적으로 바라보는 사람들이자, 긍정적이고 창조적인 것들이 드러나고 실현되는 수단이다. 랠프 윌도 에머슨Ralph Waldo Emerson은 "진정한 예술가에게는 삼라만상이 작업의 밑거름이 된다"라고 했다. 그들은 삼라만상에 내재한 가능성을 보고, 우주를 발견하는 사람이며, 혜안이 부족한 사람들에게 의미를 전달하는 통역사이다.

재능을 마음껏 발휘하기

각자는 자신의 길을 안내하는 심오하고 내재적인 욕망과 성향에 맞게 삶의 목적의식을 갖고 산다. 교육과 양육 환경은 종종 내재적 욕망과 성향에 제약을 가하지만, 이러한 한계를 극복하고 나면 무의식적으로 진정으로 좋아하거나 끌리는 것을 발견할 수 있다. 이러한 숨겨진 취향을 발견하고 포용하면 창의성을 발휘할 수 있는 타고난 능력을 펼치는 데 도움이 된다. 마치 자신도 몰랐던 자신의 일부분을 발견하는 것과 같다. 이러한 재능은 무한한 발현 가능성을 가지고 있다. 이른바 예술과 관련이 없을 수도 있고, 친절이나 사랑에 대한 재능처럼 단순한 것일 수도 있다. 말하기, 설득, 교육, 연구, 공부에 대한 재능이 될 수도 있다. 그것이 과학이나 사업 분야일 수도 있지만, 그것이 어디에 있든, 경쟁적 목표와 이기적 욕망에 의해서만 인도되는 사람들의 능력보다 훨씬 우월하다는 것이 발현되는 순간, 세상이 알아볼 것이다. 그것은 무한한 샘에서 흘러나오기 때문이다. 인간으로서의 우리보다 우월한 내면의 절대적 힘에서 비롯되고, 우리가 그것을 이용하기보다는 그 힘이 이용하는 것처럼 보일 것이다. 그 힘과 만난 평범한 인간 자아는 우리의 재능을 펼치며 끊임없이 기쁨의 상태로 살아갈 것이다. 우리는 그것을 초월적이고 우월한 힘과의 조우로 인식하고, 항상 애정과 관심을 가지고 받아들이며, 그 힘을 경외하고, 그 지침에 따르며, 결코 그것을 통제하려고 시도하지 않을 것이다. 인생에서 가장 실망스러운 경험은 타고난 능력의 잠재력이 개발되지 않은 채 살아가는 것이다. 자아가 그 사람의 성장을 지배하고 제한하여, 애초에 절대적 힘이 의도한 방식으로 진화하지 못하게 방해할 때 그러한 좌절을 경험할 것이다.

이뿐만 아니다. 누구나 지니는 엄청난 창조적 에너지가 차단될 수 있다. 이는 정말 위험할 수 있다. 창의력을 표현하지 못하면 화가 나거나 씁쓸해지거나 심지어 증오심이 생길 수 있으며, 이러한 나쁜 감정은 신체적으로 병을 일으킬 수 있기 때문이다. 심장병, 관절염, 궤양과 같은 질병은 실제로 창의적인 에너지를 발산하지 못해서 발생할 수 있다. 우리 자신에 대한 좋은 느낌뿐만 아니라 건강을 유지하기 위해서도 우리의 재능을 사용하는 것은 매우 중요하다. 이를 위해서는 자아가 방해하지 않게 해야 한다. 또한 더 높은 힘이나 비밀 자아를 신뢰함으로써 우리를 인도하게 할 수 있다. 그렇게 할 때, 우리는 더 자연스러워지고, 주어진 일이 우리 일부처럼 느껴지며 우리가 하는 일을 정말 잘하게 된다. 이는 우리가 스스로 잘나서가 아니라, 비밀 자아가 우리를 이끌면서 놀라운 일을 할 수 있도록 우리를 도와주기 때문이다.

당신의 별

우리는 모두 근본적으로 진정한 예술가이다. 각자는 인류의 발전하는 모자이크에 자신만의 특별한 부분을 더해, 모든 창조물을 이끄는 하나의 지적인 힘을 드러낸다. 우리가 시작되었고 언젠가 돌아갈 신비롭고 초자연적인 영역의 삶을 살아가면서 각자의 그림을 그려 나간다. 화가가 그림에 자신의 서명을 남기듯, 우리는 우리의 경험, 감정, 인식, 소통 시도를 통해 세상에 우리의 흔적을 남긴다. 이 흔적은 우리가 세상을 떠난 후에도 남아 우리 개개인의 존재와 공헌을 증명한다. 미술관에 전시된 그림처럼 각자의 삶은 그 자체로 고유하고 의미 있는 예술 작품이다. 결국, 누구의 인생관이 가장 훌륭하거나 가장 가치 있다고 말하기는 어렵다. 예술가처럼 산다는 것은 마치 자신을 넘어선 힘의 인도를 받는 것과 같다. 그들이 창조하는 것은 무엇이든 더 위대한 것, 어쩌면 신성한 것의 도움으로 만들어진다. 마치 이 더 높은 힘이 그들을 사용하여 끝이 없는 무한한 걸작을 남기는 것처럼 말이다.

당신을 붙잡고 있는 자아와의 유대를 버리고 비밀 자아가 빛을 발하도록 허용하라. 그러면, 당신은 재능을 불태우는 '예술가 화신'이 될 것이다. 본성 전체를 내어줄 수 있는 재능이 당신 안에서 발달하기 시작할 것이다. 당신은 당신만이 할 수 있는 일을 하기 시작할 것이고, 그것은 인간으로서 그리고 열망하는 영혼으로서 당신을 완성해 나갈 것이다. 당신의 마음이 이끄는 곳이면 어디든 삶의 가장 깊은 동기에 따라 행동하고 있다는 내면의 확신을 하고 기꺼이 따를 수 있을 것이다.

각각 일하는 기쁨을 위해

그리고 각자의 별에서,

삼라만상의 신을 위해

있는 그대로를 그릴 것이다.

— 러디어드 키플링Rudyard Kipling

11.
육감을 활용하는 방법

오늘날 육감의 존재는 널리 알려져 있다. 역사적으로 관찰되어 온 초
감각 능력인 육감은 최근 실험실 실험을 통해 결정적이고 확실하게
입증되었다. '육감'이라는 용어에는 독심술, 투시력, 정신력으로 물체
를 움직이는 '염력念力'과 같은 모든 종류의 특별한 능력이 포함된다.
초심리학이라고 불리는 초자연적 연구에서는 이러한 능력을 '초감
각적 지각extrasensory perception, ESP'이라고 한다. 이 여섯 번째 감각인
'육감'은 다른 오감을 사용하지 않고도 사물을 이해하는 데 도움이
되며, 다음과 같은 일을 해낸다.

마음속의 마법

어렴풋이 보이는 세상

시각, 청각, 촉각과 같은 우리의 신체 감각은 세상에 존재하는 것의 극히 일부만을 보여줄 뿐이다. 감각은 다양한 종류의 진동을 포착하여 작동한다. 예를 들어, 눈은 빛의 진동을 보고 귀는 소리의 진동을 듣는다. 하지만 각 감각은 존재하는 거대한 범위의 진동 중 일부만 감지할 수 있다. 따라서 오감을 모두 합쳐서 이해하는 것은 우리 주변에서 일어나는 모든 일의 아주 작은 부분일 뿐이다. 즉 우리가 보거나 만지는 모든 사물을 시각이나 촉각과 같은 감각으로 알 수 있는 것보다 백만 배는 더 모른 채 살고 있다. 실제로 무엇이 있는지 아주 희미하게만 알 수 있는 세상에서 살아가고 있다는 의미다. 탁자나 바위처럼 우리가 단단하다고 생각하는 것들도 실제로는 단단한 물체가 아니다. 그것들은 우리가 보거나 느낄 수 없는 방식으로 진동하면서 항상 움직이고 변화하는 작은 원소들로 구성되어 있다. 형태는 특정 공간 내에서 움직임을 포착하는 방법일 뿐이며, 궁극적으로 모든 것은 물리적 물질보다는 정신에 관한 것이다.

　과학자들이 아주 작은 물질도 실제로는 힘 또는 일종의 지능으로 구성되어 있다는 사실을 발견한 이후, 평소 눈에 보이고 만질 수 있는 것만 믿던 사람들도 모든 것이 실제로는 관념ideas, 혹은 '이데아Idea, 시간과 공간을 초월한 것, 정말로 늘 있는 것)'라는 사실, 그리고 어떤 보편적(혹은 우주적) 지성universal intelligence에서 개념의 형태로 유지된다는 사실에 동의하기 시작했다. 이 보편적 지성을 통해 우리는 육감을 발견하고 영적 깨달음에 도달한다. 나아가 이 지성에 자아를 몰입시키는 행위는 개인에게 구원을 제공하고 조화와 조화의 상태에서 삶을 살 수 있도록 발판을 마련하는 것이다. 일상의 작은 자아를 버리고 더 큰 자아의 일부가 되는 상태에 대해 유명한 영적 스승들은 '진실의 순간moment of truth'에 도달한다고 묘사한다. 자신의 더 깊고 중요한 부분을 발견하는 특별한 시간을 의미한다. 그리고 우주의 설계자이자 여러 면에서 우주 그 자체인 거대하고 강력한 정신이 존재한다. 이 무한하고 시대를 초월한 지성은 자신의 본질로부터 모든 것을 구축하므로, 이 지성이 창조하는 모든 것은 그것과 별개인 것이 아니라 그 자체의 일부다. 단 이러한 창조물이 제한적이고 불완전해질 때 한계가 부여되는데, 그때를 제외하고는 본질상 다르지 않다. 창조 세계의 모든 것은 삼라만상의 근간이 되는 하나의 마음과 지성의 표현이다. 따라서 우리 각자는 제한과 제약이 없는 초월적인 마음을 내면에 가지고 있다, 우리가 모르는 사이 이 마음이 작동해서 우리가 하는 모든 일에 완벽한 조언을 해 줄 수 있다. 모든 걸 이해하고 알고 있는 전지전능한 정신이기 때문이다.

빛나는 순간

우주적 정신universal mind은 비밀 자아의 발현이자 인류를 성장과 발전의 여정으로 이끄는 신성한 의지다. 한편, 표면적 정신과 자아는 오감의 산물이자, 우리가 평생 습득하는 지식의 산물이다. 표면적 정신과 자아는 좁은 이해와 경험에서 비롯되기 때문에, 행동을 결정하는 데는 별로 긍정적인 역할을 하지 않는다. 절대적으로 효과적인 삶, 즉 진정으로 성공적인 삶이란 우주적 정신에 자아를 맡기고, 비밀 자아가 길을 인도하도록 할 때 이루어진다. 그들의 특징은 대략 이러하다. 우선, 정신상태는 적극적으로 경청하는 사람의 상태와 같다. 또한 마음과 정신이 더 넓고 심오한 절대자의 의식과 연결되어 있다고 느낀다. 이렇게 연결된 상태에서 인상, 지식, 직관적인 충동은 감각 기관을 통해 받아들인 그 어떤 것보다 더 위대한 근원에서 비롯된다.

영국 시인이자 신비주의자 프랜시스 톰프슨Francis Thompson은 "영원의 숨겨진 흉벽에서 영원히 나팔 소리가 울려 퍼진다"라고 썼다. 누구에게나 인생의 어느 순간, 일상적인 사고방식이 잠시 깨지면서 끝없는 빛과 무한한 지식의 세계를 엿볼 수 있는 짧고 특별한 순간이 찾아온다. 마치 갑자기 육감이 생기는 것과 같다. 이 순간에는 설명할 수 없는 진리를 깨닫게 되거나, 다른 사람의 생각을 감지하거나, 멀리 있는 사물을 보거나, 미래의 사건을 예측하는 등 놀라운 일이 일어난다. 이러한 심오한 경험은 마음에 울림을 준다. 이 특별한 순간 물질세계는 잠시 잊는다. 마음과 의식의 놀라운 가능성이 보이기 시작한다. 물질적인 것들은 사건과 현상의 원인이 아니라 '결과'라는 사실을 분명하게 깨닫는다. 다시 말해, 모든 사건과 현상의 근본적 원인이 우리의 마음속에 있다는 진리를 받아들인다. 또한 제한된 의식 너머로, 무한한 가능성, 광대한 범위, 그리고 세밀한 인상들을 알아차리기 시작한다. 이런 깨달음은 일상의 작은 사건이든 큰 사건이든, 어떤 상황에서든 우리에게 찾아올 수 있다. 이런 깊은 이해는 단순히 다른 사람의 생각을 갑자기 알아채게 되는 것과 같은 일에서 시

11. 육감을 활용하는 방법

작될 수 있다. 생각 속에 마치 갑작스럽게 불이 켜진 것처럼, 예상치 못한 사건이 곧 일어날 것 같다고 예상하기도 한다. 꾸었던 꿈이 현실이 되거나, 가족이나 친구가 나타나 다음에 무엇을 해야 할지 조언을 줄 수도 있다. 어떤 상황에서건, 모든 사람은 적어도 한 번은 이런 직관의 순간을 경험하게 된다. 사람들이 주사위와 같은 운에 기반을 둔 게임에서 행운이나 좋은 결과를 기대할 때, 그 기대가 항상 헛된 것만은 아니다. 어떤 방식으로든 모든 것을 아는 높은 지성, 즉 '전지전능한 지성'과 연결되기 위해 마음의 문을 열기도 한다. 그럴 경우, 주사위가 수학적 확률을 무시하며 좋은 숫자들을 계속 보여주는 마법과 같은 일이 펼쳐지기도 한다.

직관과 이성

직관은 이성보다 훨씬 더 신뢰할 수 있다. 이성을 사용할 때는 우리가 알고 있는 제한된 정보를 토대로 결정을 내릴 수밖에 없지만, 직관을 사용할 때는 사실을 넘어선 이해력을 갖고 지금까지 존재했던, 그리고 앞으로 존재할 모든 지식에 접근할 수 있는 상태에서 결정을 내릴 수 있기 때문이다. 그러나 직관 – 즉, 육감 – 을 사용하는 것은 우리의 감정을 그대로 따르는 것만큼 간단한 일이 아니다. 감정을 직관으로 오해하고, 그 감정에 의해 결정을 내리기 쉽지만, 감정과 직관은 서로 다른 개념이다. 감정만큼이나 진실과 거리가 먼 개념은 없기 때문이기도 하다. 감정은 길들지 않은 야생마처럼, 통제를 벗어나 예측할 수 없는 방향으로 우리를 이끌 수 있다. 감정에 자신을 맡기는 사람들은 단순한 무지보다 더 큰 문제에 직면한다. 이기적인 두려움, 분노, 질투에 휘둘린다. 목적 없이 사는 혼란스러운 삶이다. 이성, 즉 논리적인 사고를 활용하는 것이 감정을 다스리고 결정을 내리는 데 훨씬 더 나은 방법이다. 더욱 명확하고 안정적인 지침을 제공하는 것이 바로 이성이다. 이성은 매우 도움이 되지만, 이성이 달성하거나 이해할 수 있는 범위에는 한계가 있다. 그러나 이성이 감정을 충분히 제어하게 되면, 그때 이성은 직관에 의존할 수 있다. 이렇게 하면 우리는 우리 삶을 더욱 숙련되고 조화롭게 살아갈 수 있다. 제너럴 일렉트릭 컴퍼니General Electric Company의 유명한 엔지니어 찰스 스타인메트Charles Steinmetz는 이렇게 적었다. "언젠가 사람들은 물질적 풍요가 행복을 가져다주지 않고, 남성과 여성을 창의적이고 강력하게 만드는 데 거의 쓸모가 없다는 사실을 알게 될 것이다. 그러면 세계의 과학자들은 그들의 실험 연구의 방향을 하느님과 기도, 그리고 거의 연구되지 않은 영적인 힘에 관한 연구로 전환할 것이다. 이날이 오면 사람들은 한 세대 동안 지난 4세대 동안 경험한 것보다 더 많은 발전을 경험할 것이다."

이성을 통해 주변 환경에 효과적으로 대처할 수 있지만, 이성은 오감을 통해 얻을 수 있는 정보의 범위 내에서만 작용한다. 예를 들어, 날씨가 맑은 날, 비옷을 입지 않겠다는 결정은 이성적 판단에 의한 것이다. 하지만 멀리서 폭풍우가 다가온다는 사실은 이성적 판단을 초월한 것이다. 그러다 나중에 비가 오기 시작하면, 비옷을 안 입은 것이 실수였다는 사실을 깨닫는다. 즉 우리가 논리와 알고 있는 정보로 결정을 내리지만, 예측하지 못하거나 보지 못하는 상황에 의해 우리의 이성적 판단이 잘못된 것임을 알 수 있다. 우리 각자 안에는 큰 그림을 보는 넓은 이해력이 있다. 따라서 우리가 무언가를 하기 전에 이 넓은 시야에 주목해야 한다. 중요한 것들을 전체적으로 생각하는 데 도움을 주기 때문이다. 물론, 이성과 논리도 생각하는 데 유용한 수단이다. 하지만 중요한 건 이 수단들이 우리가 생각에 주입하는 정보에 좌우된다는 점이다. 우리가 알고 있는 지식이 조금밖에 없다면, 우리의 논리와 이성도 그 조금만을 가지고 작동할 수밖에 없다. 직관이나 본능에 따라 결정을 내리는 사람들을 상상해 보라. 이들의 행동은 다른 사람들에게 이상하거나 비합리적으로 보일 수 있다. 이런 직관적인 사람들은 논리적으로 사고하는 사람들이 이해하지 못하는 특별한 지식을 사용하기 때문이다. 항상 논리와 이성만을 따르는 사람들에게는 '감정에 기반을 둔 행동'과 '직관에 기반을 둔 행동'의 차이를 구별하기가 어려울 수 있다. 논리적 사고를 하는 이들에게는 두 가지 방식 모두 비합리적으로 보일 것이다. 이성적 논리에 의존하는 사람들은 감정을 따라 결정하는 사람들이 대부분 틀린다고 보는데, 이는 그들의 사고에 '사각지대'가 있다고 생각하기 때문이다. 한편, 그들의 눈에는 직관을 사용하는 사람들이 논리적으로 보이지는 않지만, 결과가 성공적이라는 경우가 많다는 사실을 알고 있다. 그렇다고, 직관에 점수를 주기보다는 운이 좋았다고 생각한다. 결국, 이성적인 사람은 직관을 통한 앎의 가능성을 간과했기 때문에 감정적인 사람만큼이나 눈이 먼 상태다.

논리와 과학

과학자들은 먼저 무슨 일이 일어나고 있는지(결과)를 살펴본 다음 왜 그런 일이 일어나는지(원인)를 알아내려고 노력한다. 특정 문제를 이해하려고 할 때는 연구 중인 결과, 혹은 결과를 통해 파악할 수 있는 세부 사항에 집중한다. 즉 결과를 도출하는 과정에는 상당한 노력이 필요하다. 과학자들이 연구를 시작하는 지점은 일반인들이 마주하는 결과나 현상이다. 그들은 이 결과로부터 그것을 일으킨 원인을 찾아가기 위해 '논리'를 도구로 쓴다. 이 과정을 거치며 괄목할 만한 성과를 이루어 내지만, 이미 알려진 사실들이나 우리가 이해할 수 있는 범위 안의 내용이 대부분이다. 때때로 창의적인 사상가가 실험실 군단에 합류하여 수년간의 고된 실험을 한순간에 직관적으로 정리하기도 한다. 알버트 아인슈타인Albert Einstein은 자신의 상대성 이론이 어느 순간 영감이 떠올라서 밝혀낸 것이라고 말했다. E=MC^2 (에너지=질량X(광속)^2, 질량－에너지 등가는 모든 질량은 그에 상당하는 에너지를 가지고 그 역 또한 성립한다는 개념. 즉 에너지와 질량은 상호 교환 될 수 있다는 의미－옮긴이)라는 공식은 매우 간단하지만, 대부분 과학자가 가능하거나 관련성이 있다고 생각한 영역 밖의 이론이었다. 모든 과학과 수학은 우주의 신비와 생명의 비밀을 꿰뚫으려는 시도이자, 인식의 경계에 있는 인식을 끊임없이 확장하려는 노력의 산물이기 때문에 결국 철학적이라고 할 수 있다.

우리 안에 모든 문제의 해답을 알고 있는 마음이 있다는 사실을 인식하는 단계에 들어서는 순간, 직관력을 오류 없이 사용할 수 있는 물꼬가 트인다. 문제에 직면할 때, 물질세계에서 해결책을 찾을 필요는 없다. 엄밀한 의미에서는 물질세계에는 해답이 없다. 해답은 우리 자신 안에 있기에, 해답을 찾기 위해 밖으로 멀리 갈 필요가 없다. 자신 안에 무한하고 영원한 정신이 있고, 그 정신에 모든 문제의 해답이 있다는 것을 알게 되면 큰 위로가 된다. 힘든 상황에 부딪힐 때, 자기 자신을 깊이 들여다보면 해결 방법을 찾을 수 있다는 사실을 아는 것만으로 마음이 편안해진다. 삶의 흐름에서 벗어나 외롭게 느낄 때, 내면과 깊이 연결되기 어려워질 수 있다. 이럴 땐 소통이 끊어졌기 때문에 불안하거나 화가 날 수 있다. 내면을 깊숙이 들여다보면, 마치 끝없이 펼쳐진 공허한 공간을 걷는 것 같아서 굉장히 압도적으로 느껴질 수 있다. 섬뜩하거나 긴장되어 더 익숙하고 안정적인 일상으로 돌아가고 싶게 만들 수 있다. 이처럼 비밀 자아의 여러 면모를 직면하는 것은 큰 용기가 필요한 일이다. 신Divine은 단지 아름다움, 편안함, 사랑, 평화 같은 좋은 것들에만 있는 것이 아니라, 추함, 고난, 증오, 불화와 같은 힘든 속에도 현존한다. 비밀 자아는 이런 상반되는 요소들의 충돌을 통해 성장하고 목표를 이룬다. 우리가 성숙한 사람으로 살아가기 위해서는 삶의 모든 면, 좋은 것이든 나쁜 것이든, 신이 계획한 완벽한 그림의 조각이라는 점을 받아들여야 한다.

신적인 감각God Sense

육감은 초자연적이고 직관적인 신적인 감각이다. 육감이 발휘되는 순간이 짧더라도 - 마치 사진 한 장으로 보듯 - 미래, 과거, 현재를 동시에 볼 수 있다. 그 순간에 모든 공간과 시간이 우리의 의식 안에 들어와 있는 것처럼 느껴질 수 있다. 항상 이렇게 특별한 인식을 지닌다면, 우리가 하는 일에서 실수하지 않을 것이다. 내적 진화의 목표는 이런 상태에 도달하는 것일지도 모른다. 우리 주변에는 내적 성장이 시작된 사람들을 간혹 볼 수 있다. 점괘 판, 점술 막대, 수정 구슬, 별자리 관측기는 기록된 역사가 시작된 이래로 인류와 함께 해왔다. 인류가 직관의 힘, 즉 육감을 인식하고 있다는 사실을 나타내는 현상이다. 지난 백 년 동안 우리가 물질적 성취에 많은 관심을 기울인 결과, 마음의 초자연적인 부분은 크게 주목받지 못했다. 그러나 이제 과학에서 이 분야를 탐구하기 시작하면서, 미래에는 물질적 발전보다는 정신적이고 영적인 발전이 미래에 더 중요해질 것이라는 예상이 명확해지고 있다.

초자연적 현상을 조사하여 결과를 도출하려면 새로운 접근 방식과 개념이 필요하다. 과학은 과학으로 눈에 보이지 않는 세계를 연구할 수 있다는 사실을 아직 증명하지 못했다. 과학은 현미경과 망원경 같은 도구를 사용해 미세한 것과 거대한 것을 관찰하는 능력을 크게 발전시켰다. 소우주에서는 원자를 분해했을 때 결국 아무것도 남지 않는다는 사실을 발견했고, 대우주에서는 우리가 상상조차 못 했던 공간으로 은하들이 빛의 속도로 멀어지는 현상을 관찰했다. 물질에 관한 탐구는 종류나 방식을 불문하고, 시간과 공간이 구분되지 않는 통합된 세계로 이어진다. 이 세계는 물리적인 사물이나 물질로 나타낼 수 없고, 주로 정신적인 성질을 가지고 있어, 물리적 수단으로는

343
11. 육감을 활용하는 방법

탐구하기 어렵다.

초심리학 분야의 연구에 따르면, 한 사람이 물리적 수단 없이도 다른 사람의 마음과 소통할 수 있음이 밝혀졌는데, 이 현상을 '텔레파시'라고 한다. 또한 사람들이 미래 사건을 미리 알 수 있음도 입증되었고, 이를 '예지력'이라고 한다. 마지막으로, 사람이 마음으로 멀리 있는 것들을 볼 수 있는 '투시력'도 밝혀졌다. 인간의 마음이 사물의 행동에 영향을 미칠 수 있다는 '염력'도 밝혀졌다. 이 모든 마음의 힘을 분별하거나 완벽히 이해하기란 불가능하지만, 한데 모으면 언젠가 인류를 육체의 속박에서 해방할 수 있는 방대한 영역, 상상조차할 수 없는 절대적으로 미개척된 가능성의 영역이 존재함을 나타내고 또한 삶의 기본 개념에 혁명이 다가온다는 점을 알 수 있다.

의식의 바다

과학은 항상 다양성의 세계를 탐구하며 사물 간의 물리적 관계를 애써 규명해 왔다. 인간은 다른 동물들처럼 주위 환경에 반응하며 살아가지만, 생각하는 존재로서의 인간은 시간과 공간의 제한을 넘어서는 세계를 경험할 수 있다. 인간의 마음이 물리적 한계를 넘어서는 능력을 지니기 때문이다. 미국의 초심리학자 J.B. 라인Rhine 박사와 영국의 수학자 S. G. 솔Soal 박사의 초심리학 연구에 대해서는, 정보를 바탕으로 하고 마음을 열고 접근하는 사람이라면 반대할 이유가 없다. 그리고 그들의 연구 결과에서 중요한 결론을 도출할 수 있다.

세상에는 많은 개별 마음이 아니라 단 하나의 보편적인 마음이 존재한다는 사실이다. 이러한 우주적(보편적) 정신은 무한하고 영원하며, 존재의 근간이 된다. 가장 순수한 형태에서, 우주적 정신은 우리 모두를 포함하고 있고 우리도 마찬가지로 그 정신의 일부다. 만약 우리가 모두 의식의 바다에 떠 있다고 생각하고, 이 의식이 우리 주변의 모든 것과 다른 사람들 안에도 존재한다면, 우리는 일반적인 감각을 넘어서는 인식, 즉 초감각 지각을 조금씩 이해할 수 있을 것이다.

흔히 인간의 지능을 물 위에는 일부만 보이고 대부분은 보이지 않는 빙산, 즉 '빙산의 일각'에 비유한다. 반면 초심리학에서는 의식과 무의식 사이의 균형이 100만분의 1 정도로 훨씬 더 고르지 않다고 한다. 즉 우리가 의식하고 의도적으로 생각할 수 있는 것이 전체 지능의 극히 일부에 불과하다는 의미다. 또한 '우주적(보편적) 잠재의식'이라는 개념은 사람이 평생 배우거나 교육받을 필요 없이 생겨나는 의식이다. 잠재의식은 태초부터 존재해 왔으며 그 안에 모든 지식을 담고 있기에 우리에게 끝없이 무한한 지침을 제공하기 때문이다. 이에 반해 의식적으로 배우는 지식은 매우 작은 부분에 지나지 않는다. 이는 비밀 자아의 지도를 받을 때 비로소 드러나는 훨씬 더 크고 밝은 지식의 빛과 비교하면, 미미하기 그지없다. 물질세계에서 노력하는 것보다 우주적 정신을 깨달아 사용하면 천 배나 더 많은 혜안을 얻을 수 있다. 만약 비밀 자아가 인류에게 완전히 드러난다면, 현재 한 사람이 평생에 걸쳐 16년 동안 배우는 교육이 단 몇 주 혹은 며칠 만에 가능해질 것이다. 우주적 정신의 강력한 영향력이 학교 교육과 같이 보편적인 지식으로 통합될 때, 지금은 6개월이 걸리는 건물이나

11. 육감을 활용하는 방법

다리 건설과 같은 작업이 하루 만에 완성될 수도 있다.

아무리 작거나 사소해 보이는 모든 물질 안에는 일정 수준의 의식적 지능이 내재해 있다. 이 지능은 그 물질의 물리적 형태에 의해 일부 제한될 수 있으나, 그 존재 자체는 부인할 수 없다. 삼라만상은 더 크고 광대한 계획 일부로서, 각 사물 안에 내재한 비밀 자아에 의해 형성되고 유지된다. 모든 생명체 안에 있는 자기 인식에 대한 열망은, 더 완전하고 통합된 상태에서 느꼈던 자아 인식과 행복을 다시 찾으려는 본능적인 욕구이다. 육감의 활용을 발달시키는 것은 단순히 고립된 자아 중심적인 삶을 넘어서 우주적 정신을 이해하고 활용하는 법을 배우는 것이다. 즉 즉각적이고 표면적인 자아가 감지할 수 있는 영역을 넘어서, 더 넓고 포괄적인 의식으로 삶을 전환하는 것을 뜻한다.

영적 각성을 위한 단계

그렇다면, 일상에서 육감을 계속해서 사용하려면 어떻게 해야 할까? 영적으로 깨어 있는 '영적 각성' 상태에 있는지, 그 여부에 달려 있다. 또한 자신이 삼라만상과 연결되어 영적인 유대를 형성하고 있다고 인식하는지, 그 여부에 달려 있다. 자아를 초월하고 의식을 단순한 표면적인 자신에서 벗어나 전환함으로써, 더 넓은 인식의 상태에 이른다. 이 깊은 인식은 모든 생명체 안에 진정으로 존재하는 하나의 마음과 생명력에 대한 합일에서 비롯된다. 깨달음에 이르면 우리 앞에 펼쳐지는 전혀 새로운 세계를 경험한다. 이 상태에서는 물리적인 결과들이 그다지 중요하지 않게 된다. 우리는 모든 것이 보이지 않는 영역에서 시작되며, 모든 사건과 결과가 생각, 구상, 그리고 상상력에서 유래한다는 것을 깨닫기 시작한다. 물질적인 것이 현실 자체가 아니라, 마음속의 관념이 부분적으로 나타난 현상에 지나지 않음을 깨닫기 시작한다. 이제 우리는 정신적 행동의 중요성을 인식하게 되었고, 그 안에 담긴 생각을 변화시켜 상황을 바꿀 수 있는 비밀을 이해하게 되었다. 우리는 자신과 사물을 완전히 동일시함으로써, 변화가 가능하다는 사실을 깨닫기 시작한다. 의식이 확장됨에 따라, 내면에도 사물에 존재하는 것과 같은 마음이 있다는 진리를 이해하게 된다. 이를 통해 사물에 관한 생각을 단순히 바꾸는 것만으로도 실제 사물을 변화시킬 수 있다는 사실을 깨닫는다. 자아의 한계에서 벗어나 의식이 영롱하게 깨어난 사람에게 불가능이란 없다. 표면적 자아를 넘어서면, 우리는 영원하고 무한한 세계를 경험하게 된다. 모든 사건과 사물이 궁극적으로는 우리 안에 존재한다는 진리를 깨달음으로써, 우리는 원하는 어떤 것도 될 수 있고, 원하는 것은 무엇이든 이룰 수 있다. 삶의 궁극적인 목표는 영적 각성 상태에 도달하는 것이다. 이러한 수준의 기쁨과 행복, 완전한 효율성에 도달한다면, 분명 인생의 여정에서 가장 성취감과 보람을 느낄 수 있는 정점일 것이다.

영적 깨달음을 얻는 과정에는 육감을 통제하고 활용하는 네 가지 단계가 있다. 이 단계를 성실히 수행하면 영적 각성으로 이어질 것이다. 육감이 깨어날 뿐만 아니라 의식의 폭이 넓어져 기쁨과 효율로 가득한 삶을 살 수 있을 것이다. 네 단계는 (1) 신성화consecration,

(2) 항복surrender, (3) 희생sacrifice, (4) 사랑love이다. '신성화'는 모든 정신적·영적 노력을 비밀 자아를 발견하는 데 집중하는 단계이다. '항복'은 모든 행동과 목표를 신에게 전심으로 바치는 단계, '희생'은 자신의 의지와 목적을 비밀 자아 앞에서 지속적이고 의도적으로 복종시키는 단계, 그리고 '사랑'은 합일을 갈망하고, 완전한 일체감을 추구하는 열망을 나타내는 단계다. 이 네 가지 신성한 단계를 꾸준히 실천하다 보면 점차 인식의 폭이 넓어지고, 결국에는 '육감'이라는 감각을 일상에 통합할 수 있다. 첫 단계에 들어서면, 그다음 단계부터는 자연스럽게 따라올 것이다. 더 넓은 의식을 탐구하는 데 마음과 존재를 바치면 삶이 변화할 것이다. 내면의 자아와 더 깊이 연결되고, 신Divine에 야망과 꿈을 바칠 방법을 발견하게 될 것이다.

초자연적인 인간('우리는 마법으로 만들어졌다')

자아를 내려놓는 데 성공했다면 깨달음의 경지에 거의 도달한 것이다. 이타심을 실천하고 자아를 통제하는 것이 습관처럼 몸에 밴 상태다. 매일 자기중심적인 작은 욕망을 포기하는 대신 비밀 자아와의 합일을 향한 탐구에 전적으로 집중하기 시작한다. 이것이 '신성화'의 단계다. 그렇다고 자아가 사라지는 건 아니고, 어떤 면에서는 예전만큼 강해졌다. 그러나 이제 자아는 자신이 지휘자나 주도자가 아닌 단순한 도구임을 인식한다. 그러다 보면 순수한 행복과 기쁨, 그리고 힘이 가득한 근원과 깊이 연결되어 있음을 느낀다. 이것은 마치 우리가 비밀 자아로 들어가고, 비밀 자아가 우리 안으로 들어오는 것과 같은 경험이다. 이렇게 깊게 연결되고 합쳐지는 것이 바로 사랑이다. 이러한 사랑을 마음속에서 깨닫게 되면, 깨달음을 얻고 능력 있는 사람으로 거듭나기 시작한다. 스스로가 뼈, 피, 살, 심지어 뇌로만 구성된 것이 아니라, 마법과 같은 놀라운 무형의 요소로 이루어져 있음을 깨닫는다.

철학자이자 언어학자인 진 게브서Jean Gebser는 이렇게 적었다. "텔레파시, 무아지경, 예지력, 물체를 움직이는 염력, 공중 부양, 한 사람이 두 가지 인격을 가지는 것 등 여러 특별한 능력은 사실 인간의 마법 같은 본성에서 나온다. 이런 능력을 종종 '초자연적'이라고 부르지만, 사실은 매우 자연스러운 능력이다. 누구나 어느 정도의 텔레파시 능력, 마법 같은 본성, 무슨 일이 일어날지 예측하는 내면의 예지력, 그리고 특히 잠을 자거나 상상할 때 나타나는 직관력을 갖고 있다. 이런 능력들이 없으면 우리는 현재의 삶을 유지할 수 없을 것이다. 이 모든 능력은 주로 우리 의식의 마법 같은 구조에서 발생한다."

그렇다면 어떠한 사람들이 육감을 잘 활용할까? 인간 의식에 대한 깊은 경이로움을 이해하는 사람들이 잘 활용한다. 그들은 물질적인 것보다 관념, 개념, 생각이 가득한 세계를 중요하게 여긴다. 그들은 이러한 무형의 세계가 물리적 세계에 앞서 존재하며, 물질세계를 형성하는 데에 영향을 미친다고 믿는다.

육감이라는 개념은 다섯 가지 육체적 감각과 비교하면 명확하지 않다. 깨어 있는 동안에는 주로 육체적 감각을 사용하고, 육감을 사용하는 경우는 거의 없거나 아예 없기 때문이다. 육감은 단순한 감정이 아닌 심오한 느낌으로 내면에서 작용하며, 어떤 행동을 취해야 할지나 미래 사건의 전개에 대한 내면적 확신으로 작용한다. 문제를 해결할 때, 이성, 논리, 지식을 완전히 무시할 수는 없지만, 직관을 우선시하면 문제의 모든 측면을 의식적으로 인식할 수 있다. 직관은 문제에 대한 해결책을 찾는 데 중요한 역할을 하고, 강한 내적 확신으로 나타난다. 이러한 확신은 때때로 시각적 혹은 청각적 신호로 나타나거나, 두 가지 모두를 동반할 수 있다. 누구나 문제에 직면했을 때 문제의 모든 측면을 신중하게 분석하고 논리적 추론을 할 수 있지만 즉시 해결책에 도달하지는 못한다. 대신 올바른 해결책이 언젠가는 나올 것이라고 믿으며 잠재의식에 문제를 맡길 수 있다

마음의 경계

깨달음의 단계에 도달하면, 우리는 본성의 어떤 부분도 무시하거나 억압하지 않고, 모든 능력을 동시에, 일관되게, 어디서든, 우리가 하는 모든 일에 활용한다. 논리적 사고, 이성, 직관력은 하나로 통합되어 삶을 탐험하는 도구가 된다. 이때 육감은 오감과 자연스럽게 결합하여 내면 생각과 주변 세계를 지속해서 인식할 수 있도록 도와준다. 우리에게는 다양한 인식 수준에서 존재하기 때문에 사물과 사건을 진정한 본질대로 파악할 수 있는 능력이 있다. 우리의 행동을 올곧게 인도할 현명한 선택과 결정을 내릴 수 있도록 도와주는 능력

이다. 이 능력이 있으면 상황이 펼쳐지는 필연적인 방향을 이해하기 때문에, 펼쳐지는 상황에 대항하거나 반대하지 않는다. 마치 우리가 그 흐름을 이끄는 듯, 현재 진행 중인 변화의 흐름 안에서 우리에게 가장 적합한 역할을 할 수 있다. 육감은 기억, 과거 경험으로 설명할 수 없는 감정과 신념을 선사한다. 이때, 우리는 우주적 정신이라는 무궁무진한 원천에서 신념이 생겨난다. 시간이 지남에 따라 시각, 촉각 또는 청각으로 느끼는 것만큼 육감을 통해서도 확신이 생긴다.

아일랜드의 시인 조지 러셀George Russell은 이렇게 기록했다.

나는 회사에서 일하다가 한가한 틈에 얼굴을 손에 파묻고 앉아 있었다. 그때 문득 희미한 어둠 가운데 내 머릿속에서 어떠한 장면이 떠오르기 시작했다. 어둡고 작은 가게, 내 앞에 있는 계산대, 그리고 그 뒤에서 서류를 더듬고 있는 노인이 보였다. 너무 늙어서 동작의 신속성과 정확성을 잃은 노인이었다. 가게 안쪽에는 빨간 머리를 한 소녀가 회색 눈동자로 노인을 주시하고 있었다. 가게 안으로 들어가려면 자갈길에서 두 발짝 내려가야 한다는 것을 알았다. 당시 공문을 쓰고 있던 젊은 남자 직원에게 이 이야기를 꺼냈더니, 내가 본 것이 그의 아버지 가게였다는 사실을 알게 되었다. 내가 공허한 기분에 빠져 있을 때 동료는 고향에 대해 생각하고 있었고, 그의 머릿속은 선명하고 강렬한 기억으로 가득 차 있었기 때문에 내 모든 상상은 진정한 의미에서 내 상상이 아니었다. 그것들이 내 마음을 침범했고, 내가 의문을 품었을 때 그 기원을 찾을 수 있었다. 일상에서 이렇게 많은 이미지가 우리 마음을 침범하는데, 왜 우리는 대수롭지 않게 여기는가?

마음과 생각의 경계는 아직 거의 뚫리지 않았다. 인간 경험의 이러한 측면 – 의식, 마음, 존재, 정신력 – 은 아직 미지의 영역으로 남아 있고, 탐구하고 발견할 수 있는 매력적인 영역이 무궁무진하다. 우리의 삶은 우리의 마음이 몰두하는 것들의 영향을 받아 성장한다. 볼트(수나사)와 너트(암나사) 같은 작고 기계적인 문제에 끊임없이 집중하다 보면 결국 그런 문제를 중심으로 좁고 제한된 사고로 살아가게 된다. 무한히 작은 측면에만 집중하다 보면 다른 영적, 정신적 영역에서의 엄청난 가능성을 놓치고 만다. 제단에 다가갈 때와 같은 경건하고 헌신적인 자세로 일을 한다면, 하찮아 보이는 일도 의미 있는 성스러운 행위로 변할 수 있다. 직관을 활용하고 직관을 발전시키기 위해 깊이 자기를 돌아보는 데 시간을 투자할 때, 우리는 더 능숙하고 영향력 있는 사람이 될 뿐만 아니라, 잠재력을 극한까지 탐구하며 호기심 넘치는 인간으로 성장할 수 있다.

인생에서 사실만으로 해결되는 일은 거의 없다. 사실은 우리의 의식에 작용하지만, 현재까지 우리가 알고 있는 사실들은 우주적 정신에 존재하는 지식의 총합과 비교하면 새 발의 피이기 때문이다. 자신을 합리적이고 논리적인 사람으로 여기며 확실한 사실을 기반으로 행동하는 사람들은 실제로 자신이 생각하는 만큼 합리적이지 않을 수 있다. 실제로 이들이 내리는 결론이 틀린 경우도 많다. 자신의 추

352
마음속의 마법

론, 논리, 그리고 지식을 사용하지 않아서가 아니라 이러한 도구들이
제한적이며 삶에서 빙산의 일각만 다루기 때문이다.

숨겨진 목적을 알아야 한다

우리 각자는 나름의 고충을 갖고 힘든 일을 하며 산다. 맡은 일이나
책임에서도 자주 문제가 발생한다. 이때, 어떠한 해결책을 선택하는
지가 삶에 영향을 미치는 경우가 많다. 우리는 물질세계에 주로 관심
을 두고 있지만, 문제를 해결하기 위해 육감을 활용할 수 있는 능력
을 지닌다. 심지어 영적 깨달음을 적극적으로 추구하지 않거나, 신에
삶을 맡기지 않거나 자아를 희생하지 않거나 내면의 일치를 간절히
원하지 않더라도, 직관을 통해 문제를 해결하고 더 나은 결정을 내릴
수 있는 도움을 받을 수 있다. 어떤 문제를 깊이 고민하고, 모든 요소
를 분석하며, 서로 비교하고, 평가하며, 신중하게 고려한 후, 문제를
해결할 때 마음에 '계산 도구'가 숨겨져 있다고 상상할 수 있다. 이 도
구는 마음속에 있는 비밀스러운 컴퓨터처럼 작동한다. 이 정신적 기
계에, 문제에 관한 모든 정보와 세부 사항을 입력하면 정확하고 정밀
한 해결책을 얻을 수 있다. 자신의 영적 깨달음 수준에 상관없이, 이
렇게 이미지를 마음속에 떠올리면서 이익을 얻을 수 있다. 어떤 문제
가 닥쳤을 때, 그 문제에 대해 가능한 모든 정보를 이미 알고 있는 경
우에는 그 문제를 완전히 잊어버리라. 자신만의 비밀스러운 컴퓨터
에 문제의 모든 정보를 입력한 후, 홀가분하게 있는 모습을 상상해

11. 육감을 활용하는 방법

보라. 마침내 모든 문제가 당신의 손에서 벗어날 때까지 하나씩 하나씩 해결되는 상황을 지켜보라. 문제가 해결될 것임을 마음속으로 확신하고, 해결책이 나타났을 때 그 해결책에 따라 행동하는 것 외에는 아무런 일도 필요하지 않다는 점을 기억하라. 두려워하지 말라. 해결책은 언젠가 찾아올 것이다. 그 시점이 다음 아침이 될지, 다음 오후가 될지, 혹은 일주일이 걸릴지 모를 수 있다. 그러나 그 과정에서 이해의 폭이 확장되고, 마침내 진정한 해답이 도달했음을 확신하게 될 것이다. 이처럼 중요하고 깊은 경험을 한번 하고 나면, 이성, 논리, 그리고 지식이 생각과 행동을 주도하지 않을 것이다. 대신 직관이 강력하게 자리 잡게 될 것이다. 직관은 모든 상황과 환경을 완전히 바꿀 수 있는 능력이다. 직관은 무한하고 영원하며, 육감을 통해 우리와 소통한다.

12.
절대 실패하지 않는 정신 자세

대다수의 사람 머리 위에 다모클레스의 검sword of Damocles(왕좌의 머리 위에서 번뜩이는 검으로, 전장을 누비며 적과 싸우는 용도가 아니라 위태로운 권력의 상징. 언제 닥칠지 모르는 위기를 뜻함 – 옮긴이)이 번뜩이고 있다. 문제를 해결하려고 노력하는 과정에서, 걱정 때문에 더욱 걱정하고, 두려움 때문에 더욱 두려워하는 심리적 함정에 빠진다. 마치 우리가 붙잡으려는 것을 얻지 못하게 막는 변덕이 작용하는 것과 같다. 즉 부정적이거나 이기적인 방식으로 생각하고 행동할 때, 중요하지 않은 것을 쫓게 된다. 타고난 능력의 극히 일부만 사용한 채, 자아에만 지나치게 집중하면, 결국 마주하는 현실에 실망하고, 원하는 바를 이루지 못한다.

성공의 보장

마음가짐을 어떻게 가지는지가 성공의 결실을 좌우한다. 집착이나 욕망을 버리고, 하는 일과 그 결과를 신에게 맡기는 자세만이 성공을 담보한다. 좁은 목표에서 벗어나 심리적 안정을 찾으면, 평온한 마음으로 전지전능한 주인의 뜻에 따를 수 있다. 노력의 결과가 우리의 궁극적인 성장과 승리를 보장하는 전지전능한 힘으로 인도된다는 신념을 가지고 있다면, 복잡한 길을 걷더라도 낙담하지 않고, 실패로 여겨지는 결과에 원망을 품지 않으며, 난관에 봉착해도 불평하지 않는다. 깨달음을 얻은 사람은 비밀 자아가 품고 있는 진정한 목표가 가장 중요하다는 사실을 뼛속까지 느낀다. 비밀 자아가 그들을 위해 마련한 목표를 자신 것으로 받아들이고, 자신의 가장 깊은 본질이 신성함을 지니고 있음을 인정한다. 그들의 모든 행동은 장기적으로 중요한 의미를 지닌다. 아무리 사소한 일에도 숨겨진 의미가 있다는 사실을 깨닫고, 이 목적이 추구하는 결과는 의식의 지각 너머에, 즉 쉽게 이해할 수 없는 영역에 있다는 사실을 받아들인다. 그들은 궁극적인 성공에 대한 강한 믿음과 자신감을 바탕으로 꺾일 수 없는 난공불락의 존재가 된다. 이들은 실패란 공간과 시간의 제약을 받는 자에게만 일어나는 것이기 때문에 자신은 실패할 수 없다고 믿고, 시대를 초월하는 무한한 비밀 자아를 받아들인다. 그들은 자신에게 일어나는 모든 것이 자신의 내적 성장을 위한 것임을 깨닫는다. 승리와 실패를 단순히 경험의 다양한 측면으로 여기고, 이를 통해 자신의 영혼이 독립적인 개체로서의 자아에서 벗어나 신과 완전하게 하나 됨을 인식한다. 자신이 신과 연결되어 있음을 이해할 수 있다.

　어떤 중대한 변화나 도전에도 굴하지 않고 흔들리지 않는다는 것은 성숙과 깨달음의 증거다. 이런 인내심은 자신을 더 나은 사람으로 만들고자 하는 욕구, 더 많은 것을 추구하는 욕구, 권력을 원하는 욕구, 또는 이기적인 경쟁을 내려놓은 사람에게만 존재한다. 본질적이고 본능적인 본성은 노력의 결과를 얻고자 하는 강한 욕구를 지닌다. 만약 이러한 결과가 나타나지 않으면, 그들은 쉽게 낙담하고 믿음을 잃어버리며, 때로는 완전히 포기하기도 한다. 동물적 본성에 얽매인 사람은 노동의 결실을 끊임없이 갈망할 수밖에 없다. 그 결과 성공에 눈을 멀게 하는 망상 속에서 일을 수행하게 된다. 개인적 이익을 추구하며 일을 시작하면 처음부터 실패할 위험이 있다. 신Divine의 형태가 다른 피조물의 지위보다 뛰어나기 때문에, '내 마음에 신이 있다. 고로, 난 더 많은 보상을 받을 자격이 있다'라고 생각해도 실패로 이어질 수 있다. 이런 심리적인 오해는 편견에 근거하며, 정복하고 지배해야 할 수많은 독립된 요소가 세상을 구성하고 있다고 생각한다. 표면적 자아가 비밀 자아와 분리된다면, 아무것도 지배할 수 없고, 심지어 자기 자신의 본성조차도 통제할 수 없다. 표면적 자아는 자신을 스스로 만들어 내지 않았고, 결국 잊힐 운명을 피할 수 없다. 또한 외부 사건이나 환경에 대한 통제력이 부족하거나 한계가 있다.

12. 절대 실패하지 않는 정신자세

효과적인 생활 안내서

사람들은 대부분 표면적 자아가 자신 삶에 실질적인 영향을 미칠 수 있다고 착각한다. 무탈하게 살아가는 수년 동안 자신이 누구인지, 어디에서 왔는지, 세상과의 관계가 무엇인지 크게 고민하지 않은 채, 그릇된 망상에 정신적·영적으로 묶여 있다. 효과적이지 못한 삶을 살면서 정신적·영적으로 성장하지 못하고, 물질세계에 대한 냉소와 실망으로 점차 변해가는 이유가 잘못된 사고방식 때문이라고 인식하기가 어렵다. 어릴 때 꿈꾸었던 화려한 물질적 성공에 이르지 못했다고 생각하며 '인생에서 성공하지 못했다'라고 생각한다. 자아 중심적인 목표를 추구하는 사람들에게서 이 현상은 더욱 명확하게 나타난다. 이들이 힘겹게 오르는 산은 황량한 풍경이 내려다보이는 곳이다. 정상에 서서 황량한 경치를 마주하면, 두려움에 사로잡힌다. 이 경험으로 인해 세상살이에 관한 문제에만 초점을 맞추게 되고, 더 높은 이상이나 꿈을 추구하지 않는다.

수많은 도시와 국가에는 자신의 진정한 본성을 찾지 못하고, 내적 성찰을 견디지 못하는 사람들이 많다. 무한함과 영원성은 그들의 자아를 압도하며 두려움을 일으킨다. 무엇보다도 필요한 것은 삶에 대한 효과적인 안내인, 즉 우리와 창조의 근원 사이의 인문학적 관계이다. 우리 각자는 우리의 삶이 우주의 의식을 발전시키는 신성한 계획의 부분이라는 사실, 전지전능한 정신과 정신적으로나 영적으로 연결되어 있다는 사실을 분명하고 차분하게 이해할 수 있다. 이런 영적 깨달음을 통해 우리는 삶과 행동을 더 큰 목적을 위해 완전히 신뢰할 수 있는 신의 손에 맡길 수 있다. 개인적인 노력과 개인적 승리에 대한 심리적 박탈감이 사라지면 다시는 패배를 경험하지 않을 것이다. 실패처럼 보이는 상황은 인생에서 방향을 돌리는 전환점일 뿐이다. 모든 우회로가 승리의 행진으로 향하며, 궁극적인 성공을 보장하는 계획의 부분이 된다.

신이 우리를 통해 작용하고 있다는 깨달음이 오면, 물질적 보상이 덜 중요해지고 영적 의미에 집중한다. 이제 우리는 돈이나 성공을 위해서만 일하지 않고, 대신 '최상위 지성Supreme Mind'을 표현하는 데 집중하며, 이것이 지구에서 가장 높은 힘이 작용하고 있다고 이해하고 있다. 우리는 표면적 자아가 아닌 비밀 자아가 주도하는 일을 수행하게 된다. 또한 표면적 자아를 더 높은 영적 힘에 종속시켜 지상에서 신성한 계획을 수행하기 위한 수단으로 활용한다. 이런 인식으로 얻은 신뢰는 가장 어려운 상황에서도 우리를 지탱해 준다. 가장 불확실하고 어려운 시기에도 우리의 감정과 지성을 넘어 우리를 인도하고 지원하는 초월적인 힘과 지침의 원천이 존재하기 때문이다. 자아 중심으로 살던 삶에서, 자아를 내려놓고 최고의 주인과 가장 고결한 철학을 따르는 지혜로운 삶으로 변화할 수 있다. 이 지혜를 통해 우리는 자신의 존재와 역할을 이해할 뿐만 아니라 명확성, 평온, 그리고 통찰력이 숨겨진 영역에 접근할 수 있다. 깨달음을 얻은 사람들은 자신이 표면적인 상황에 무력하지 않다는 굳건한 믿음을 갖고 있다. 그들은 신과 맞닿으며 모든 존재에 같은 우주적 의식이 존재한다는 사실을 인식함으로써 모든 것을 변화시킬 수 있는 능력을 지니게 된다.

12. 절대 실패하지 않는 정신 자세

완벽한 앎 vs. 불완전한 시야

자신을 내려놓고 새로운 삶을 산다는 것은 심리적인 관점을 전환한다는 것, 그 이상을 뜻한다. 영적으로 각성한 사람들은 더 크고 넓은 의식을 품은 사람으로 다시 태어나기 위해 자신의 본성 중 작은 한 부분을 죽인다. 남들이 바라봤을 때 이러한 변화가 쉽게 눈에 띄지 않을 수 있다. 여전히 보통의 일상을 유지하며 비슷한 방식으로 삶을 살며 친구나 즐거움을 포기하지 않을 것이기 때문이다. 그러나 이제 그들의 모든 행동은 깊은 영적 이해에 기반을 두고 있어 내면에서 행복을 느끼고 삶을 그대로 받아들이게 될 것이다. 그들이 사회에서 높은 지위를 얻건 말건 중요하지 않다. 인류의 명분을 위한 것이 아니라, 신의 의도와 계획을 이루는 것이 목표이기 때문이다. 캐나다 의사이자 존스홉킨스 병원의 공동 설립자 윌리엄 오슬러William Osler는 "우리는 인생에서 무엇을 '얻을' 수 있는지 보는 것이 아니라 무엇을 '더할' 수 있는지 보기 위해 살아가는 것이다"라고 썼다. 깨달음을 얻은 사람은 자아 중심적인 성격이 크게 줄어들어 대인관계에서 상대가 이기심이나 자기 중심성을 느끼지 않고, 오히려 관대하고 이타적으로 행동하는 모습을 보게 된다. 그들은 풍요의 뿔horn of plenty(고대 그리스에서 풍요를 상징하는 장식물. 소유자가 뿔 안에 손을 넣어서 필요로 하는 음식과 재물을 원하는 만큼 무한정 꺼낼 수 있는 보물 – 옮긴이)이 된다. 신이 끝없는 풍요로움을 전달하는 무한한 원천의 역할이다. 이들과 상호작용하는 사람들은 마치 이러한 감정이 비밀 자아에서 상대방으로 전달되는 것처럼 사랑, 이해, 그리고 안정감을 느끼게 된다.

반면, 표면적 자아에 집중한 사람들은 좁은 시야 안에서 살며 주로 감각에 따라 움직이는 꼭두각시처럼 행동한다. 제한된 감각으로 세상을 인식한다. 또한 세상에 정신적·영적인 영향을 주지 않고, 외부 작용에 반응할 뿐이다. 이들이 어려움을 겪을 때는 현실에 대한 인식이 제한적이거나 불완전하기 – 시야가 불완전하기 – 때문이다. 자신이 누구인지, 상황의 본질이 무엇인지 알지 못하기에 – 즉, 뭘 잘 모르기에 – 항상 부분적인 지식을 토대로 행동한다. 불완전한 방식의 일 처리로 여러 번 실패를 겪으면, 완전히 정신적으로 압도당할 수 있고, 이에 따라 건강이 상한다. 정서적 차단과 억압은 신체 특정 부위의 혈액 순환을 방해하여 질병과 기능 장애를 일으킨다. 억압된 적대감, 공격성, 불안감, 두려움은 관절염, 심장병, 동맥 경화증, 암, 궤양의 근본 원인이다. 구성원들에게 일치를 강요하는 사회는 사람들을 좌절시킬 확률이 높다. 이는 점진적으로 신체적 쇠약으로 이어질 수 있다. 개개인이 보통 자신이 사는 사회를 변경하기 어려운데, 문제의 해결책은 신체적 순응을 허용하면서도 정신적 자유를 제공하는 것이다. 자신이 신 안에 존재하는 것처럼, 신이 내 안에 존재한다는 사실을 깨닫게 되면, 이기적 욕망이 초래하는 걱정과 좌절이 눈 녹듯 사라진다. 영원의 본질과 동일시할 때, 장기적인 시각으로 삶을 바라보며 육체적인 야망과 목표로부터 자유로워진다.

12. 절대 실패하지 않는 정신 자세

실패는 마음의 문제

삶의 기본값은 고통과 저항, 한마디로 '투쟁'이다. 요람에서 무덤까지
가 도전과 갈등의 시험대이기 때문이다. 전체 여정에서 개인적으로
성장할 수 있는 최고의 시기는 가장 격렬한 시험대에 오른 순간이다.
신은 승자에게 관심이 없다. 일단 승리를 차지하면 노력을 그만두는
경향이 있기 때문이다. 신은 오로지 개인의 내적 성장에 초점을 둔다.
성장이란 꾸준히 노력하여 자신 기술과 재능을 향상할 때만 진보할
수 있다. 어떤 분야에서든 성공을 거둔 사람들은 어느 순간 쇠퇴를
경험하는 경향이 있다. 단 필요성에 의해 일을 계속할 때 신체적 건
강과 정신적 예리함을 유지할 수 있다. 승리의 순간이나 성취의 순간
에 우리의 표면적 자아는 감각적 경험이나 쾌락에 빠져들 기회를 물
색하기도 한다. 그러다 자칫하면 열심히 노력하지 않게 되는 함정에
빠질 수도 있다. 해브록 엘리스Havelock Ellis는 이렇게 적었다. "승리를
경험하면, 오만해지고, 좁은 시야로 세상을 바라보게 된다. 적절한 헤
아림이나 계획 없이 기운과 노력을 낭비하기도 한다. 반면 실패를 겪
고 나면, 신중히 계획을 세우고 집중해서 노력하게 된다. 실패는 우리
를 고귀하고 강력하게 만들어 준다." 실패는 포기할 때만 현실이 된
다. 자기 성장 가능성을 이해하는 사람들은 결코 패배를 받아들이지
않는다. 자신에게 에너지와 재능을 부여할 원천과 보이지 않게 연결
되어 있다는 것을 믿기 때문이다.

실패는 마음의 상태일 뿐, 실제 사건이 아니다. 때로는 노력하고
기다린 후에 원하는 결과를 얻지 못하면 포기하게 되는데, 이럴 때

우리는 '할 수 없다'라고 말하곤 한다. 정신적인 노력을 중단하지 않은 채로 신체적으로 계속 노력하면 예상치 못한 결과를 얻을 수 있다. 무의식적으로 비밀 자아에 행동을 맡기면 그 행동들이 더 성공적으로 이루어지기 때문이다. 하지만 육체적 노력을 완전히 멈추면 작업을 포기한 것이기 때문에 아무 일도 이루어지지 않은 셈이다. 이미 그 일에 등을 돌린 것이기 때문이다.

대담함

자신이 선택한 분야에서 지도자나 선구자의 역할을 맡을 때 최고의 기량을 발휘할 수 있다. 용기를 내어 위험을 감수하면 두려움과 자기 의심으로 억눌려 있던 숨겨진 잠재력을 발휘하여 성공에 성큼 다가갈 수 있다. 위험을 감수할 내면의 힘을 모은다면, 그 용기는 아무리 연약해 보이더라도 우리를 지탱해 줄 것이다. 이 새로운 관점에서 우리는 완전히 새로운 세상을 발견하게 될 것이다. 주저하는 사람과 용감한 사람을 구분하는 유일한 기준은 첫걸음을 내디뎠는지 아닌지이다. 야생 동물들은 도망가는 먹잇감을 공격하지만, 자기들끼리 만나면 서로 가만히 서 있더라도 겁을 먹곤 한다. 그런데 위험을 피하는 대신 위험을 향해 나아가려면, 우리 안에 있는 영적인 힘을 찾을 수 있다. 그러면 위험이 사라진 것처럼 느낄 것이다. 근데 두려움에 굴복하고 위험을 피하려고만 노력하면, 삶은 우리를 계속해서 쫓아와서 결국 우리를 삼켜 버릴 것이다.

어떤 사람이든 그가 느끼는 것을 세상에 그대로 보여주면
세상이 짓는 소리에 두려워하면서 도망갈 것이다.
두려움 없이 맞서면, 세상은 그대로 내버려 둘 것이다.
하지만 세상에 뼈다귀를 던져주면 발밑에 엎드릴 것이다.
— 에드워드 불워 리턴Edward Bulwer Lytton

두려움은 두려움을 낳는다. 위험해 보이는 대상한테서 멀리 떨어지도록 첫걸음을 내디딜 때, 공포에 질린 채 돌진한다. 그래서 우리를 따라오던 해가 없는 유기견은 이제 상상의 괴물이 되어 버린다. 마찬가지로, 용기는 용기를 낳는다. 위험을 향한 첫걸음은 적대자를 명확하게 볼 수 있게 해 준다. 적의 얼굴을 살펴보면, 생각만큼 위협적이지 않다는 것을 알게 된다. 문제나 도전에 직면하면 우리는 대처법을 찾기 시작한다. 직접 문제에 대응하면 문제는 적대적인 행동을 그치고, 그것에게 어떤 위협이 될 수 있는지를 생각하기도 한다. 이 원칙은 상황과 생명체에 모두 적용된다. 심리적인 영향은 사람뿐 아니라 사건에서도 영향을 미친다. 위협이 다가온다고 느낄 때, 위협에서 도망가려고 하면 계속해서 쫓아온다. 그러나, 용감하게 다가가면 위협은 적대적인 행동을 멈추고 자세히 살펴볼 기회를 주며 결국에는 그 영향력을 잃게 된다. 끈질기게 노력하는 사람은 어떤 어려움에도 굴하지 않고, 지속적인 노력 앞에서 아무것도 견뎌낼 수 없다. 절대 실패하지 않을 것이라는 정신적 태도는 목표를 향해 끊임없이 노력하며, 우리의 행동을 비밀 자아에 의탁하며, 삶을 주인으로서의 의식을 강화하는 기회로 보게 한다.

인내심

모든 중요한 성과는 인내력을 뛰어넘는 결단력을 가진 사람들이 이루어 낸 결실이다. 갈릴레오Galileo가 망원경을 통해 천체를 관측하고, 뉴턴newton이 사과나무 아래에 앉아서 생각하며, 아인슈타인Albert Einstein이 실험실에서 연구하면서 모두 끈질긴 노력 끝에 중요한 발견을 이루었다. 이기적인 욕망에 따라 움직이는 사람은 획기적인 업적을 이루기 어려웠을 것이다. 깨달음을 얻기 훨씬 전에도 그들은 탐구를 중단하고 다른 관심 분야로 넘어갈 것이다. 신은 각자의 강점과 목적에 따라 새로운 기술을 발견하고 발명하는 사람을 도구로 활용한다. 이들은 태어날 때부터 운명적으로 부여된 역할을 행하기 때문에 실패할 수 없다. 결과적으로, 이런 사람들은 일에 완전히 몰입하며 일과 자신을 구분하기 어려울 정도가 된다. 신비롭게도 그 사람의 본질이 시공간을 초월해 계속 존재하며 창조적 성과를 내는 듯하다. 사고방식에 큰 변화를 겪고 사적인 삶을 비밀 자아에 내맡긴 사람은 엄청난 도전과 가장 낙담할 상황에 직면하더라도 업무를 수행할 수 있는 특별한 결단력을 얻게 된다. 그들은 내부에서 올라온 빛에 따라 움직이며, 모든 상황에 자신의 강인한 결심과 흔들림 없는 헌신을 녹여내어 상황을 변화시킬 수 있다. 그들은 이기적인 욕망이나 개인적인 이득을 위해 행동하는 것이 아니라, 그저 자연스럽게 순리대로 일하기 때문에 사건에 영향을 미친다.

실패를 두려워하는 자세는 사람의 행동을 제한한다. 표면적 자아가 위험한 도전을 받아들일 준비가 되어 있지 않다는 의미다. 표면

12. 절대 실패하지 않는 정신자세

적 자아는 항상 다른 사람에게 어떻게 보이는지에 초점을 맞추고, 그런 행동이 실패하거나 우스꽝스러운 결과를 낼 때 자신이 무능력하거나 어리석다고 여겨질까, 봐 모험적인 행동을 시도하기 꺼린다. 실패가 두려워하여 새로운 시도를 꺼리는 사람이 수백만 명에 이르고, 이러한 억압으로 자신 능력 중 일부만을 실제로 개발하고 나머지는 발휘하지 못한다. 이렇게 근시안적으로 표면적 자아에 초점을 맞춘 사람들은 주로 단기적인 목표에만 주력한다. 예를 들어, 노래를 부르려는 이유가 자신 안에 있는 음악으로 표현하고 싶다는 내면적 욕구가 아니라 다른 사람들로부터 주목과 칭찬을 얻고자 하는 욕망 때문일 수 있다. 이런 잘못된 시각을 가진 사람들은 다른 사람들에게 눈에 띄고 인정받으려는 시도가 오히려 비웃음을 받을까 봐 수치와 실패를 두려워해서 심지어 청중 앞에 서는 것 자체가 어렵다. 결과적으로, 노래를 아예 부르지 않거나 부르더라도 실력 발휘를 못 한다. 이런 사람들은 자신이 하는 활동을 온전히 받아들이고 하나가 되는 것이 아니라, 표면적 욕구와 본능을 충족하는 데만 사용하고 있다.

실패를 두려워 말라

성공을 향한 마음은 실패를 두려워하지 않는 마음이다. 새로운 시도를 생각하기 전에 실패의 결과에 직면할 준비 태세를 갖추라. 다이빙대에서 수영장으로 뛰어내리는 것처럼 간단한 일이라도 물에 닿는 충격에 배가 끊어질 것 같은 불편함을 견뎌내야 제대로 된 다이빙을 할 수 있다는 결심을 할 수 있다. 두려움을 극복하면 서투른 실수를 피하면서 안정적이고 자신 있게 업무를 수행할 수 있다. 이러한 행동은 우리가 진정으로 누구인지를 알기 위한 필수적인 부분이다. 이러한 담대함이 쌓여 우리를 한 인간으로 완성한다. 표면적 자아를 제거하고, 비밀 자아가 고매한 목적에 따라 진두지휘하도록 할 때, 실패를 두려워하지 않고 절대적인 자신감을 가지고 일할 수 있다. 남들과 비교하는 마음이 사라질 뿐만 아니라 더 큰 힘이 우리의 행동을 가장 최적의 방식으로 이끌고 있다고 믿기 때문이다. 삼라만상이 변화의 결과이며, 내면의 비밀 자아를 제외하고는 이 세상 어떤 것도 영원하지 않다는 사실을 깨달아야 한다.

12. 절대 실패하지 않는 정신 자세

마음속의 마법

초판 1쇄 인쇄 2024년 9월 19일
초판 1쇄 발행 2024년 9월 26일

지은이 | 율 앤더슨
옮긴이 | 최기원
펴낸이 | 엄남미
펴낸곳 | 케이미라클모닝
디자인 | 필요한 디자인
편집 | 김재익

등록 | 2021년 3월 25일 제2021-000020호
주소 | 서울 동대문구 전농로 16길 51, 102-604
이메일 | kmiraclemorning@naver.com
전화 | 070-8771-2052

ISBN 979-11-92806-23-5 (03300)